JN001958

「空のみなと」のインフラ学

未来の空港・航空システムを語る

山縣 宣彦・轟 朝幸・加藤 一誠 編著

成山堂書店

は じ め に

　ここ数年世界では、コロナ禍というパンデミック現象やロシアのウクライナ侵攻という地政学的リスクが増大しました。そして、これによって引き起こされたエネルギー危機、さらに地球温暖化という底流に流れる気候変動への危機意識も高揚し、社会的、経済的、政治的な動揺が起こっています。

　こうした急激な状況の変化のなか、航空輸送量の激変によって航空会社や空港会社は巨大な債務を抱え、長期的にはその返済が経営の重しになっています。そして、カーボンニュートラルへの対応のため、費用や投資を要し、極めて難しい課題に直面しています。

　一方、長期的に見ると、世界的にはグローバル化という基調が維持されていますから、航空輸送も堅調に成長すると予想されます。今後は、一連の事象を踏まえ、パンデミックや国際的なリスクにも耐え、同時にカーボンニュートラルを実現できるシステムを構築することが求められています。

　翻って、わが国の航空政策は 21 世紀に入って規制緩和はさらに進展し、新たな時代を迎えました。昭和の時代に空港配置が概成した航空・空港システムに関しては、懸案であった首都圏空港の容量不足も羽田空港の D 滑走路が完成して一区切りがついたと言ってよいでしょう。しかし、世界と比較すると、わが国には本格的な国際ハブ空港がないこと、航空の基盤といえるゼネラル・アビエーションが脆弱であることといった問題があります。そして、地方の活性化に寄与すべき地方空港の活用が不十分と言わざるを得ないでしょう。加えて、パンデミック対応、カーボンニュートラル対応等について、空港・航空関係者のさらなる努力や挑戦が求められています。

　こうした現状意識から、6 年前の 2017 年に「未来の空港・航空システム」研究会を当財団内に設け、主に空港技術という視点から、自主的な調査研究活動を行ってきました。目的は、地方創生を含めた経済活性化や国土強靭化に資する空港システムおよびそれに関連する航空システムの新たな導入や既存システムの活用方策などに関し解決策を探ることにあります。メンバーには空港会社、航空会社、建設会社、コンサルタント、学識経験者、国や地方公共団体の空港担当者に入ってもらい、年 4 回程度、色々なテーマでワークショップを行いました。

　取り上げたテーマは、空港の整備・管理運営に関すること14回、航空システムに関すること6回となり、地方空港を念頭に置きつつ、空港技術という視点から20回開催しました。昨年12月に20回目の研究会を終え、当面議論するテーマもほぼ尽きたことから、この研究会は終了することにしました。

　ワークショップは毎回異なるテーマとし、空港や航空の現場でチャレンジ精神をもって新たな取組みをされている個人や団体に着目し、複数の方々からテーマに関連する報告をしていただいて、メンバー間で意見交換をすることにしました。立場が異なることもあり、多面的な観点からの示唆に富む議論ができたと思います。議論の内容を踏まえ、いくつかの提言活動も行いました。こうした取組みのいくつかがさらに進展していくことや、新たな取組みの起爆剤になることを期待しています。また、この研究会には航空局の比較的若い世代の担当者にもできるだけ参加してもらいましたが、ここには今後の行政や実務の参考にしてもらいたいとの思いもありました。

　本書は、これまでの議論の内容をとりまとめ、また全体構成も整えて出版に至ったものです。講演者には講演当時の報告原稿を基本に、その後の状況の変化や新しい情報を加筆していただきました。紙幅の関係で意を尽くせない方もおられるとは思いますが、ご執筆をご快諾いただきましたことを心より感謝いたします。

　とりまとめにあたっては、この研究会に専門的な立場から参加していただいた、日本大学の轟朝幸教授と慶應義塾大学の加藤一誠教授から指導を受けました。また、当財団の笹川明義主任研究員および大竹秀明主任研究員が執筆者との原稿の調整などにあたりました。諸氏のご尽力に深謝申し上げます。さらに、研究会の議事録作成をお願いした北九州市立大学の幕亮二特任教授にも謝辞を申し上げます。

　最後に、出版にあたり編集のみならず、関連会議にもご出席のうえ様々なご助言を賜った成山堂書店編集部の板垣洋介氏に感謝する次第です。

2023年6月

　　　　　　　　編者を代表して
　　　　　　　　（一財）みなと総合研究財団　山縣　宣彦

目　　次

第 1 部

アフターコロナの
新しい空港・航空システム創りを目指して

第1章　地方空港の現状とこれからの展望1
―新千歳空港の果たしてきた役割と今後の展望―

1.1　新千歳空港　整備の歴史と残された課題

（1）新千歳空港の歴史

　1975年に建設に着工した新千歳空港は、13年の工期を経て1988年に開港した。空港の開設とともに、JR千歳線（新千歳空港〜南千歳間）が延伸されたが、新千歳空港駅開設の経緯について、当時の担当者にヒアリングした。

　JRの路線延伸は空港のターミナル地区の整備が開始された後に決まったため、延伸のためのトンネルや駅については、一度も供用してないエプロンを開削で壊して建設することになり、後々、会計検査院から指摘を受けたとのことであった。

　当時、成田空港などほかの空港の二次交通についても、まずは空港整備特別会計で国が整備し、供用開始後に加算運賃を徴収して償還していくというスキームが活用されていた。このことが背景にあって、同様のスキームで新千歳空港の整備が行われたようである。新千歳空港駅利用の加算運賃は140円（当時）が上乗せされてきたが、設備投資額等の回収が順調に進んだことで、2019年に20円へ引き下げられた。JR北海道の公表情報では、2024年に負債完済予定となっている。

　その後、国内線ターミナル西側に6スポット（航空機の駐機場所）が整備された。なぜ、第2ターミナル地区に用地があるのに、国内線ターミナル西側に作られたのか。その背景は定かではないが、当時の国際線需要予測では利用者数を80〜100万人程度しか見込んでいなかったため、国内線0〜2番スポットにCIQ（税関（Customs）、出入国管理（Immigration）、検疫所（Quarantine）の略称）を設置して国際線対応していた。仮に第2ターミナル地区に国際線ターミナルを建設した場合、JRの路線延伸が必要となり、国際線供用に間に合わないこと、バス輸送が必要になることのほか、100万人対応のターミナルを建設するのは難しく、需要の伸びに応じた展開ができないという様々なデメリットがあった。そのため、最終的な決着として、西側に国際線ターミナルを整備し連絡通路でつなぐことになったとのことである。

　ちなみに、なぜターミナルの形状が半円型なのかは、利用者の多い一般エリ

図 1.1　新千歳空港ターミナルビル外観

アのランドサイド側の道路に雪がたまりにくい形状を採用したという話がある。形も美しく、また世界的にも珍しい。同様な形状のターミナルビルを持つのはテキサスのダラス・フォートワース国際空港くらいかと思う。

（2）新千歳空港の旅客数推移

　北海道を訪れる外国人は、すべて国際線の直行便を利用しているのではなく、成田空港など本州の空港に国際線で訪れたのち、国内線に乗り継いでくるというパターンも多くある。北海道庁のデータによると 2015 年の北海道への訪日外国人旅行者は 190 万人だが、出入国管理統計の入港地別の構成比を用いて算定すると、6 割が直行便を利用して新千歳空港や旭川空港から来訪していて、残る 4 割が国内線を経由して北海道を訪れている。よって、国際線の利用が伸びれば、その裏で 6：4 の割合で国内線の利用も同時に伸びていくことが新千歳空港の特徴と考えられる。この割合を踏まえて国際線と国内線の利用増についてみていきたい。

　まず、国際線旅客数は、2012 年からの 5 年間で 150 万人旅客数が増え、2016 年には 258 万人と約 2.5 倍に急増している。先ほどの計算で、この 150 万の国際線旅客数が増加したということは、それとは別に約 100 万人は国内線に乗り継いで北海道に来訪した外国人がいるということになる。

　国際線の路線を国別にみると、韓国と台湾がそれぞれ 3 割を占めており、次いで香港と中国を合計して同じく 3 割、そして、タイ、マレーシアと、アジア

諸国中心の旅客構成となっている。現在の定期便路線は、2017年の夏ダイヤから、シンガポールの台湾経由便がスクートにより就航されている。

　次に国内線については、国際線と同様に増加しているが、同じく2012年から2016年にかけ235万人増である。このうち100万人は外国人が国内線に乗り継いで北海道に来訪している数であるので、残る135万人が日本人旅客の利用増ということになる。LCC需要であるが、ピーチアビエーションやバニラ・エア（2019年にピーチアビエーションに吸収）、ジェットスター・ジャパンが伸びてきた効果が大きく、おそらく日本人の新規需要を発掘したと思われる。

　また、2016年だけの傾向であるが、2015年から2016年にかけてLCC需要は横這いになっている。一方でスカイマークやエア・ドゥなどのFSCが新しく路線開設したことにより需要が増加し、その主役がLCCからFSCに代わっている。（編者追記：国際線は2019年に過去最高の387万人を記録した。国内線も順調に増加し、2019年には2,000万人を超えたが、コロナ禍の影響により、2020年以降、旅客数は大幅な減少となった。特に2021年の国際線旅客数は実質ゼロであったが2022年7月以降、徐々に運航が再開している）

（3）新千歳空港の容量拡大

　次に深夜早朝便の枠の拡大である。22時以降朝7時までの深夜早朝時間帯は、今まで1日6回に制限されていたが、北海道庁の取組みにより30回に拡大、2017年時点では14便が就航しており、2便は貨物便である。残りの12便は羽田〜新千歳間の定期旅客便で、最も遅い到着便が23時着である。

　発着枠については、2017年の夏ダイヤから1時間あたり32枠から42枠に増加している。もうひとつは、共産圏枠の規制緩和である。かつては、ロシア、中国等の定期便が就航できなかったが、午後以降17時までの時間帯はすべて緩和されている。

　また、深夜早朝便の増加に伴い、二次交通のサービスが拡充すれば、これまでピーク時間に集中していた発着枠のリクエストが分散され、ピーク緩和の効果が出てくると考えられる。深夜早朝枠は利用余地があり、この時間帯の利用客のためのホテルの客室増や二次交通の充実等が重要である。

　次に、国際線ターミナルビルであるが、新千歳空港の特殊な条件として、国内線の西側に建設することとなったため、狭い幅の中で造らざるを得なかったという事情がある。構内道路から旅客用ボーディングブリッジ（PBB）まで

700 mしか離れていないため奥行きが狭い。この中にチェックインカウンター、CIQ、待合室すべてを入れなければならない。国際線は制約条件が厳しい中で展開しなければならず、個人的にも、国際線の待合室の狭さに驚いている。

(4) 新千歳空港の二次交通の利用状況

　JRの利用状況について、北海道開発局が2日間にわたり目視で調査を行った。2016年9月17日、シルバーウィークの初日に調査を開始、対象はJR新千歳空港駅で乗車し、新千歳空港から札幌方面へ向かう乗客である。

　1日の乗車人数は17,000人で、その4割はキャリーバッグを使っていた。キャリーバッグを車内に持ち込む乗客数が増えれば、荷物が場所を取って車内が混雑することが想定される。時間帯別にみると、正午以降に乗客数は増加する。ロングシート車では、座席定員が6両で288人となっており、それを基準とすると、正午以降は新千歳空港駅始発の便であっても、立ち客が常に出ている状況である。しかし、通常の運行に支障のないサービス定員762人に対しては大きく余裕があることから、今後乗客数が増えてもサービス定員に達することはほぼ想定されない。

　JR新千歳空港駅の利活用について考える場合は、どのようなサービスレベルを目指すのかが重要になる。ビジネス利用中心の平日でも、4割はキャリーバッグを利用しており、休日ほどではないものの正午以降は始発駅から着席できない状態となっている。新千歳空港が始発駅であれば同駅から乗車する場合は必ず着席可能なレベルを目標にするなど、改善の余地がある。

(5) 新千歳空港の積雪対策

　2007年、高性能の除雪車の導入など除雪体制の強化を図り、1本の滑走路を20分で除雪、作業後の路面状態の調査も含めて計30分で除雪作業を完了するという目標が掲げられた。除雪中は、2本あるうちの1本の滑走路だけで離着陸を行わなければならない。このとき、処理能力がどれだけ低下するかを調査した結果が図1.2である。運航記録原簿をもとに北海道開発局が作成した。

　計画便が●印の折れ線であり、ピーク時に32便のリクエストがある状況で、計画便からキャンセル（CNL）を除いた便数が▲印の折れ線、両線の差がキャンセルして諦めた便数となる。棒グラフが実際の離着陸便数であり、棒グ

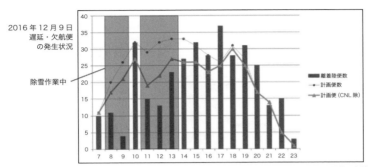

2016年12月9日
遅延・欠航便
の発生状況

除雪作業中

滑走路閉鎖	A滑走路	8:35-9:30	11:15-12:50
（クローズノータム）	B滑走路	9:45-10:00	13:10-14:00
	閉鎖時間合計	計70分	計145分
			（誘導路除雪含む）
キャンセル便数等	CNL（キャンセル）	59便	
	RTN（リターン）	3便	
	DVT（ダイバード）	1便	
積雪（1日）	8 cm		
積雪量（滑走路上）	2.1.4 cm		

→除雪中は片側運用となるため処理能力が低下

除雪中および除雪後の欠航・遅延便数

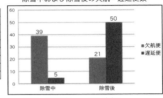

出典：北海道開発局作成資料

図1.2　新千歳空港の積雪対策

ラフの▲の線より上部分が遅延便を表している。

　グレーで網掛けしてある時間帯が除雪作業中を表しており、離着陸実績はだいたい10～15便、多くても20便程度で、除雪作業中（1本の滑走路だけで処理している場合）は、処理能力はだいたい10～20便程度まで落ちている。これは、発着便数が42枠に増えたとしても、1本の滑走路処理能力は増えないため、遅延や欠航という問題が今以上に発生することが予想される。除雪作業の効率化が重要であり、北海道開発局としても対策の検討を進めている。

　また、高コストではあるが、ロードヒーティングの部分的な導入検討調査を進めようとしている。

(6) 新千歳空港の将来的な可能性

　航空需要が今後増加する地域はアジアとされており、国連等の資料にも同様のことが記載されている。年間所得が約50万円を超える中間層の人口規模は、2011年にアジアでは700万人であるが、これが2030年には21億人に増えるとされており、同中間層はアジアが世界全体の66％を占める（2009年時点で

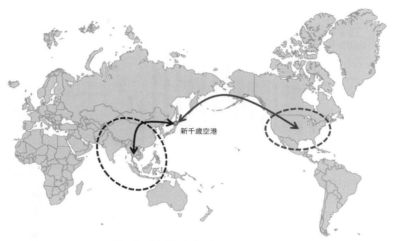

図 1.3　新千歳空港の将来的な可能性

は 28 ％）。中国、インド、インドネシアの 3 国に限っても中間層が 1 億人純増すると予測されており、これらをいかに新千歳空港に取り込めるかが課題となる。旅行支出の伸びは、インドで約 7 倍、中国が約 3 倍、オーストラリアも約 1.3 倍に拡大すると予測されている。

　あくまで可能性の話であるが、那覇空港がアジアにおける貨物のハブ空港としての役割を展開していることを考慮すると、図 1.3 に示すように新千歳空港は北米とアジアの中間地点に位置しており、将来的に貨物輸送も含めた中継点としての役割を担うポテンシャルがあるのではないかと考えられる。このような観点からも将来を見越した取組みが必要である。

　最後に、新千歳空港に残された課題を、以下 4 点に整理した。

　　①　航空需要の増大に対応した空港機能の強化
　　②　航空需要の増大に対応した二次交通の確保
　　③　食の輸出を促進する戦略的取組み
　　④　地理的優位性を活かした拠点機能の展開

　北海道開発局としては、新千歳空港のさらなる発展のために、尽力していく次第である。

（国土交通省北海道開発局　竹内 帆高）

1.2　北海道の空港運営と今後の課題

(1) 新千歳空港整備と北海道の空港運営

　ここでは、新千歳空港を主な対象として、国の「空港運営のあり方に関する検討会」報告がなされた 2011 年から「運営の民間委託に関する検討」が始まる 2017 年までの空港整備についてまとめるとともに、北海道 7 空港運営についての課題と展望も述べる。

　検証する内容は 2 つある。ひとつは、現在、わが国の空港政策は配置面からの整備が概成し効率的な空港運営へと方針を変えるべきときにあるが、施設整備の将来計画を立てないままに空港運営の民間委託が始まろうとしている点だ。例えば、新千歳・福岡・那覇の拠点空港では外国人旅行者のゲートウェイ機能として CIQ・エプロン・駐機場・誘導路などの拡充、ターミナルビル周りの機能強化が必要とされており、将来、滑走路等の施設の不足も考えられる。港の整備、運営、航路開発、保全などを定めた「港湾法」では、重要港湾の管理者が、20 〜 30 年の視点から「長期構想」を検討し、10 〜 15 年後の港湾の能力、港湾施設の規模と配置、港湾の環境の整備と保全等の事項を「港湾計画」として定める、としている。これに相当する空港の計画について検証する。

　もうひとつは、2008 年の「空港法」の目的、「空港管理の重要性に加えて、環境への配慮や利便性向上、地域活性化等、多様な側面から空港を適切にマネジメントすること」についてである。このうちの地域活性化の視点から「地域と空港」のあり方について検証し、展望をまとめる。

①　新千歳空港の概要

　国管理空港である新千歳空港は、航空自衛隊千歳基地でもある千歳飛行場と隣接しており、両空港は誘導路でつながっていて航空機の行き来が可能である。航空管制は一括して航空自衛隊が行っている。新千歳空港には 3,000 m の滑走路が 2 本あり、2016 年度／ 2019 年度の航空機着陸回数は 72,676 回／ 77,396 回（国内線 65,041 回／ 67,116 回、国際線 7,635 回／ 10,280 回）、航空旅客数は 2,155 万人／ 2,281 万人（国内線 1,882 万人／ 1,951 万人、国際線 272 万人／ 331 万人）、航空貨物取扱量は 20.5 万トン／ 16.8 万トン（国内線 19.4 万トン／ 15.2 万トン、国際線 1.1 万トン／ 1.6 万トン）である。現在の国内線ターミナルビルは 1992 年に、国際線ターミナルビルは 2010 年に供用されている。

空港運営の民間委託の検討に先立って、増加するインバウンド需要に対応するため国際線ターミナル周辺の再編事業が計画され、ビル増築（2019 年 8 月完成）、南側誘導路設置など（2020 年 3 月完成）の事業が開始された。

（2）空港法の改正と空港管理に関わる課題

①　2000 年以降の空港と航空を取り巻く環境の変化

2000 年の航空法改正では、国が航空会社を守っていた時代から、わが国の航空権益を拡大して自国の利益を増大させる時代への転換を目的とした。海外の LCC でも構わないので人の移動が便利になればよいという、利用者重視への政策転換である。2008 年の空港整備法から空港法への変更は、空港を造成する時代から利活用・経営する時代への政策転換であり、わが国の国際競争力の強化と地域活力の向上が目的とされた。2010 年には米国を皮切りに国・地域間でオープンスカイ合意が始まり、2012 年にはわが国でも LCC 事業が開始され、2006 年以降減少していた国内航空旅客が増加に転じた。2016 年にコンセッション方式として仙台空港にて仙台国際空港株式会社による運営が開始され、2018 年の経済財政運営と改革の基本方針で「地方管理空港を含め、原則としてすべての空港へのコンセッションの導入を促進する」ことが示されている。

②　空港法改正と空港計画

2008 年以前の「空港整備法」「航空法」には、新設空港の設置と管理能力に関する計画の規定はあったが、その後の運営計画には特段の規定はなかった。例えば、航空法の設置・管理計画は空港設置時に提出されるが、管理計画であっても設置時の管理能力の検査に過ぎず、将来の滑走路延伸のような中長期計画策定は制度化されていなかった。

国際競争力強化と地域活力の向上を目的とした 2008 年改正では、「空港の設置及び管理に関する基本方針」（国土交通省告示第 1504 号）が新たに規定された。基本方針では「利用者の便益の増進や航空ネットワークの強化等の観点から取り組んでいる航空政策との整合・協調的取組、観光立国推進施策やアジア・ゲートウェイ構想推進施策との整合・協調的取組等に留意した上で、今後の空港の中長期的な整備及び運営のあり方を定めるものであり、概ね 5 年ごとに見直し、改定する」としている。このように示されたことは、従来の政策方針が法定手続き化されたことだけでなく、配置面からの空港整備計画の上位に

基本方針が法定化されたという点で意義深いものだった。

　空港法改正案には国の基本方針と空港計画という一対の制度が組み込まれ、空港運営主体には法定基本方針に整合するように責任ある将来計画を示すことが求められた。しかし、わが国の空港運営主体は滑走路等の施設を運営する「国などの官」と空港ターミナルビル等を運営する「民間」というように、運営主体が一元化されていないため、責任ある将来計画の策定・実施は容易ではない。

　一方、成田国際空港や関西国際空港のように、既に一元的に管理・運営される空港もある。これらの空港では、国の定める法定基本方針に整合し、運営主体として責任ある空港計画を策定できる。実際、株式上場が予定された成田空港では、国の基本方針と空港計画という一対の制度設計が構想された。国際公共財である成田空港の将来計画やその背後にある国の基本方針を投資家に明示し説明責任を果たすことで、投資リスク低減も図られると考えられた。将来は関西空港や中部国際空港への活用、空港運営の一元化議論との連携などが予想でき、空港計画制度のあるべき姿として期待されていた。しかし、外資規制反対論の急浮上により、成田空港に関わる法改正箇所を先送りした法制化が進められ、結果として、空港計画に関わる制度化が一緒に見送られたのは残念であった。

（3）北海道 7 空港のコンセッションと新千歳空港の施設整備

①　北海道 7 空港のコンセッションの検討

　国は 2011 年 7 月に「空港運営のあり方に関する検討会」（以下、検討会）の報告書をまとめた。この報告を受けて、国は域内にある 5 つの国管理空港のコンセッション化を北海道に打診し、北海道は庁内に空港運営に関する有識者懇談会（以下、懇談会）を同年 10 月に立ち上げ、北海道にある 13 空港（図 1.4）を一括バンドリングして運営してゆくと、国へ逆提案を行った。懇談会では 13 空港担当者や自治体が集まって検討会報告を精査したが、基本原則のうちの「運営委託方式」に強い懸念が示された。北海道にある 13 空港のうち、新千歳・函館・釧路・稚内が国管理、旭川と帯広が市管理、丘球が共用、残りが北海道管理の空港である。参加者からは、国管理空港について、①必要な空港整備・維持管理が実施できるのか、②大規模災害時の復旧・復興ができるのか、という意見が出された。地方管理空港についても、①便数を多く望めな

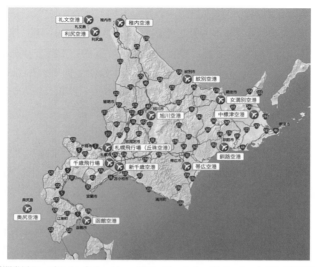

出典：北海道開発局ウェブサイト（https://www.hkd.mlit.go.jp/ky/kk/kuukou/ud49g7000000n1fc.html#s1）

図1.4　北海道各空港の位置図

い、②廃港に伴う地方切捨てになる、などの意見が出された。

　懇談会ではバンドリングの必要性について、①収支状況が良好な新千歳空港の見直しだけが先行するのはいかがなものか、②新千歳空港とそれに結ばれた道内空港は補完関係にあって、一体運営によって相乗効果が出るのではないか、③航空路線選定に対する交渉力が強化できる、④資材調達、保険契約等でコスト削減が見込まれる、といった議論がなされた。

　北海道には、空港経営上採算の取れる新千歳空港があり、残りの空港はすべて赤字経営で、そのなかには離島空港も含まれる。この議論の途上で、函館空港は商工会を中心にして自立の道を歩むといった動きもあった。また、専門家からの意見として、バンドリングは北海道の政策として必要なのはわかるが、空港の運営からいうと、①逆に新千歳空港のレベルダウンにつながる、②バンドリングのプラス面が理想主義に走り過ぎていて現場の感覚からは効果がわからない、との指摘もあった。懇談会は2012年3月に報告書をとりまとめたが、その後、国のコンセッションの動きがトーンダウンしたため、以後、懇談会で検討したバンドリング議論が活発化することはなかった。

　国は2011年の検討会報告に続いて、2013年に「民間の能力を活用した国管

理空港等の運営等に関する法律」（民活空港運営法）を成立させた。この法律は、地域の交通基盤としての空港を活用し、内外の交流人口拡大等による地域活性化を図ることが目的であるが、同時に、民間の知恵と資金の活用により空港経営を健全化する取組みでもある。

　その後、新千歳空港を中心とした空港運営の民間委託は政府主導で一挙に進み、2017 年 4 月に安倍首相（当時）を議長とする未来投資会議において、北海道 7 空港コンセッションにおける 5 原則が示された。対象は、国管理空港（新千歳、稚内、釧路、函館）、特定地方管理空港（旭川、帯広）、地方管理空港（女満別）である。そして、5 原則は、① 7 空港の枠組みを維持する、②公平な入札で SPC（Special Purpose Company：特別目的会社）を選ぶ、③条件が守られない場合はすべての契約を解消する、④黒字空港による赤字空港の補填は行わない、⑤空港を管理する国、道、市の出資は原則行わない、というものである。これを受けて地元関係 10 市町村は違う方向を向いて走り出してしまっているが、政府は 2017 年までに滑走路・ビルの資産調査を終えて同年 6 月から民間投資意向調査へと進み、2018 年から運営権者の選定プロセス（2020 年の運営開始）に入る予定である。（編者追記：2019 年 7 月に北海道エアポートグループが 7 空港運営に関する優先交渉権者に決定。同年 8 月の基本協定締結後、北海道エアポート株式会社が設立され、2020 年 6 月より新千歳空港全体の民営化事業が開始された）

　②　コンセッションに関わる新千歳空港の施設整備

　北海道は新千歳空港の需要予測を公示している。これによると乗降客数は2015 年度の 2,700 万人が 2030 年度に 3,500 万人に増加、また、北海道を来訪する外国人数の将来予測値として、2016 年度の 208 万人が 2020 年度に 500 万人まで増加するとしている。このような空港を取り巻く状況の変化は国も想定済みであり、コンセッションに合わせて新千歳空港国際線ターミナル地域再編事業を 2016 年 12 月からスタートさせた。具体的には、国際線ターミナルからの誘導路の新規建設などである。加えて、2 本の滑走路の処理容量を時間あたり 32 回から 42 回に増加させることや、鉄道アクセスの利便向上として時間 4本の運行頻度を同 5 本に増加させるため、関係者と協議に入っている。（編者追記：2017 年 3 月より 1 時間 42 回に拡大。2019 年 9 月よりアクセス鉄道の運行頻度を毎時 5 本に増加）

　新千歳空港でも 1960 年代の民間空港設置時の空港計画しかなく、1992 年の

新空港ターミナルビル建設時点においても、空港マスタープランともいうべき
将来計画は作られなかった。よって、2016年12月から始まったコンセッショ
ンに合わせた新千歳空港国際線ターミナル地域再編事業も、急場しのぎの整備
となっている。コンセッションという30年間に及ぶ長期の民間委託事業を考
えると、今後需要が増加し滑走路延伸などが必要となることへの配慮や、防衛
省との共用が隣接する空港であるという新千歳空港の特殊性への配慮について
ほとんど検討されていない、という課題が残る。

　新千歳空港の施設計画の展望について、その特徴から2つの提案をしてみた
い。第一は防衛省との共用空港との隣接に関し、例えば、海外で検討が進んで
いる航空管制での衛星活用を先行導入することである。第二は積雪寒冷地空港
として、除排雪費は民間委託の外数にすべきということだ。新千歳空港は毎年
100回を超える除雪作業出動に年間5億円を要しているといわれている。

　次に、新千歳空港の将来計画を描き、それを実現するのに必要な費用はどの
くらいかを考えてみよう。想定されるマスタープランとして、①フィンエアー
による欧州直行便など長距離国際線の就航を考え、現有の2本の滑走路を500
m延長する（既に用地は確保済み）、②国際線ターミナルのスポット数を増や
す、この2点だけでも費用は約1,500億円であろう。ではその財源調達をどの
ようにするか。改正空港法には、新規の滑走路延長などの整備費用の調達方策
についてどこにも書いてない。コンセッションの内数にするというのも一案で
ある（民間資金）。その他の案は、福岡空港のように国庫に入ったコンセッ
ションフィーから国費負担する方法（国費）、両者の中間として1991年の鉄道
整備基金による助成などを参考に新たな財源調達の仕組みを作る（補助金）、
あるいは米国のレベニュー債のような仕組みも考えられよう。

（4）地域と空港

　2008年の「空港の設置及び管理に関する基本方針」では、地域との連携の
確保に関する基本的な事項が示されている。これによれば、「空港を活用した
地域経済活性化等の地域の活力向上に向け、空港利用者の視点も踏まえ、空港
や周辺地域における空港利用者の交流の促進、空港に集まる産業物資や地元産
品の流通の促進、空港における空港周辺地域住民の交流の促進等、空港と周辺
地域との連携を推進していくことが必要」としている。また、空港関係者間連
携では、「空港を活用した観光振興・物流高度化等による地域の活力向上を図

るため、空港管理者、アクセス交通事業者、周辺地方公共団体、観光関係団体、商工関係団体等による連携した取組みの推進が重要であり、協議会制度の活用にも積極的に取り組む」としている。特に、空港法改正に法定協議会制度が導入されたことは、大きな一歩として評価できる。しかし、基本方針は示されたものの、先の理由から協議会の組織化やその仕組みは検討されず、現在に至っている。

　このように制度上の課題はあるが、そもそも空港サービスの向上はインバウンドによる地方創生などの上位計画を支えるための手段である。コンセッション議論では、どういう北海道の問題を解決する新千歳空港なのか、という説得力ある理由を明確にすべきである。その上で、北海道が先頭に立って「観光振興などの地域戦略」と「空港・航空ネットワークのあり方」との整合性を図ることや、そのための空港連携や機能の最適化を行うことが必要だろう。

　北海道では、空港それぞれの運営を一元化しかつ7つの空港をバンドリングすることで、航空利用者と地域の厚生最大化のための航空ネットワークの維持方策を探ることが重要であり、その案を2つ挙げてみたい。

　第一は、これから伸びて行くアジアの成長を取り込んで、北海道の空を世界に開いていくことだ。例えば、北海道内にIN/OUTを持つ航空需要を束ねて日本海を跨ぐネットワークを有する国際航空会社を育てていく。それは、機材運用、人件費削減、運営管理、路線展開、経営戦略などで経験豊かな外国企業との提携、あるいは外資による起業でもよいだろう。

　第二は、空港や航空会社がニーズの創造を積極的に行える環境を整備することだ。例えば、①充実した国内外の航空ネットワークを構築し需要を開拓する、②航空ネットワークを支える空港と管制の基盤を強固にする、③質の高い航空サービスの提供を確保する（安全性、定時性と清潔さには定評があるが、ショッピング・レジャー施設、入国審査、空港アクセスなどは工夫すべき）、などである。

　コンセッションの目的は、民間ノウハウを使いながら「地域と空港」が一体となって、北海道ブランドを創ることである。7空港の個性をまとめて北海道のシンボルとするには、地元企業や住民・NPOなどと連携して地域をよくしたいという能動的な行動が重要であり、その司令塔として北海道の役割は極めて大きい。

（北海商科大学　田村　亨）

1.3　鉄道アクセスの機能強化

(1) 鉄道アクセスの強化に関する調査研究

　一般社団法人日本建設業連合会（以下、日建連）は、建設業における基本的な諸課題の解決に取り組んでいる団体であり、主に大手建設会社が会員となっている。日建連の内部組織には「海洋開発委員会」があり、港湾や空港に関する調査研究を自主的に行っている。ここでは、日建連で実施している「鉄道アクセスの強化に関する調査研究」を紹介する。

　札幌〜新千歳空港間の鉄道アクセスの状況をみると、大きな荷物を持った旅行者が多く利用することで、車内は相当混雑しているという印象がある（1.1参照）。同空港は国際線をはじめ需要が伸びているが、この増加する需要に対し、現在の鉄道アクセスは今後も対応できるのかという疑問があった。

　一方で、2013〜2014年頃、運営を民間事業者が行うコンセッションへの転換の議論が急速に高まり、この検討を始めたときには、新千歳空港でもコンセッションが導入されるであろうと予想していた。空港運営をコンセッション会社が行うことになると、大規模な投資が難しくなるおそれがあり、鉄道アクセスのような空港にとって基本的なインフラは、できるだけ早期に整備することが重要と考えた。この調査は、現在の鉄道の機能強化が技術的に可能かどうかを建設サイドの視点から検討したものである。

(2) 新千歳空港の鉄道アクセスの状況

　2017年時点での札幌〜新千歳空港間の鉄道アクセスは、JR千歳線から単線で分岐し、新千歳空港まで、6両編成で15分に1本、1時間あたり上り4本、下り4本が運行されている。運行ダイヤの調整であと1本ぐらいは増やせるのではないかと考えられるが、接続するJR千歳線の容量が限界であるという課題もあるようだ。（編者追記：2019年9月より毎時5本に増加）

　現在のアクセス鉄道は、北海道開発局が1988年から1992年にかけて、工費約36億円で工事を実施し、その躯体部分をJR北海道に有償で貸し付けている。建設にあたっては、地上から開削し、ボックスカルバート（箱型コンクリート構造物）を埋めるという構造で比較的安価な費用で建設できている。

　同じような利用者数のある福岡空港にも市営地下鉄が乗り入れており、こちらは複線化している。運行頻度も1時間に7〜8本で、新千歳空港便とは異な

り、利用者が座れないということはほぼない。（編者追記：2019 年の空港駅の 1 日あたり平均乗降客数は、新千歳空港 35,420 人、福岡空港 55,690 人である）

(3) 複線化の方策とルートの代替案

　新千歳空港の鉄道アクセスの現在のルートは、空港ターミナルビルから北側に単線で伸びている。

　次に複線化するにはどのような方法があるか、代替案を考えてみる。前提として、空港の制限表面の制約を考慮する必要がある。どの案もシールド工法などで地下を通す必要があり、立坑を両方に置くことから、その高さが制限表面にかからないような場所、構造にする必要がある。次のような課題もある。

　まず、JR 千歳線にどう接続させるかという問題である。北側には道路のジャンクションがあり、これに近い工事ということを考慮する必要がある。

　さらに新千歳空港駅にどのようにアプローチするかという問題である。どの案も空港施設の地下を通ることから、空港施設や空港運用に影響を及ぼさないようなルートの設定が重要であり、加えて、新千歳空港駅周辺の建築物の地下部を上手く抜ける必要がある。

　以上を考慮したうえで、3 つの代替案を提示し、さらに検討を続けている。これら 3 案についてそれぞれのメリットと課題についてまとめる。

　① 代替案 1：東側別ルート

　既存の線路の東側に、もう 1 本単線のルートを作る案である（図 1.5）。札幌から空港に来るルートは現在の路線を使い、空港から札幌に行くルートをシールドトンネルで建設し、JR 千歳線の下り線に接続する。トンネル延長は概ね 1 km である。この案は、①既存駅および既存線を利用できる、②工事区間が比較的短く、シールドトンネルの延長も短い、という 2 つのメリットがある。

　この案の課題は、既存の駅舎にどう接続するかである。既存の駅舎周辺の地下には空港ターミナルビルなどの建築物の基礎が数多く入っており、この基礎を除去するためには荷重を別の構造物で受け替える必要がある（アンダーピニング（受替））。東京では地下鉄工事等で多くの実績がある。手間のかかる工事で、整備費用もそれなりのものとなるが、建設は可能である。

　② 代替案 2：新駅＋滑走路横断ルート

　既存駅、既存線を利用しない案である（図 1.6）。現在のターミナルビルの南側に新しい駅舎を建設し、滑走路に直交する 2 本のシールドトンネルを掘る。

図 1.5 代替案 1：東側別ルート計画図

上下線とも 2 km 程度の長さになる。整備費用はかさむが、既存の駅との関係が薄れるため、技術的には実行しやすい案といえる。

　既存駅、既存線が有効利用できないため、整備費用が増加する、滑走路地下を横断するシールドトンネルが必要となるなどのデメリットはあるが、既存駅および既存線への工事の影響が少なく、荷重の受替も必要がない、というメリットがある。

　③　代替案 3：滑走路下ループ

　札幌から既存線を使って空港駅に入り、空港駅から南に下って滑走路を横断

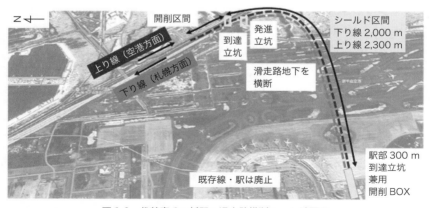

図 1.6 代替案 2：新駅＋滑走路横断ルート計画図

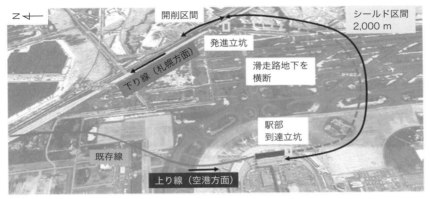

図 1.7　代替案 3：滑走路下ループ計画図

し、JR 千歳線に接続する案である（図 1.7）。既存の駅舎の南側は、将来の鉄道延伸を考慮し、地下構造物が荷重を受けないようなターミナルビルの基礎配置となっている。滑走路下をシールドで 2 km ぐらい抜く形になる。整備費用は概算であるが 100 億円までにはならないだろう。

　この案は、①既存駅および既存線を有効利用できる、②既存駅への接続・施工は、比較的容易である、というメリットがあるが、滑走路地下を横断するシールドトンネルが必要となる。

（4）複線化実現の方策

　（3）で述べたいずれの案も実現は簡単ではないが、現状の鉄道アクセスのままでは近い将来需要に対応できなくなることが想定され、実現可能なプロジェクトが存在し得るかを確かめたかったという面もある。まだ結論は出ていないが、それなりの合理性のある案ができるのではないかと考える。

　また、整備費用についても次のような方策がある。現在のトンネルの躯体部分は国が JR 北海道に貸し付けているが、その返済財源として、JR 北海道は、2017 年現在 140 円／人の加算運賃（2019 年 10 月より 20 円に引き下げ）を徴収している。新千歳空港の利用者数が 2019 年の時点で 2,000 万人で、その半分が鉄道を利用すると仮定すると、年間 1,000 万人、これが往復乗車すれば年に 28 億円の売り上げとなるため、投資は回収できるのではないかと考える。2024 年で現在のアクセス鉄道の躯体部分の投資の回収が終わる見込みという

ことで、それ以降に建設すれば、運賃を上げる必要なく資金調達が可能となるのではないかと考えている。

　シールドトンネルなどの施工実績を数多く有する建設会社の技術者の検討の結果として、それなりの費用でアクセス鉄道の増強が図れるのではないかということである。工費と工期については今後明らかにしていきたい。実現不可能な話ではなく、こうした検討を継続している。

(5) 空港アクセスの現状

　現在は、南千歳〜新千歳空港間を複線化し、新千歳空港から苫小牧、帯広方面へ抜ける新線を建設、新千歳空港の盲腸線状態を解消しようという構想が動き出している。これは千歳線本線のルートを新千歳空港経由に変更し、南千歳〜新千歳空港〜苫小牧を直通させるというものである。ここで述べた新千歳空港鉄道アクセスの機能強化を超える壮大な構想であり、今後の進展に期待するものである。

　また、新千歳空港を含む道内7空港を管理運営するコンセッションの主体である北海道エアポート株式会社が設立され、2020年6月には新千歳空港の運営事業を開始している。空港アクセスの改良は2030年までの完成を目指すことが検討されており、2020年7月には、鈴木直道北海道知事が道内7空港の一括民営化に伴い運営事業者が支払う空港運営対価（2,920億円）について、新千歳空港駅と道東・道南方面のスルー化への活用を国に要請した。

（日本建設業連合会　戸田　和彦）

第2章　地方空港の現状とこれからの展望2

－ **NHK『クローズアップ現代』「地方空港利用客獲得作戦」**を
題材にして－

（編著注：NHK『クローズアップ現代』1998年7月30日放送にて、この月
に開港した九州佐賀国際空港と大館能代空港および幻となったびわこ空港
が取り上げられた）

2.1　九州佐賀国際空港

　九州佐賀国際空港（以下、佐賀空港）は、佐賀県の最南部にある有明海に面
しており、福岡空港・長崎空港・熊本空港の3つの空港を結んだ三角形のちょ
うど中心部に位置する。図2.1のように、この立地条件が佐賀空港の潜在力を
わかりやすく示している。

(1) 佐賀空港の概要

　1998年7月に開港した佐賀空港は、九州の主要空港では最後発の空港であ

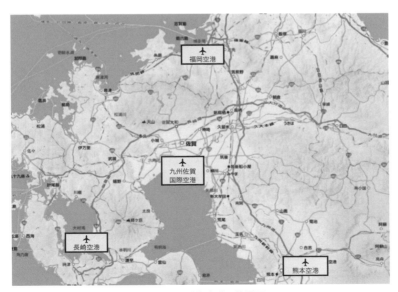

図2.1　九州各空港の位置図

り、2,000 m 滑走路 1 本で運用している。開港当初は、東京、大阪、名古屋の 1 日 5 往復であったが、2017 年 12 月時点では、東京 1 日 5 往復に加え、いずれも LCC の路線で、成田、上海、ソウル、さらに、現在はプログラムチャーター便である台北便の定期便化に向けて、準備を進めているところである。また、佐賀空港の特徴として、ANA が夜間貨物便を週 5 往復、羽田との間で運航している。（編者追記：台北便は 2018 年 10 月に定期便化され、2019 年には西安便も開設されたが、コロナ禍の影響により国際線は順次運休となった。また、夜間貨物便も 2019 年 3 月に全面運休となった）

　開港後から長い間、利用客数は 30 万人前後で推移してきたが、昨今は LCC の就航や東京便の増便によって、大きくその数を伸ばしている。1998 年 9 月に福岡空港にスカイマークエアラインズが就航したことで、運賃競争が激しくなり、JAL や ANA の福岡便の運賃が下がった。これにより佐賀空港の運賃は相対的に高い水準となり、厳しい状況下でのスタートとなった。2017 年度は、開港時の需要予測 73.7 万人を突破し、75 万人超の利用者数を見込んでいる。佐賀空港の一番の中心路線である ANA の東京便は開港時 1 日 2 往復であったが、増便して現在は 1 日 5 往復運航しており、利便性向上が利用者数増につながる、よい循環が生まれている。この 1 日 5 往復化は、2014 年 7 月からで、座席提供数は 26 ％増であるが、利用客数は 32 ％増加し、利便性の増加が利用増に直結すると実感している。（編者追記：利用客数は 2018 年度に 82 万人となった後、コロナ禍の影響により 2020 ～ 2021 年度は 10 万人台に落ち込んだ）

(2) 旅客数増加への取組み
①「TEAM100＋」

　佐賀空港は、どのようにして利用客を増やしてきたか。代表的な取組みを紹介する。最も力を入れているのが、「100 人チーム（TEAM100＋）」（図 2.2）と呼ばれる取組みであり、県庁すべての課の副課長級の職員は、空港課との兼務辞令を知事名で受けている。「100 人チーム」といっても実際には 120 名で、これらの職員が業務として、県内はもちろん福岡県・熊本県にも出向いて佐賀空港の PR を行っている。この制度を始めて 10 年、県庁内では、副課長になれば空港のセールス活動をしなければならないことを皆が承知するようになっている。佐賀県には副知事が 2 名いるが、営業活動の結果はすべてメールで両副知事に報告をすることになっており、副知事はすべてのメールに返信する。

<活動内容>
・副課長級職員120名（知事名による空港課兼務辞令）による営業活動
・各課主催のイベント、研修会、会議等での空港利用のPR
<営業活動のルール>
・営業結果は、全て2名の副知事に報告

100人チーム営業戦略会議

出典：佐賀県地域交流部空港課作成資料

図2.2　佐賀県の取組み

佐賀空港の利用者数は伸びているが、100 ％の利用になっていない場合、なぜ到達していないのか、という理由の報告がなければ、「ちゃんと営業したのか、その理由を確認して再度しっかり営業してください」といった返事が返される。そうしたことを日頃積み重ねて、年2回、営業戦略会議を開き、100人チームにミッションを課し、実際の営業を行っている。

②「マイエアポート宣言」

もうひとつの利用促進の柱は、「マイエアポート宣言」である。これは、事業所に佐賀空港利用のマニフェスト宣言をしていただくものである。例えば、佐賀空港の利用率が50 ％の事業所であれば、「80 ％まで増加します」などの目標設定をお願いしている。事業所全体で佐賀空港利用を意識してもらうのだが、「できない目標は立てない。少し意識して努力すれば達成できる目標設定とする」ということを伝えている。現実的な目標設定をお願いした一例として、「利用率3 ％を5 ％にする」という宣言内容がある。結果としてその事業者は、佐賀空港利用率が10 ％を超えた。

佐賀空港の利用率の低さは、福岡空港を利用する方が多い状況に起因する。佐賀空港の30 km 圏の人口は150万人であるが、半径20 km 圏内、つまり、福岡空港よりも佐賀空港の方が近いエリア内では、2015年度の航空局の航空旅客動態調査を分析すると、約6割は他空港を利用している（佐賀空港利用は39.4 ％）。このことは、まだ佐賀空港には潜在力が残っているといえる。

「マイエアポート宣言」の取組みにより、宣言した事業所の利用者数は、宣言前に比べて40 ％以上増加した。実際に佐賀空港を一度使っていただくと、

利便性が高いことを実感してもらえ、その結果、利用者が増加しているのである。宣言事業所は 2017 年 12 月時点で 1,943 事業所（編者追記：2023 年 1 月時点で 2,608 事業所）である。佐賀県が最も多いのは当然だが、福岡県内で 578、熊本で 51、首都圏他でも 201 事業所が宣言している。首都圏の宣言事業所については、地元佐賀や福岡で宣言した東京本社あるいは支社である。企業は本社・支社間の動きが双方向であるから、両方の事業所で使ってもらおうということで、宣言促進に取り組んでいる。

　宣言していただいた企業で、三井化学の例を紹介する。同社は東京に本社があるが、福岡県大牟田市に主力工場が立地する。「三井化学オオタムフェスタ」という工場を開放し、企業の PR を行うイベントを毎年秋に開催しており、利便性の高い佐賀空港を地域の方にも PR したいとのことで、工場からお声がけいただき、イベント内で PR にご協力いただいた。

（3）空港アクセス
①　道路整備
　空港自体を便利にすることも大事だが、もうひとつの課題はアクセスである。2017 年現在、佐賀空港を中心に、無料の自動車専用道「有明海沿岸道路」の整備が進んでいる。これにより大牟田から佐賀空港までは 45 分、福岡空港までは 75 分となり、完全に時間距離は逆転した。県境の橋の整備も進み、福岡県側はほぼ完成したところである。（編者追記：2022 年には、佐賀県と福岡県の両県が初めてつながった）最終的には有明海沿岸域から佐賀空港へのアクセス道路が完成する。

②　駐車場無料化と乗合制リムジンタクシーの運行
　佐賀空港の駐車場は何日停めても無料である。これはアピールポイントにはなるが、100 人チームの営業報告によって、企業の 2 割は事故が起こったときの補償の問題等で出張時にマイカーを使ってはいけないこととなっており、特に大手企業ほどその傾向が大きいことがわかった。そのため、無料駐車場のほかに、公共交通機関として、乗合制のリムジンタクシーを運行している。福岡側にも運行しているが、佐賀空港のリムジンタクシーは、他空港への公共交通機関と同額かそれよりも低額ということがポイントとなっている。現在は福岡空港と東京便の航空運賃は同額だが、アクセスも含めたトータルコストを同額あるいはより低額に抑え、競合優位となるよう設定している。（筆者追記：2021

年にリムジンタクシーの運賃改定を行い受益者負担とした）

③　レンタカーキャンペーン

もうひとつのアクセスに関する利用促進策として、最初の 24 時間を 1,000 円で利用できるレンタカーキャンペーンを行っている。家族旅行やビジネスでの東京からの来訪者は、いろいろな観光地や得意先を広範囲で回るため、レンタカーが重宝される。そこでインパクトのある料金でキャンペーンとした。

(4) 今後の佐賀空港

2015 年に佐賀空港の将来ビジョンを策定した。現状は LCC 路線が多いが、100 人チーム等の営業によると、旅客の要望が強いのはやはり東京便である。今後も基幹路線である東京便を中心としながら、LCC の拠点空港化を進め、九州のゲートウェイ空港として発展するという目標を掲げている（図 2.3）。

路線については、国内・国際ともにハブ空港との路線強化を目指す。現在、国内線は羽田・成田便のみだが、関西国際空港や中部国際空港との路線を開設したいと取り組んでいる。インバウンド旅客の国内移動手段として、こうした路線開設を検討している。

また、利用客の増加に伴い、施設の様々な箇所で不具合が起きている。ター

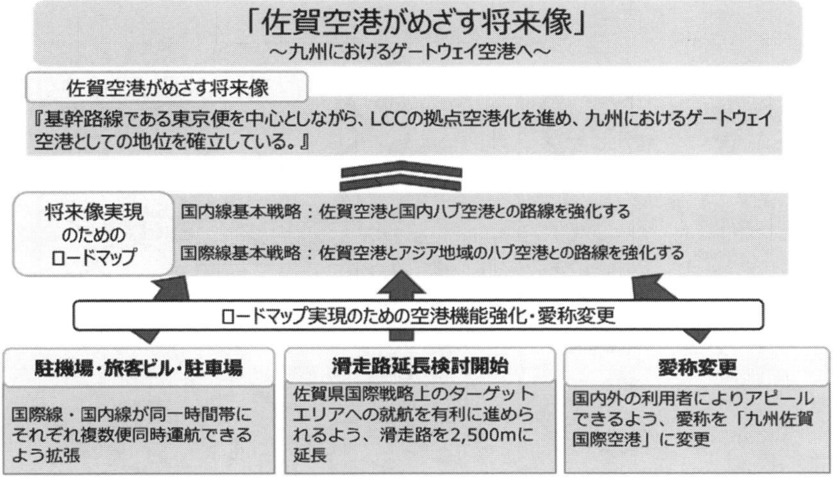

出典：佐賀県地域交流部空港課作成資料

図 2.3　佐賀空港が目指す将来像

ミナルビルの混雑も激しくなり、保安検査場の通過にピーク時には40分以上かかる状況で、福岡空港よりも時間を要している状況である。ターミナルビルの拡張、そしてエプロンの拡張が必要であり、エプロンについては航空局に事業採択され整備中である。（筆者追記：2023年現在、ターミナルビルやエプロンは拡張済み）

　最後に佐賀空港のPRをして締めたい。2018年は明治維新150年となる。薩長土肥の「肥」は、肥前佐賀を意味するが、佐賀で博覧会を開催した。佐賀県の山口祥義知事の座右の銘でもある「志通天」とは、志天に通じるということである。九州の玄関口として、しっかり佐賀空港を発展させていきたい。

（佐賀県庁　野田　信二）

2.2　大館能代空港

（1）大館能代空港の概要

　大館能代空港は、図2.4に示すように、秋田県の北部に位置する。計画時の勢力図では青森県岩手県の一部も含み、圏域人口30万人余として計画された。需要予測は1998年の開港初年度が40万人、2008年に70万人、2017年は80万人程度となっていた。

　1982年に東北自動車道が十和田ICまで開通した。東北新幹線も盛岡まで開

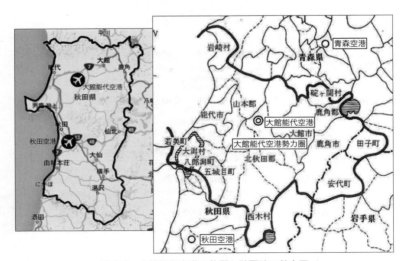

図2.4　大館能代空港の位置と計画時の勢力図

業していたが、盛岡から先のルートは八戸経由と決まり、このままでは陸の孤島になってしまうという危機感から、空港整備期成の運動が始まったと記憶している。開港後は、高速道路や新幹線等の整備が揃った状況下での戦いとなってしまった。

(2) 航空旅客数の推移

　大館能代空港の旅客数は図 2.5 のように推移してきた。最初は東京が 2 便と大阪便で、札幌便はすぐになくなってしまった。大阪便は 4 〜 5 万人、半年の季節運航だったが、観光利用が多く、一部ビジネス利用という割合であった。2006 年頃に 76 人乗りの DHC8 に機材変更され、通年運航となったが、2011 年の東日本大震災の直前に廃止となった。

　最初はご祝儀相場的に旅客数が伸びてきたが、2005 年頃にコクドが森吉スキー場から撤退、また、ANA と ANK が営業統合したことにより、他の路線のなかで評価すると大館能代空港は埋没してしまった。

　大館能代空港の開港以前は、大館市民は青森空港を、能代市民は秋田空港を使っていた。大館空港開港後、高速道路が整備され、2005 年に能代まで高速

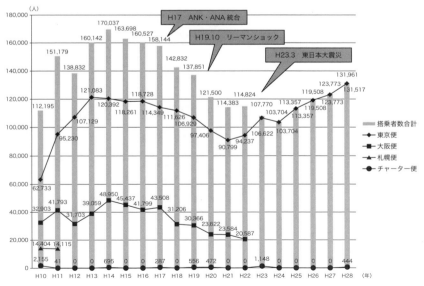

図 2.5　大館能代空港の旅客数の推移

道路が開通すると、それまで大館能代空港を利用していた能代市民は秋田空港を利用するようになった。また、大館市民の多くにとって、東京路線が2便しかない大館能代空港は不便であったため、青森空港を利用したり、盛岡まで行って新幹線を利用したりする層が増え、旅客が減少した。

　その後、リーマンショックに見舞われ、旅客の減少傾向が続いていた頃、NHKの番組『クローズアップ現代』や民放のワイドショー、経済誌にまで取り上げられ、「無駄だ」「不要だ」と評された。

　それが変わったのが、東日本大震災であった。震源地から遠かったこともあり、震災後は12日の夕方便から動き始めた。知事命により、空港は24時間運用することとなり、報道ヘリや防災ヘリの給油場として使用された。大館能代空港内には秋田県の災害用備蓄倉庫があり、乾パンや毛布などが被災地に輸送され、活用されたことで、震災以降、大館能代空港の不要論は少なくなった。

（3）空港利用促進への取組み
①　地域の産業資源
　図2.6で示す周辺が大館能代空港のビジネス利用圏である。歴史的に農業のほか鉱山と木材産業が盛んな地域であった。尾去沢には三菱の金山があり、大

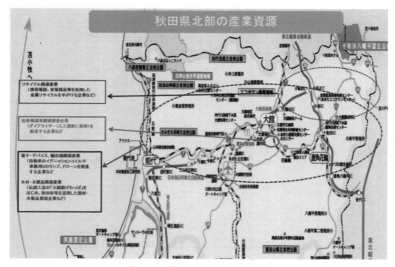

図2.6　秋田県北部の産業資源

館や小坂は同和鉱業（現、DOWA ホールディングス）、日本鉱業（現、ENEOS）、阿仁と藤里には古河鉱業（現、古河機械金属）が鉱山を所有していた。能代は木材の一大集積地であり、製材や銘木加工など東洋一の木都と呼ばれていた。小坂には鉱山技術を活用した都市鉱山等リサイクル関連産業が集積している。大館には大手医療機器メーカーのニプロと、そのグループ企業の製薬会社などが立地しており、3,000 人規模の雇用がある。能代は木材と、最近では自然エネルギー活用（洋上風力発電）などで人の流動がある。このような背後圏の産業集積を基盤にしたビジネス需要に支えられてきている。

② 県の対応とチャーター便

秋田県のなかでは、秋田空港が長男、大館能代空港は歳の離れた弟、という位置付けである。また、知事によって扱いも変わる。開港時は知事が県南出身であったこと、合理的な方であったことから、大館能代空港の利用促進にはあまり積極的ではなかった。チャーター便や LCC の実績もほとんどなく、2017年は国内チャーターだけであった。国際線では復興航空がプログラムチャーター便で、福島空港と交互に飛ばすという計画で 4 便ほど運航されたが、東日本大震災以降、国際チャーター便は飛んでいない状況である。

③ 二次交通の対応

二次交通については、駐車場を無料とするなどの対応を行っている。空港周辺には温泉がたくさんあり、ことに玉川温泉は癌によいということもいわれており人気がある。乗合タクシーを造成し、関西方面から集客しているほか、工業団地経由で十和田湖・小坂方面への乗合タクシーもある。白神山地・森吉山についても乗合タクシーがある。大館能代空港は公共交通アクセスが悪いので、レンタカーが主要な足となっている。

④ 集客活動

2005 〜 2006 年頃までは、東京・大阪からのスキー客や白神山地等を目指す観光客が多かったが、スキー場の撤退や新幹線の新青森までの開業などにより、白神観光は大幅減少となった。そのため、2014 年頃から羽田乗り継ぎ利用・活用を増やすために中国・四国・九州地方を中心に営業に回ったところ、岡山をはじめ、各地から送客していただくことができた。秋田からは距離があるため、中国・四国・九州方面は必ずしもよく知っている地域ではなかった。同様に先方も「仙台までが東北」、「その先は北海道」という印象を持たれていた。そのため、この地域を重点的に歩き、秋田空港や大館能代空港を知り、訪

・北東北を紹介する情報誌の発行　　　・乗継利用拡大のためのキャンペーン
　ふらっと北北東　25,000 部　　　　　中四国・九州等での乗継キャンペーン

図 2.7　北東北 5 空港の取組み

れてもらうよう努めた。岡山の旅行社には、このような旅行商品を造成してもらい、送客いただいている。

　北東北 5 空港は、空港間の距離も近く、新幹線や道路の整備、周遊観光などの観点からも、共同での集客に取り組んでいる。数年前から北東北を紹介する冊子『ふらっと北北東』を発行して周知に利用し、広島球場でのイベントや行政・旅行会社等への訪問なども行っている（図 2.7）。

　⑤　空港インターチェンジの設置

　空港間の距離が近いため、新幹線や高速道路延伸による空港の勢力圏変化が著しい感がある。2018 年 3 月に大館能代空港インターチェンジ（IC）が完成し、ストロー現象によって商圏である弘前に人が流れるという危惧もあったが、こうした環境整備により、今後、利用者数が年間 5 ％ずつでも増加すれば、利便性を増すための羽田便の増便も期待される。空港 IC が整備されることで、1 時間圏が広がる。こうした背景もあって弘前市は大館能代空港の利用促進協議会への加盟が決まった。また、需要は未知数ながら、弘前への乗合タクシーも計画している。（編者追記：現状において、大館能代空港から玉川温泉・八幡平・森吉山へ周遊タクシーが運行されている）

　⑥　空港の賑わいづくり

　空港は「人」「もの」「情報」が動く場所である。また空港ビル・施設を維持するということから、ローカルな地域であるが、空港の賑わいづくりを続けてきた。冬になれば空港内の排雪を利用し雪像を造ったり、そり山を造ったりしている。また、朝市の開催や「ミニ産直」として野菜や米などの販売も行って

図 2.8　空港の賑わいづくり

いる。その他にも、白神の森づくり（ブナの植林）への参加やロビーコンサート、空港ギャラリーもそれぞれ百数十回開催しており、それなりの人気がある。震災の前年には、能登空港に次いで「道の駅」にも登録され、道路事情もよく市街地に近いため立ち寄り客も多くなった。毎月定期的に大空市（朝市）を開催、レストランでは日替わりランチなど地元の方の利用を念頭にしたメニューを提供している。空港に立ち寄り、親しんでもらうことは、空港の活性化・利用拡大につながる。

　余談ながら、渋谷の「ハチ公」は秋田犬で大館の生まれである。地元では観光地域づくり法人（DMO）による観光振興に取り組んでおり、キラーコンテンツとして秋田犬を取り上げている。そのひとつとして、毎月 8（ハチ）の付く日に秋田犬が到着客のお出迎えを行っている。話題づくりである。

　⑦　最新の動向と取組み

　旅客数は 2018 年度に 15 万人を超えた。2020 年 5 月に「羽田枠コンテスト」にて東京便 1 便を獲得したが、コロナ禍により就航が遅れ、2022 年 7 月より東京便が 3 便化された。旅客はコロナ前の水準に回復しつつある。また、2016年秋より FDA による国際線チャーター便が運航開始し、コロナ禍前には毎年10 便程度が運航された。

　再生可能エネルギーの活用にも力を入れている。能代、八森沿岸の風力発電に加え、沖合の洋上風力発電が建設・稼働している。また、水力発電所の再編等が行われている。

　2021年7月に空港建設により発見された伊勢堂岱遺跡が北海道・北東北縄文遺跡群のひとつとして世界遺産に登録された。また、空港利用の広域連携として、青森津軽地域や岩手八幡平地域との連携強化も図っている。

（大館能代空港ターミナルビル　佐藤恵二朗）

2.3　幻となった「びわこ空港」計画

（1）びわこ空港計画の経緯

　まず経緯は図2.9に示すとおりである。空港の議論が本格化したのは、武村正義知事時代で、1984年に可能性調査を始めた。1986年に稲葉稔知事に代わり、同知事のもとで計画が進み、1988年に候補地を選定した。「第6次空港整備五箇年計画（6次空整）」において予定事業とされたが、そのときの課題は「需要の確保と需要喚起のための地方振興」とされていた。これを解決せねばということで、当時、需要予測等も多少無理をした記憶がある。背後圏には様々な産業集積があるが、滋賀県の特徴として、第二次産業の比率が全国一高く、現在でも40％程度ある。当時は5割以上あったと思うが、周辺に企業が立地できる余地があるということをアピールしていた。

　1998年4月、運輸省（当時）の黒野事務次官が記者会見において、「採算が合わない地方空港の計画については、既に国の予算が付いたものでも、事業見直しの対象となる」と発言した。これは同年6月の知事選挙直前のタイミングでの発言であったので、地元では不穏当なものと受け止められた。翌1999年3月には、びわこ空港を名指しで、「整備は難しい」という発言がなされた。ちょうど議会の最終日で騒ぎになったのを覚えている。

```
1984年　　　　空港立地可能性調査開始
1988年　9月　候補地「蒲生・日野地区」選定
1991年11月　第6次空港整備五箇年計画（予定事業）
  1993年　7月　稲葉知事「地元重視」発言
1996年12月　第7次空港整備五（七）箇年計画
  1998年　4月　黒野事務次官発言（1999年3月には名指し）
  1998年10月　國松知事就任
2000年12月　「立ち止まって考える」（事実上の凍結）
  2006年　7月　嘉田知事就任
2013年　9月　空港計画白紙撤回
```

図2.9　びわこ空港計画の経緯

　1998 年に國松善次知事が就任したが、選挙中から空港については「再考する」としており、2 年余の期間を経て、2000 年 12 月に「立ち止まって考える」という発言がなされた。当時、知事は、「バスを運転していて前に大きな水たまりがあったとき、通れば通れそうな気もするが、お客さんを乗せているので無理できないので止まってよく見る」という例えをしていたが、事実上の凍結であった。

　実際に「中止する」と宣言したのは 2013 年 9 月で、この間 13 年が経過した。知事も「もったいない」を掲げて当選した嘉田由紀子知事に代わったが、嘉田県政の最後の方になって、空港計画の白紙撤回がなされた。

(2) びわこ空港計画の問題点

　1998 年 7 月に NHK の『クローズアップ現代』で「地方空港・利用客獲得作戦」なるタイトルでの放送があり、そのなかで、びわこ空港計画について以下のような指摘があった。
　①　過大な需要予測
　②　止められない公共事業（責任論を避ける）
　③　「横並び」体質
　④　国庫補助頼みの甘い収支予測
　これらについては、空港が整備された後の指摘として生じるものではあっても、できなかった理由ではないと筆者は理解している。

　それでは、なぜできなかったのか。あくまでも私見であり、乱暴なことも述べるが、以下のとおり整理してみた。
　①　候補地選定の誤りがあった。丘陵地帯が候補地だが、2 つの町に跨っていたことから、お互いに牽制し合い、隣よりもよい条件を引き出そうとするという、綱引きのようなことが繰り返された。また、跨っているということは、各町からみると端に位置しているということである。つまり、これまで町の発展に関してずっと冷や飯を食わされていた地域の方々に、用地買収を交渉することになる。行政不信が高まっている人達のところに、わざわざ交渉しに行くわけだが、そういった背景をきちんと理解せずに候補地を選定してしまったと考えている。
　　　また、候補地には「地域連携線」（電力の融通線）である高電圧の送電線があり、50 万ボルトと 27.5 万ボルトの二系統の送電線が通っていた。

この送電線を動かさないと、空港整備はできない。しかし、融通線で大事な電線であり、かつ電圧が高く移設にせよ地下にトンネルを掘り埋設するにせよ大工事を要し、空港本体を２回作れるぐらいの工事費がかかることが、候補地選定の後に判明した。この見通しの失敗というのが、最後まで足を引っ張っていた。

②　地元調整の誤りである。当初は、主に経済界が主導して進められたが、地元の人達としては孤立していくことになり、もともとの行政不信に拍車がかかっていった。折り合いをつけようとして、合意できそうな目標を設定していったが、手前にハードルを増やしてしまったことで、むしろ超えねばならないハードルが増えてしまった。

③　交通基盤への意識のずれがあった。空港は来てもらうための基盤として整備するはずだったが、検討のうちに、自分たちが使うか使わないかという基準になってしまった。マスコミ等も指摘していたが、空港をどう使うか、使って何をするかを議論すべきなのに、手段である空港そのものを目的にしてしまった。

④　滋賀県は、東京と大阪の間に位置しており、日本で初めての高速道路「名神高速道路」は、滋賀県の栗東から兵庫県西宮間の整備が最初である。新幹線もしかりで、こうした広域の交通基盤は造ってもらえるという考えで、自分たちで費用負担し汗をかいて整備するという発想がなかった。

⑤　需要予測・収支見通しの罠。需要はあるものではなく、様々な取組みによって作っていくものである。需要予測は結局、施設規模を決めるためのツールであり、開港時に需要予測通りの利用があれば施設としては足りないということになるが、需要予測の数字が独り歩きしてしまい、それが最初から達成できないとならないという議論になってしまった。

以上、こうしたことを理解・周知せずに進めていたという反省がある。

（3）びわこ空港の必要性

　最後に、本当にびわこ空港は不要だったのかという話である。訪日外国人旅行者が2017年当時、2,800万人を超えるといわれていた。訪日外国人旅行者は滋賀県でも増えてはいるが、ゲートウェイとなる関西国際空港、中部国際空港のいずれも遠い。多くの外国人客が訪れる京都市は、関西空港から遠く、バス利用でも距離が長く運行効率が悪い。仮にびわこ空港があれば、京都に一番近

い空港として活用されたはずである。

　しかし、実際にびわこ空港があったとして、国際線を発着させるのは大変だっただろう。それは CIQ をどうするのかという問題である。滋賀県はぐるりと山に囲まれ、真ん中に琵琶湖がある土地である。滋賀県民にとって「うみ」というのは琵琶湖のことで、本当の海には面しておらずもちろん海港はない。港もない空港もないところに、CIQ はなく、大阪から係員を派遣してもらうしかないだろうが、これは大変な調整である。簡単ではないが、今も観光を考えるうえでは、ツールとしての「びわこ空港」をもって、努力をしたかったという気持ちがある。

（滋賀県庁　西川　忠雄）

2.4　「地方」空港は木の葉舟か？

(1)「赤字空港」

　コロナ禍が長期化し、航空・空港領域の景色は大きく変わった。

　「赤字空港」は、日本道路公団の民営化などと同時期に、マスコミで使用された用語である。2000 年代初頭から東日本大震災前後まで、濃淡はあるが、報道各社が使用した。読売新聞のデータベースを閲覧すると、西部版において佐賀県議会の議論を紹介しつつ、2015 年まで佐賀空港に対してこの用語が使われた。あたかも、強風にあおられ、水に浮かぶ木の葉舟であった。

　乗降客数の少ない空港は使用料収入も少なく、基本施設の運営費を賄えず赤字、そのような営業赤字を継続するのはムダ、というのがマスコミの指摘するところであった。佐賀空港ターミナルビル（空港ビル）が黒字に転換したのは 2006 年度のことであるが、離島などを除き全国の空港ビルは黒字基調であった。しかし、乗降客数 1,000 万人以上の空港を除けば、空港ビルを含む空港全体の営業収支は国管理空港ならびに地方管理空港（当時、データが入手できた 21 空港の合計）ともに赤字であった[1]。

　2009 年以降、国土交通省が国管理空港別の収支を公表するようになった。国管理空港であれば空港整備勘定からの内部補助があり、地方管理空港は一般会計から赤字分を補填される。このことが空港運営の運営を非効率にさせているため、情報を透明化して説明責任を果たし、モニタリングを通じて効率を改善することがその目的であった。

　現在、国が公表する国管理空港別の収支には、企業会計の考え方を取り入れ

た減価償却費が計上され、経年の営業、経常ベースの収支ならびにキャッシュフローを重視した EBITDA（利払前税引前償却前営業利益）が容易に入手できる。また、地方管理空港の情報開示が進み、予算、決算ベースの収支を公表している空港は少なくない。佐賀空港も決算ベースの数字で、2020 年度の収支には、歳入（使用料）1.33 億円から歳出（空港施設の維持管理費、空港事務所の運営費）を差し引いた 2.67 億円の赤字が計上されている。ここには第三セクターの空港ビルの収支は含まれていない。

　空港の収入あるいは収益は、乗降客数の伸びとともに増えるが、それに比べて費用の増加のペースは緩くなるため、空港の乗降客数が一定以上になると、収支は黒字に転換する。乗降客数の増加の前提には、航空機の発着回数の増加あるいは大型化があるが、それを決めるのは航空会社である。航空会社は需要を想定して路線や機材を決めるから、空港の乗降客数の決定要因は地元の経済力や観光といった「地域力」とも言い換えられる。つまり、収支を黒字にするには地域力を伸ばすことが必須であるが、それが無理で、議会が赤字を許容できなければ、空港を休廃止せざるを得ない。

　そのような流れを大きく変えたのは、東日本大震災であった（2.2（2）参照）。なぜなら、福島空港、山形空港、花巻空港が域外とのゲートウェイとなったからである[2)3)]。震災を契機に、災害復旧や復興のための拠点という機能が広く知られるところとなった。そもそも 2009 年に公表された 2006 年度の空港別収支には、「空港の意義や必要性は収支だけをもって論じられるべきではなく、空港のもたらす便益を考慮する必要がある」という記述がある。これは抑制的ではあるものの、赤字空港不要論への反論でもあった。

（2）効率と公平

　交通インフラの整備には 2 つの考え方がある。ひとつは、効率重視、つまり、多数の利用者を見込んで整備されるもので、羽田空港などの拠点空港の整備がこれにあたる。また、2020 年に供用された那覇空港の第二滑走路、2024 年度に供用予定の福岡空港の第二滑走路もこの例である。いまひとつは、効率以外の要素で、公正とか公平といわれる考え方である。ここには、オープンスペースの確保による安全の確保や緊急時の避難場所という概念も含まれよう。

　佐賀空港は第 5 次空港整備五箇年計画（1986 ～ 1990 年）に採択され、1988 年の設置許可から 10 年後の 1998 年に開港された。空港は、1980 年代の増加

する航空需要を背景に、航空サービスを享受できない地域（空白地帯）を埋めるように整備された。このような経緯から、効率以外の考え方があり、企業と同じ利潤最大化を目指して整備されたものとはいえない。

　具体的にそのことを見てみよう。空港整備五箇年計画の基本構想は、国土計画に描かれている。例えば、1977年に策定された第三次全国総合開発計画（三全総）では、地方空港に関して「東京圏、大阪圏における空港の処理能力の有効活用」などの観点から、「ジェット化、大型化に対応した施設の整備・拡張」が盛り込まれている。容量制約のある羽田、大阪（伊丹）の効率性改善（旅客数増大）のため、大型機就航に向けての滑走路延長や整備が求められている。赤字空港の議論はその本質を忘れており、航空全体としての効率を考えるべきところ、地方空港のみの会計上の収支を根拠にムダや廃港を論じることは、航空ネットワークを否定するものともいえよう。さらに、1987年に策定された第四次全国総合開発計画では、より具体的に「九州地方整備の基本的方向」において「新北九州空港、佐賀空港の建設等により航空輸送能力の向上」を図ることが言及されている。

　首都圏以外の地域にとって企業誘致は、これまでも今後も地域活性化の手段である。当該企業にとって、サプライチェーンの構築や人の移動のためのインフラとして空港は重要な選択肢となる。外国企業であれば、空港による本国あるいは他地域とのアクセス確保も立地要因となるだろう。

　インバウンド誘客は経済活性化の有力な手段となると考えられ、それは直行便の誘致にとどまらない。離島やその他飛行場を除く近畿以西の空港にとって羽田や成田との国内路線は、国際線のいまひとつのゲートウェイとみることもできる。新型コロナウイルスの流行前には多くの空港の地元がそれを軽視し、羽田路線の存在を当然のことと考えていた。しかし、コロナ禍の長期化によって、地元関係者はビジネス旅客の往来による地域経済への効果や路線の減便に伴う移動の不自由さを実感した。こうして羽田路線の存在意義が見直されることになった。羽田路線を持たない空港も含め、空港というインフラの使い方を工夫し、地域活性化にどのように使うかを改めて考えなければならない。

（3）空港の変化

　コロナ禍前の首都圏以外の空港は、インバウンド旅客で溢れていた。空港は日本からの出国用に設計されており、入国者が急増したため、国際線ビルの新

増築や既存ビルのレイアウトの変更によって対応せざるを得なくなった。各都道府県の政策担当者は誘致競争ともいうべき状態になり、そのなかでも佐賀空港の旅客の伸びは著しかった。表2.1は空港別の外国人（インバウンド）旅客数とその伸びを示している。佐賀空港は全国15位、2012年のおよそ10倍の規模となっている。地元に空港がなければ、近隣の大規模空港からの周遊客は増えても、この規模には及ばなかっただろう。

　しかし、各県の誘致には少なからずインセンティブ（補助金）が支出される。予算には議会の議決が必要だが、インバウンド旅客で溢れる空港の風景や彼らの消費は、支出の根拠となり得たと思われる。訪日外国人は佐賀県に91億円を、国全体に4.8兆円（2019年）という旅行消費をもたらした（観光庁「訪日外国人消費動向調査」）。これは非居住者の消費であるため、輸出と同意である。単純に考えれば、インセンティブや空港の赤字を控除しても余る金額をもたらしたことは間違いない。これが赤字空港という呼称が使われなくなっ

表2.1　空港別の外国人旅客数の推移と変化

		2019年	2018年	2012年	2018/2012年	2019/2012年
		（万人）	（万人）	（万人）	（%）	（%）
	成田・関西・羽田	2164.5	2029.2	645.1	427	236
4	福　岡	214.2	241.5	56.1	331	282
5	中　部	177.6	145.2	47.6	205	273
6	新千歳	173.2	169.5	39.0	334	344
7	那　覇	165.0	175.7	23.1	662	616
8	鹿児島	17.7	16.8	3.1	448	475
9	仙　台	13.0	9.6	2.5	291	426
10	高　松	12.7	11.5	1.4	724	812
11	北九州	12.0	13.9	1.9	651	550
12	富士山静岡	11.6	10.9	3.7	196	217
13	岡　山	9.1	9.9	2.4	315	283
14	広　島	8.9	9.6	4.5	115	99
15	佐　賀	8.8	9.4	0.8	1,043	977
16	函　館	8.3	9.0	3.1	192	170
17	小　松	8.0	8.7	2.8	206	182
18	熊　本	7.4	8.5	1.0	795	674
19	茨　城	6.4	5.8	2.8	109	129
20	大　分	4.8	6.1	0.7	805	614

た一番の要因かもしれない。

　ただし、インセンティブは税の海外移転となり、税を別の目的に利用して得られたであろう成果を考えていない。これは、政策の機会損失とでもいうべきであり、グランドハンドリングをはじめ、地元の雇用に用いられていれば、別の収穫があったかもしれないからである。

(4) アフターコロナに向けた政策課題

　コロナ禍前には各地でオーバーツーリズムといわれるような状況が生み出されていた。今後、こうした状況が繰り返されるのか、それとも反省を生かした誘客ができるのかは、各自治体の腕の見せどころである。

　佐賀県あるいは佐賀空港にも課題がある。それは、これまで誘客は主にLCCを中心とした外国航空会社に担われてきており、入国者数の増加が追い求められてきたといってよい。

　つまり、課題はインセンティブを使用しながら、量的拡大を目指すのか、という点である。この点は国内線に対する工夫にも通じる。オンライン会議の定着により、ビジネス需要の一定割合は長期的に減少すると予想される。図2.10は九州の国内線利用者の出発地と到着地（出は空港を利用して出発する旅客の出発地、到は空港に到着した旅客の目的地）が、県内か県外かを示す。佐賀空港は明らかに県外、つまり福岡県の利用者や県外を目的とする利用者が多い。これは、空港の立地を生かした佐賀県の戦略であった。しかし、ビジネス客の利用も多い分、その減少は必至である。

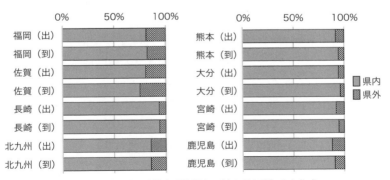

出典：国土交通省航空局「国内航空旅客動態調査」（令和元年度）より作成

図2.10　九州の国内線利用者の出発地と到着地

　航空機で空気を運ぶ空席は地域にとってもムダになる。また、イールド（旅客あるいは座席あたりの収入単価）を下げる空席は航空会社の損というだけではなく、他路線との比較で見劣りすれば、路線自体の存続や減便の危機ともなろう。

　ここで改めて、羽田線や成田線を使ったインバウンド旅客の誘致に営業力を生かして強化してはどうか、ということである。既に、野田[4]が述べるように、佐賀県のセールス活動の熟度は高く、十分な成果も上がっているように見える。さらに、国際は直行便、国内は成田・羽田、という内際戦略を若干修正し、内際の統合戦略を再構築してはどうか。そして、北部九州という視点から、福岡、長崎も含めた3空港、あるいは北九州を含めた4つの空港で、オープンジョー（出発地または目的地あるいは両方で地上交通機関の利用が含まれる旅程）的な誘致活動も国際的な交渉力をさらに強めることになろう。

　以上のように、現在では空港の赤字よりも、地元が空港をどのように使うか、が問われている。ここでは、佐賀空港が事例となっているものの、首都圏以外の空港に共通する課題である。アフターコロナにおいて航空・空港という手段を使って、どのように地域を活性化するのか、知恵くらべとなることを願っている。それは空港が再び木の葉舟とならない正攻法なのである。

（慶應義塾大学　加藤　一誠）

2.5　地方空港の課題と期待

(1) 交通需要予測

　交通計画において交通需要予測は重要で、インフラ学を扱う大学の講義で「交通計画」のなかで半分くらいの時間はこれに費やされている。交通計画の世界では、需要予測は一大分野なのであるが、果たして本当にしっかりと分析ができているのかというと、自戒も込めてであるが疑問は残る。20年前は過大予測厳禁だといわれていたが、今は過少予測だといわれている。

　那覇空港拡張計画も新千歳空港の国際線ターミナル計画も、10年ほど前の計画づくりで手伝いをしたが、そのときはとにかく過大な需要予測をするな、したら提訴されるなど責任問題になるぞという雰囲気であった。ところが、現在は全く逆の状況で、施設のキャパシティは既に一杯一杯で、誰がこんな過少な需要予測をやったのかといわれる状況である。空港は50年いや100年以上使っていくインフラである。仮に空港をこれから拡張しようと舵を切っても、

建設して供用されるまでは 10 年、20 年と時間がかかり、そのときの状況がどうなっているのか、現在正確に予測することは難しい。

(2) 地方空港の課題と展望

　近年、新型コロナウイルスの影響を受けるまでは国際線需要はどんどん伸びてきたが、一方で国内人口の減少は必至なので、ゆくゆく国内線需要は減少傾向となるだろう。その意味では、国際線頼みだというのは間違いないが、地方空港も国際線の活況に頼って安心していられるかというと、そうでもないのではないか。そこで、地方空港はどうなっていくのだろうということを考えてみた。図 2.11 はその要約である。

　日本ではこれまで、大きなジェット機を運航するフルサービスキャリアを中心に誘致対象とした取組みが行われてきたが、世界の潮流は違っていて、日本も小さな飛行機がたくさん飛ぶような運用に移っていくのではないだろうかと期待している。現在は、中国からの観光客は団体旅行の場合が多いが、将来的には個人客として訪日される、あるいは富裕層であればプライベートジェットを利用する方も出てくるだろう。

　もうひとつは、周遊という観点である。遠くからの来訪者ほど広域に移動する。地方空港の展望として、そういった周遊のための「小さなローカルネットワークの拠点」となることがある。近接する地方空港はライバルではなく、出入国で空港が異なるような周遊を支えるために、連携が必要になる。また、

■　航空需要の動向
　➢　国際線↑　国内線↓

■　地方空港 × 地域航空 × GA
　➢　小さなローカルネットワークの拠点
　　　・小型機の活用（水上機も）

　➢　多様な使い方
　　　・公的機関、産業航空、プライベート機、レジャー機

■　公共財……地域に必要不可欠
　➢　最低限の地域の足の確保
　➢　災害等緊急時のネットワーク拠点

図 2.11　地方空港の課題と展望

リージョナルジェットやターボプロップ、水上飛行機等を活用すれば、高速交通網が希薄な地域内での高速移動も可能になり、地方空港はその地方・地域内における高速移動にも貢献できる。

「多様な使い方」も期待される。現在でも、エアラインだけではなく、消防や警察もヘリコプターの発着で空港を使っており、産業航空もあり、プライベート機、レジャー機もあり、様々な使い方がされている。ジェット機だけの議論にとどめる必要はないのではと考えている。

「公共財」とは、東日本大震災後の大館能代空港のような役割である。2018年に引頭雄一先生と共編著で『災害と空港』という書籍を刊行した。内容は、東日本大震災のときに空港がどんな役割を果たしたか調査・研究を行い、今後、起こり得る東南海地震・南海地震への示唆にも触れている。まさに、東日本大震災によって、インフラとしての空港整備のあり方が大きく変わって、国土強靭化という点で、無駄ではないという見方になった。

2013 年に交通政策基本法が制定され、緊急時だけでなく、鉄道やバスでも最低限の地域の足を確保しようとなった。航空機のような高速交通は贅沢だといわれてしまうかもしれないが、欧米では最低限の地域間の足の確保にあたる路線については補助がなされている。なぜ路線の採算が合わなければ撤退しなければならないのか、なぜか日本のマスコミの公共交通に関する論調は採算性の議論が先に強調される傾向にあるのが危惧されるところである。

(3) 下地島空港のチャレンジ

宮古島市の下地島空港は、パイロット訓練空港であり、3,000 m 滑走路で大規模空港や気象条件が厳しい滑走路に設置される ILS（計器着陸装置）が整備されている、日本でも有数の高機能の空港である。図 2.12 は下地島空港の活性化策を要約したものである。2014 年以降 JAL、ANA はパイロットの訓練は行っていなかったが、近年 LCC のバニラエアが訓練を再開したとのことである。沖縄県では、同空港の活用について検討し、民間事業者の誘致を行っている。ゼネラル・アビエーション（一般航空）向けのターミナルや、格納庫ビジネスの展開などが提案されたが、新聞などで報道されているように、運営を行う三菱地所によって、LCC をはじめとする国際線定期便を次々誘致しようという、かなりアグレッシブな計画になってきている。さらに、パイロットの訓練会社も展開されている。

■　レガシーキャリアのパイロット訓練は 2014 年撤退
　　LCC のパイロット訓練を 2017 年開始

■　多様な GA を受入れ……県主導で民間事業者誘致
　➤　現在
　　　・GA 向けターミナル・格納庫ビジネス
　　　　→将来は国内・国際定期便（LCC など）の就航を目指す
　　　・軽飛行機パイロット訓練

　➤　今後
　　　・2 次募集中……個人的には、リゾート Airport や宇宙港等など、
　　　　日本初の空港になってほしい

図 2.12　　下地島空港のチャレンジ

出典：“Thresh hold Ranch Airpark” Web、”Ridge Landing Airpark” Web

図 2.13　米国のリゾート型エアパーク

　これらの提案内容とは全く関係なく、個人的には、リゾート型のエアパーク
に期待している。アメリカのエアパークの事例として、軽飛行機で空港周辺に
開発された住宅地にそのまま乗入れることを可能にした分譲宅地開発がなされ
ている。他の空港でも、短い滑走路を並行して作れば、このような開発は可能
だと思っている。

　その他に、宇宙港というのもアメリカには商業ベースで既にいくつかあり、
期待している。いくつかの宇宙関連企業が進出に手を挙げており、是非、10
年、20 年先を見据えて、このようなことを考えていければ、夢のあることに
つながっていくのではと思う。

（日本大学　轟　朝幸）

第3章 地方空港活性化の切り札1
－リージョナルジェット機を使った地域航空と地方空港の活性化－

3.1 リージョナル航空と地方創生

　日本にとっての大きな課題は、東京一極集中を食い止め、地方の定住化を進めていくことではないだろうか。

　高度経済成長のなかで、東京へ人口や富が集中してきた。これを解決するために、1962年から全国総合開発計画が始まった。高速鉄道、高速道路、空港などの整備を進めてきたが、人口の東京一極集中を止めることはできなかった。しかし、ここに来て今度は日本の総人口の減少が始まり、問題はさらに深刻になった。東京一極集中を是正するためには、地域が持つ特性を生かして課題を解決することで、地方創生を推進していかなければならない。

　地方の活性化のためには、交流人口をどう増やすか、そして定住人口をどう増やすか、この2点を解決することが需要である。若者が地方に住みたがらない理由は、経済面よりも文化的な格差の大きさではないかと筆者は考えており、この点を解決しなければ、若者が地域にプライドを持ち、その文化を大事にしながら住んでいくことはできないように思う。そのためには、まずは交流人口を増加させ、その中で新たなチャレンジをしていく必要がある。

　交流人口増加のためには、インバウンドの外国人を招くこと、国内の人びととの交流を促進することの2つの方法がある。これらの最大のキーファクターが、リージョナル航空と地方空港である。インバウンドについては、コロナ禍の前までは多くの外国人観光客が来日していた。地域の観光振興にも一定の成果があり、地方都市でも外国人観光客数は増加した。北海道のニセコでは、訪日外国人の増加を街づくりに生かした事例もある。また地方空港では、ビジネスジェットによるVIP受け入れも現実のものとなっていた。

　一方、デメリットもあった。たとえば京都では、嵯峨に外国人観光客が押し寄せ、かつての風情が感じられなくなった。清水港では大型クルーズ船の誘致には成功したものの、港には外国旅行社が手配したバスがずらりと並び、皆そのバスで御殿場のアウトレットモールに行ってしまう。そして、夕方買い物袋をたくさん下げた旅客は、バスから降りてすぐ乗船し、そのまま出航してしまった。インバウンドは利点ばかりではないというのが、実際のところである。

　国内の人びとの交流を活性化し、さらにそれを深化させていくことこそが、地方創生の鍵であろう。インバウンドとは異なり、一回限りではなく、国内で地域の人びとが繰り返し交流して深化し、結果、新しい仲間や友達ができ、経済や文化交流が生まれ、そこから新しいビジネスや文化が創出されるエネルギーとなることを期待する。地域同士の交流は、一方通行ではなく、相互に交流し合うことが大事である。

(1)　リージョナル航空と地方創生

　こうしたなかで、地方空港とリージョナル航空は必ず大きな役割を果たす。新幹線や高速道路もあるが、短時間で無理なくつなぐリージョナル航空の方が、地域間交流を促進するのではないか。

　地域間交流については、離れた場所、たとえば北海道と鹿児島や、静岡と北海道などの地域間の交流が、異なる文化が刺激し合うという意味で大事である。リージョナル航空のミッションは、大手航空会社と競合するのでなく、むしろそれを補完するような形で地方空港間を直接結んでいくことである。大手の国内航空ネットワークというのは、東京と地方とを結ぶ縦糸の世界である。我々はこれを補完し、横の糸をつないでいきたい。

　東京と地方との格差は、大変深刻である。東京は一種の文化のブラックホールのようなところがあり、何でもかんでも地方の文化を吸い込んでしまう。筆者の住む静岡からは、新幹線に1時間乗って上京すれば、世界の一流の音楽をはじめ、様々な文化にアクセスできるため、資金や時間をかけて交響楽団を育てたり、博物館を建てたりする必要性、切迫感が薄い。地方都市のアイデンティティは、希薄化の一途を辿っている。東京から吐き出される衛星都市、つまり、小ぎれいで小洒落てはいるが個性が少ない街が、東京の周辺にどんどん増えている印象を受ける。東京に依存せず、自分の文化を作り、地方が自立するためには、地域と地域同士が交流し、手を取り合ってレベルを高め、東京に負けないような文化を作っていくことが大切なのではないかと考える。こういった、地方と地方の交流を活発にする、地方と地方の架け橋となるようなエアラインになりたいというのが、基本的な考え方である。

(2)　日本のリージョナル航空

　50席以上100席以下のジェット機やターボプロップ機で、大都市間ではな

く、地方都市間を直接結ぶ運航をリージョナル航空と定義している。フジド
リームエアラインズ（以下、FDA）はこれに相当する。

　元来、地域間航空に使用される機材はプロペラ機だった。これは対流圏を飛
ぶため、揺れがあり、天候に左右されることも多い。しかし、50席以上100
席以下の機材がジェット化されたことで、一気に状況が変わった。地方都市間
を結ぶ飛行の定時性が非常に高くなり、就航率も改善した。これにより、リー
ジョナル航空というジャンルが生まれたのではないかと理解している。

　日本のリージョナル航空で独立系のエアラインはFDAだけだろう。この事
業を始めた理由のひとつは、鈴与グループの本拠である静岡の空港を応援した
いということだ。当初は週に1〜2回プロペラ機で伊豆大島辺りまで運航する
ことを考えていたが、調査するうちにジェット化という技術革新を知り、エア
ショーでERJという機材に出会った。まさに我々が考えていたリージョナル
航空にうってつけの機材が見つかったことも、事業開始を後押しした。

　FDAは「地参地翔」を掲げ、地方と
地方を結ぶ交流の懸け橋となり、文化と
経済の発展に貢献することで、地域社会
に信頼され、その成功を地域の人びとと
分かち合うことを企業理念としている。
FDAは静岡で創業し、本社も静岡に残
しているが、実質的なオペレーションの
中心は愛知県小牧の県営名古屋飛行場
（名古屋小牧空港）である。パイロッ
ト・客室乗務員や整備士などの乗員訓練
部門であるトレーニングセンターは静岡
空港近くの坂口にあり、空港支店は札幌
（新千歳・丘珠）、青森、花巻、仙台、新
潟、松本、静岡、名古屋、神戸、高知、
出雲、福岡、北九州、熊本、鹿児島にあ
る。

　機材と路線は図3.1のとおりである。
東京の方には、あまり知っていただく機
会が少ないかもしれないが、徐々に日本

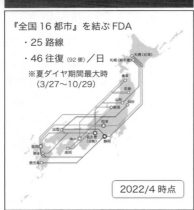

『全国16都市』を結ぶFDA
・25路線
・46往復 (92便)／日
※夏ダイヤ期間最大時
（3/27〜10/29）

2022/4 時点

図3.1　FDA1号機と路線

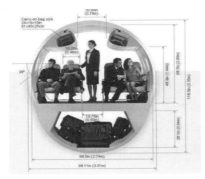

図 3.2　ERJ170/175 の内部

全国ネットワークを広げている。

　当然のことだが、安全運航を何より大事にしている。そのために機材導入と同時にシミュレーターも購入した。保有機材が3機なのに、機材1機とほぼ同額のシミュレーターを購入することには購入元からも驚かれたが、乗員の自社養成が大事であり、そのためにも自社でこれを持つべきと考えたのである。また、静岡空港近郊には客室乗務員訓練設備も備えている。

　使用機材は、エンブラエル社の ERJ170/175 で、170 が 76 席、175 が 84 席となっている。地方空港に適した機体サイズ、リージョナル路線に適当な運航性能、優れた経済性、広い客室空間を備えた最新鋭の飛行機である。

　機内は、ダブルバブル型ボディーという、シャボン玉を2つ合わせたような形となっている。機体は寸胴でかなり広く、背の高い方でも直立して機内を歩けるし、PBB（搭乗橋）も付けることができる。ボーイングやエアバス社の機材に乗っているのと、あまり変わらない印象を持っていただけるだろう。

(3) 地方空港の発展を支えるリージョナル航空

　次に、地方空港との取組みについて紹介する。

① 信州まつもと空港

　信州まつもと空港からは札幌1便、福岡2便、神戸2便が就航している。2010 年の就航以降、旅客数は右肩上がりで推移している。

　松本市には、ネーミングライツのスポンサーになっていただいた。2016 年にはグリーンの 11 機が松本観光大使を継承し、機体にマスコットキャラクターのロゴを掲載・機内で観光情報提供するなど、日本国中にグリーンの機材

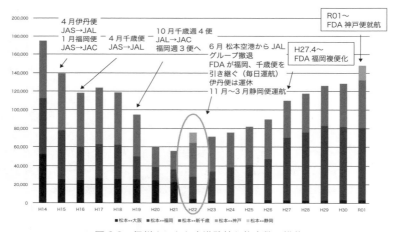

図 3.3　信州まつもと空港路線と旅客数の推移

図 3.4　信州まつもと空港のプロモーション例

が飛び回って松本市を PR している。

　また、『信州まつもと空港利用促進協議会』は、旅客への運賃助成や、交通アクセスの補助、搭乗旅行商品への奨励金や国内チャーター便への補助金の交付、就航地での長野県物産店の開催など、FDA と協働でのプロモーションを行ってくれている。

　②　いわて花巻空港

　いわて花巻空港は、新幹線との競合で需要が減少した空港である。FDA は名屋小牧空港から 4 便飛ばしている。東北新幹線開通やリーマンショック、定期便路線の減便により減少してきた旅客数が、FDA 就航後は右肩上がりとなり、回復基調にある。

　就航のきっかけは、東日本大震災の際、静岡から医師と薬品を花巻空港に救援として送ったことである。空港のグランドハンドリングの手が足りない状況であり、見るに見かねて筆者も手伝ったが、医薬品がこんなに重いということ

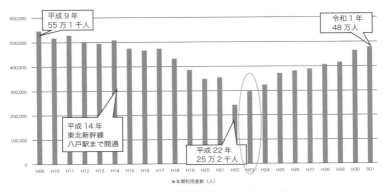

図 3.5　いわて花巻空港路線と旅客数の推移

> ✈ 岩手県とネーミングライツ契約を締結（2016年5月）
>
> ✈ 9号機（ゴールド）を「黄金の国、いわて」号と命名
>
> ✈ 9号機の機体に岩手県のマスコットキャラクター「そばっち」をマーキング
>
> ✈ FDAの就航地に「黄金の国、いわて」をPR

図3.6　いわて花巻空港のプロモーション例

を初めて知った。今はトヨタ自動車の工場が花巻にあるため、ビジネス利用の方にも多くご利用いただいている。

　2016年にFDAは岩手県ともネーミングライツ契約を締結した。岩手には平泉中尊寺があるので、ゴールドの9号機を「黄金の国、いわて」号と命名した。県のマスコットキャラクターもマーキングし、就航地にPRしている。

　地元の菓子店とのコラボレーションで、岩手銘菓の機内サービスキャンペーンも行っている。FDAに乗るといろいろなものが出てくるので、それが楽しみだと言ってくださる方もいる。

(5) FDA

　最後にFDAがつないでいる地域間交流促進の事例を紹介する。

　松本〜札幌線では、松本市・札幌市の両市ともに音楽のまちであるので、音楽を通じた文化・観光の交流が行われている。名古屋〜花巻線は、震災復興で名古屋市と陸前高田市が友好都市協定を結び、震災復興支援路線を開設したのち、定期便を就航することになった。静岡〜出雲線では、静岡県焼津市が小泉八雲の愛した土地であったことで、両市の記念館の架け橋になり、文化交流を促進している。

　筆者は空と飛行機が大好きで、実は楽しみでこの事業をやっているというところもあるが、FDAは今後も、地域と地域を結ぶ翼として努力を続けていく。

（フジドリームエアラインズ　鈴木 与平）

3.2 丘珠空港の利活用と札幌市の取組み

(1) 丘珠飛行場（空港）の概要

　丘珠空港は札幌市の中心部から北東に 6 km に位置し、市街地が空港のすぐ側にある。一方、新千歳空港は札幌市中心部から 40 km 離れているので、丘珠空港は都心に近く、利便性の高い空港である。また、全国で唯一の陸上自衛隊との共用空港である。滑走路長は離島並みの 1,500 m しかない。

　路線は北海道エアシステムの道内 3 路線と、三沢との 1 路線、計 4 路線を、36 席の SAAB で飛び、現在 SAAB は ATR42–600 に機材変更、FDA は 2013 年から名古屋便の実証運航をきっかけに、現在は本州との 3 路線を、夏期限定で運航している。

(2) ジェット化反対運動への対応

　FDA の ERJ 就航により、ジェット機が離着陸するようになったが、かつて丘珠空港ではジェット化を巡って大きな議論があった。1995 年、YS–11 が生産中止となり、その後継機として、B737–500 が候補として挙げられた。このことから、知事と市長が協議し、道内航空路線網の拠点空港として、滑走路を当時の 1,400 m から 2,000 m に延伸しジェット化を推進することで合意した。しかし、地元理解を得る前での公表という批判もあり、反対運動が起こった。

　また、当時は国としても、「新千歳空港と近い距離にジェット機の飛べる空港が 2 つ必要なのか」という議論もあり、「役割分担を明確にすべき」という課題もあったことから、結果的にはジェット化を断念した。そこで、プロペラ機での存続を図る方針に転換し、ボンバルディア社の DHC8–300 を後継機材とし、滑走路を 100 m 延伸することとなり、1997 年に地元と協議のうえ、滑走路長は 1,500 m に、騒音環境基準を守るといった条件を合意した。

図 3.7　丘珠空港全景と周辺

(3) 旅客需要

　乗降客数の推移は 1974 年に 70 万人を超えたが、同年 12 月に千

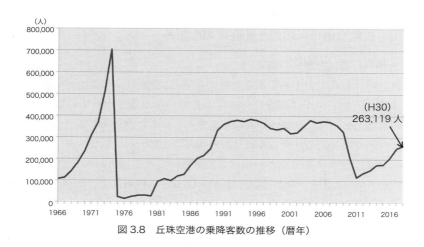

図 3.8　丘珠空港の乗降客数の推移（暦年）

歳空港（当時）が本格運用開始となり、就航エアラインの相当数が移管されたため大きく落ち込んだ。その後、徐々に乗降客数は上向きになってきたが、2008 年のリーマンショックを受け、同年夏頃から、ANA が新千歳空港に拠点を集約し、就航便が約半分に減少したことに伴い、再度大きく落ち込んだ。その後、FDA 就航という画期的な転換点があり、2018（平成 30）年は 2011 年の乗降客数の 2.2 倍にまで回復し、上昇傾向が続いている。

（4）丘珠空港の夜明け

　ジェット化再考のきっかけは、2011 年に設立された「丘珠研究会」であった。この研究会は丘珠空港の活用を目指し、札幌の経済人や道議・市議の有志で構成された団体である。研究会では、「海外では滑走路長 1,500 m でも技術的に一定規模のジェット機は就航可能」との情報が得られ、早期ジェット化が北海道経済の立て直しの切り札になると考えられた。2012 年 9 月に研究会主催で開催されたシンポジウムでは、FDA 鈴木与平社長（当時）が、「FDA の機材を使えば、夏にテストを兼ねたチャーター便の離着陸が可能ではないか」と話したが、これが非常に重要な転換点だった。

　ここから、丘珠空港の夜明けが具現化してきた。まず、2013 年に FDA が乗客なしでテストフライトを行い、離着陸性能や騒音度合いについて検証した。同年秋には、名古屋便で客を乗せた実証運航を行った。これにより、夏場であれば十分ジェット旅客機も運航可能であることが証明され、その後、2 年間の

チャーター便運航を経て、2016年に初のジェット機による静岡との定期便が就航した。さらに、2018年は松本便も期間限定で就航した。

このように、一歩一歩着実にジェット化を進めてきた結果、地域住民のジェット機に対する考え方が大きく変わったのである。

(5) 利活用策の検討

これまで丘珠空港の有効活用の動きは、民間主導で進んできたが、その後を引き継ぐ形で、北海道と札幌市が共同で検討を行っている。

道内空港の運営民営化の際、丘珠もその対象に含めることを要望したが、「自衛隊との共用空港のため難しい」との知事判断を受け、要望を取り下げた。また、2016年6月のFDA定期便就航の際、市長から「冬期の就航のために滑走路延長を検討しないといけない」という発言もあった。こうした経緯から、道・市を中心に空港利活用促進策を検討・協議していくことになった。

利活用検討会議では、2018年2月にケーススタディという形で報告書を公表した。ただ、ジェット化断念という過去の経緯もあり、その位置付けも、市民や関係者などと議論を進めるための、たたき台として作成した。

報告書の中では、図3.9のとおり、空港が持つ役割を6つに整理した。一番大きいのは、道内航空ネットワークの拠点空港であるが、FDAの就航でジェット機による運航が可能となったことから、道外や国外まで視野に入れた都市間を結ぶ都市型空港、さらに道内医療を支える空港、防災機能を持つ空港、ビジネスジェット機利用に対応する空港、報道・測量等で利用する小型航空機基地空港といった、幅広い役割を整理した。また、これらの役割の推進に資する利活用策として、21項目を考えた（図3.10）。

(6) 滑走路延長計画

滑走路延伸提案は、現段階ではあくまでもケーススタディである。主に検討したのは、道内路線の就航ジェット機が運航可能な滑走路長として、1,800mと

① 道内航空ネットワークの拠点空港　拠点空港（道内路線）
② 道外や国外とを結ぶ都市型空港　都市型空港（道外・国外路線）
③ 道内医療を支える空港　医療
④ 防災機能を持つ空港　防災
⑤ ビジネスジェット機利用に対応する空港　ビジネスジェット
⑥ 報道・測量等で利用する小型航空機基地空港　小型機

【目的】丘珠空港の将来像に向けた利活用策の抽出

図3.9　丘珠空港が持つ役割

利活用策（案）ソフト	対象	利活用策（案）ハード
運用時間の見直し	空港施設	災害時SCU利用可能機材・システム整備
除雪体制の強化		施設のバリアフリー化
道内路線の誘致・拡大		消防ヘリ・MW用エプロン・格納庫整備
空港ビルへの商業施設の誘致		ビジネスジェット関連施設・CIQ整備
道外地方・主要都市間の新規路線等誘致		小型航空機用エプロン整備
LCCの誘致		滑走路延伸
		進入灯の整備
		CIQ設備・施設の整備
		滑走路・空港ビル等の耐震化
定額タクシーの運行	地域	栄町駅から交通広場までの案内標識整備
道内観光ルートの作成とPR		2次交通（新交通システム・地下鉄）の接続
丘珠空港の呼称の募集・設定		都心アクセス整備

図3.10　21の利活用策（案）

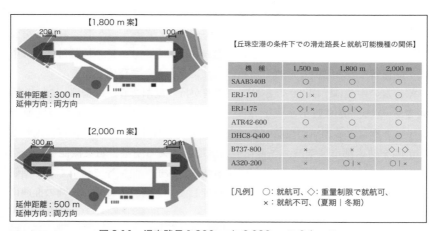

図3.11　滑走路長1,800mと2,000mの2ケース

2,000mの2案である。1,800mではERJが通年で飛べ、2,000mでは一部重量制限が必要だが、B737-800やA320も運航可能となる調査結果となった。夏期しかリージョナルジェット機が飛べないという状況は、空港経営や地元に大きな損失であり、何とかしなければならない課題と考えている。

　2019年度は、報告書に対する市民の意見を聞き取り、空港周辺地域での住民説明会のほか、市民1万人（人口の約0.5％抽出）にアンケートを行った。また、学識経験者、市民、空港関係者の9名の委員で構成する会議にて、市へ

の助言を整理するなど、複層的に取り組んでいる。住民説明会では、道外路線の拡充要望など肯定的な意見を数多くいただいた一方、騒音への配慮が必要という意見も出された。しかし既に就航している FDA のジェット機の騒音が従来よりも小さいこともあり、思ったほど騒音は大きくなかったとの意見が出るなど、多くの方がジェット機運航を普通ととらえているようである。

市民アンケートで、「報告書の 21 の利活用策の中で検討を進めるべき策」について聞いたところ、同率 1 位が医療・防災に関する利活用策、第 3 位が「現在就航している民間航空機や医療用ジェットの通年運航が可能になる滑走路の延伸」であり、52.7 ％の方が「滑走路延伸の検討を進めるべき」と回答している。一方、利活用策の中には、「検討を進めるべきものはない」、「現状のままでよい」という回答は、共に 1 ％未満と小さく、大多数の市民が丘珠空港の利活用を推進することに肯定的であることが判明した。

(7) さらなる利活用を求めて

これからの丘珠空港の在り方を考えるうえで、考慮すべき要因の 1 つはインバウンド需要である。ここ数年、訪日外国人来道者数は増加傾向が続いており、2011 〜 2017 年の 6 年で 5 倍も増加している。外国人来道者の行先は、札幌市内に 40.4 ％、札幌以外の道央に 31.8 ％と、道央圏だけで 7 割以上を占めている。来道者の 9 割弱は航空機利用であり、そのうち 8 割弱が新千歳空港利用であることを考慮すると、今後も札幌市への来訪外国人増加が予想される。この方々に対し、道内各地に広がる周遊型観光促進が、北海道全体の活性化にもつながることから、丘珠空港の重要性は高まっていく。

2 つ目は医療という観点である。道内路線利用者アンケート結果によれば、釧路や函館路線ではこれらの都市に出向き、診療を行う医療従事者の利用が多い。逆に離島の利尻線では通院目的利用者が 2 割以上ある。札幌市内と短時間でアクセスできる丘珠空港路線は、社会的にも不可欠である。

2017 年に国内で初めて事業化された医療ジェットは、過疎地などで高度専門医療を必要とする患者を、病院のある都市部の空港へ運ぶことを主目的としている。夏場は主に丘珠空港を搬送先としているが、冬場は滑走路長不足から、新千歳や本州の空港を搬送先とせざるを得ない。医師会からは、冬場の医療従事者の安定的な移動や、医療ジェット機の運航のため、滑走路延伸の要望を受けている。

　3つ目に防災・災害時の活用がある。2016年8月に北海道を襲った大型台風により、日高や十勝でJRや高速道路などが分断された際、丘珠空港から釧路便を利用しての移動が相当数あった。JRが復旧した後も、丘珠空港の利便性を理由に継続的に利用する方も多く、搭乗率は高いまま推移した。また2018年9月の北海道胆振東部地震では、全道がブラックアウトし、新千歳空港も停電したが、丘珠空港は自家発電により通常運用を継続した結果、釧路空港経由で東京から札幌に戻る旅客等もおり、道内交通の機能確保を担った。災害時に他の交通機関・交通施設が被災した場合を念頭に、特に冬期の移動や本州と結ぶ交通機関のリダンダンシーとして、常日頃から路線を維持・拡大していくことが望まれる。

　4つ目に、最近需要が伸びているビジネスジェット（BJ）の利用である。日本全体でのBJ機の発着数は2017年までの5年間で約1.2倍に増大している。一番発着数の多い羽田空港でも約1.5倍であったが、新千歳空港では2.4倍で、今後もこの傾向は続きそうである。しかし、「新千歳空港は発着枠が拡大されたものの、それでも定期便で混み合い、BJが希望時間帯の枠を取るのは容易ではない」との話も聞かれ、新千歳空港でのBJ運航の難しさがわかる。

　北海道には、今後多くのBJ需要があると思われる。そこで、丘珠空港がBJ需要に応えることで、新千歳空港では貴重な発着枠を大型機に活用し、BJ機利用者は街中に近い丘珠空港で発着する、という役割分担ができる。

　最後に、FDAが静岡空港、松本空港との路線に就航したことで、都市間交流が進んでいる。都市間交流において、路線が結ばれていることの意義は大きい。また、今年から松本市役所の職員を札幌市で受け入れる交流を始めた。これも路線があるゆえに加速したものである。

　都市型空港があるおかげで都市の価値が変わっていくということが、同空港の利活用を考えていく際には重要である。この動きを絶やさないよう、市議会を含め、市民の理解を進める努力をしていくとともに、都市の魅力を高めるためにどう空港を扱うべきか考えていきたい。

（札幌市役所　浅村　晋彦）

第4章　地方空港活性化の切り札2
－プロップジェット機を使った地域航空の活性化－

4.1　地域航空の現状と将来の展望

　航空会社と聞くと、ANAやJALなどといった大手航空会社を想像し、地域航空については、一般読者にとっては「なるほどそういった会社があるのだな」という程度の認識かもしれない。ここで述べるのは、地域航空会社が支えている離島航空路線に対する国土交通省航空局の取組みについてである。

(1)　国内の航空需要・路線数の推移
　国内航空旅客需要は基本的には右肩上がりで推移している。2011年の東日本大震災で一旦需要は落ち込むが、その後回復し順調に伸びて、2017年度には1億人を超えている。また、国内需要の約6割は羽田便の利用者で占められている。路線数について、ローカル・トゥ・ローカル路線は2011年より減少したままになっている一方、幹線空港からローカル空港への路線は増加しており、路線数全体では横ばいの状況である。

(2)　地域航空会社
　地域航空会社とは（厳密な定義があるわけではないが）、一般的には30～70席程度のプロペラ機で運航している航空会社を指す。代表的な地域航空会社に、丘珠を拠点に奥尻や利尻への路線を運航する北海道エアシステム、新千歳を拠点にしているANAウィングス、長崎から福江や壱岐・対馬といった離島航空路線を飛ばしているオリエンタルエアブリッジ、福岡・熊本～天草間などを運航している天草エアライン、鹿児島を拠点に奄美大島等に飛ばしている日本エアコミューターがある。その他、東京の調布を拠点としている新中央航空や、那覇を拠点としている琉球エアコミューターがある。また、株主は大手航空会社や自治体などで、例えば日本エアコミューターや北海道エアシステムはJALが、天草エアラインは熊本県や天草市が主要株主である。限られた需要、割高となりがちな運航コスト等の理由で、非常に厳しい経営環境に置かれている。

（3）離島航空路線の使用機材

　離島航空路線に使用される主な機材は相次いで製造終了となっており、サーブ 340（座席数が 36 席で、離島航空路線の使用機材として適していた）の製造が終了し、デ・ハビランド・カナダ社のボンバルディアの Q200（座席数 39 席）も製造終了となった。新しい機材としては ATR 社の ATR42-600 が就航しているものの座席数が 48 席と従来の機材と比較して若干多くなっており、運航コストも高く、L/F（ロードファクター、有償座席利用率）を維持するのが難しい。それ以外ではボンバルディアの Q400 や、日本エアコミューターが使用している ATR72-600 がある。

（4）地域航空路線活性化のための取組み

　航空局では、地方の活性化を目的に「地方航空路線活性化プログラム」という事業を 2014 〜 2016 年度に実施し、発地と着地で連携しながら、路線の活性化を促す取組みを支援していた。有識者による評価・選定の委員会を設けて、地域主体（地方公共団体、観光協会、商工会議所、エアライン等からなる協議会）から各路線の活性化の取組みについて提案を求め、これをもとに 8 路線が選定された。各路線で提案に基づいて活性化の取組みを実施して、その結果を評価するというもので、対象路線は、釧路〜丘珠、紋別〜羽田、山形〜小牧、能登〜羽田、静岡〜鹿児島、南紀白浜〜羽田、但馬〜伊丹、天草〜福岡である。

　なお、これらにおいて効果が認められた取組みについては、現在も自治体主導で継続されている。例えば、山形での西の伊勢参りと東の奥参り（出羽三山）について共通 PR・イベント等の両地域での展開、また、但馬〜伊丹路線において、但馬発便の欠航時に限らず、伊丹発便の欠航時に最寄りの特急停車駅まで代替の乗合バスやタクシーを手配する取組みがある。活性化プログラムの終了後においても、他の地域での成功事例や失敗事例に関する情報交換の場が必要ということで、地方航空路線活性化プラットフォーム事業を実施した。2017 年から始まったこの事業では、年に 2 回関係者連絡会議が開催され、講演会と自治体間の意見交換がなされ、自治体の方々の間でも、活発な意見交換が行われている。

(5) 離島航空路線維持に向けた支援制度

　四方を海に囲まれている離島では、離島航空路線は住民にとって生活に必要な足であり、維持していかなければならない重要な路線といえる。離島航空路線維持にかかる法律として、主に「離島振興法」があり、交通の確保等という条項で規定されている。離島航空路線に関わる具体的な支援については次のとおりである。

　① 着陸料や航行援助施設利用料等の軽減措置

　ターボジェット機で一般路線の1/6、ATR42-600などその他の航空機においては一般路線の1/8の軽減を行っており、最大離陸重量50トン以下の小型機材であれば、さらに上乗せで10％の軽減を行うなどの優遇措置を実施している。（編者追記：2023（令和5）年度予算では、着陸料の軽減は50トン以下の小型機材は20％、20トン以下の小型機は30％上乗せされる）

　航空機燃料税は、一定の離島航空路線に就航する航空機については、通常の4分の1（沖縄路線は2分の1）に、さらに現在は特例措置の期間（2017～2019年度）に、1キロリットルあたり13,500円（沖縄路線は9,000円）に軽減している。（編者追記：令和4年度に限り1キロリットルあたり9,750円、沖縄路線は6,500円）

　機材にかかる固定資産税は、最大離陸重量30～70トンの機材の場合、取得後3年間は3分の1、その後3年間は3分の2に、最大離陸重量30トン未満（ATR42-600等）の機材は、永続的に4分の1に軽減している。

　② 離島航空路運航費補助等

　離島航空路線を運航する事業者が赤字になった場合、2分の1を国が補助する制度であり、事前に翌年度の赤字予想額を運航事業者に算出して、補助金を交付する形になる。対象路線は、「経常損失が見込まれる離島航空路線のうち、地域の協議会で決定した最も日常拠点性を有する路線」である。これは、日常拠点性を有する（例えば、住民票を役所に取りに行く等）路線であり、代替交通機関（＝海上交通）で2時間以上を要し、競合運航事業者がなく、運航計画の内容が適切かつ実施確実である場合に認められる。離島住民の航空路運賃は、航空会社や自治体等による努力で既に約26％が割引されており、これをさらに割り引くために国と自治体で折半して補助する制度であるが、実際には国境離島法等他の制度の補助率がよいため、本制度の適用は減少している。

③　機体購入費補助

　離島航空路に就航する航空機を購入するときに、購入費用の 45 ％が補助される制度である。対象機材は、9 人以上の旅客が搭乗可能で、1,500 m 以下の長さの滑走路で離着陸できる飛行機となり、ATR、Q400 等が該当する。本制度は 1972 年から措置されている制度であり、経緯として、機体の購入費を補助した方が滑走路整備よりもコスト面で効率的という考えから始まったと聞いている。交付条件としては、補助金交付がなかった場合に 3 年赤字が続くと見込まれる路線で、補助対象者は運航事業者である。補助率は補助対象航空機およびその部品の購入に要する費用の 45 ％であり、例えば、20 億円の機材の場合、9 億円の国の補助となる。また、沖縄路線を就航する機材については、少し優遇されており 75 ％の補助率となる。

④　地域の実情に合わせた支援制度

　離島航空路維持にかかる関連法としては、上記の離島振興法のほか、地域の実情に合わせた支援制度として「沖縄振興特別措置法」「奄美群島振興開発特別措置法」があり、それぞれ離島航空路線を支援していくことが規定されている。昨今、他国からの漁船などによる不法な侵入が増え、わが国の領海や排他的経済水域等を適切に管理する必要性が増大していることから、2017 年に「有人国境離島地域の保全及び特定有人国境離島地域に係る地域社会の維持に関する特別措置法（有人国境離島法）」が施行された。それらの状況を受け、国境付近の離島の住民の方々に住み続けていただくため、島民の方の移動利便性の確保を目的としている。地域の実情に合わせた支援制度については、その実情をきめ細やかに把握する必要があることから、担当する官庁が分かれている。以下に、これらの支援概要を紹介する。

⑤　奄美群島にかかる支援

　航空運賃軽減事業として、国の交付金によって 10 分の 6 を負担、鹿児島県と地元自治体が各 10 分の 2 を負担する。離島住民が内地（本州）に来やすいように、新幹線運賃並みまで補助するもので、地元協議会を通じて補助金を支出している。2022 年、世界遺産登録を目指して観光キャンペーンを行っており、内地（本州）から奄美群島へ行く方に対しても補助をしようというものである（2021 年に世界自然遺産登録が正式に決定）。これも国の交付金と県・地元市で負担し、航空会社に対して補助金を支出している。

⑥ 沖縄の離島にかかる支援

沖縄離島住民等交通コスト負担軽減事業も上記奄美群島にかかる支援と同じ考え方である。沖縄県内の離島住民の方が沖縄本土に来られる際に、新幹線並み運賃まで航空運賃の割引を行っている。奄美の場合と同じく、離島に居住しているという理由で、交通面で条件不利にならないよう支援している。

⑦ 有人国境離島にかかる支援

有人国境離島法は、島民の航路利用時の運賃をJR並みに、また航空路利用時の料金を新幹線並みになるよう、運賃や料金の割引を行うこととなっている。新幹線のkmあたり運賃から算定した当該航路の想定運賃まで、実運賃との差分を補助金で賄うことで、離島住民の条件不利を一部解消する制度である。

(6) 地域航空会社の将来に向けた取組み

離島航空路線を支える地域航空会社は、限られた需要、割高となりがちな運航コストなどの理由で非常に厳しい経営環境に置かれているため、将来に向けた持続可能な取組みを行う必要がある。

① 持続可能な地域航空のあり方に関する研究会

地方航空路線を持続可能なものとするため、航空局は2016年6月に「持続可能な地域航空のあり方に関する研究会」を立ち上げた。同研究会においては、将来の地域航空のあり方について検討、2018年3月に「地域航空を担う組織のあり方自体を見直すことが必要」という結論になった。その形態としては、「一社化（合併）又は持株会社の設立による経営統合の形態を模索していくべき」とされた。また、関係当事者からなる実務的な協議の場を設け、各課題解決のための具体的手法等について検討を進め、2018年末までに、具体的な組織形態について一定の結論を得ることを目指すべきとされている。

② 地域航空の担い手のあり方に係る実務者協議会

その後、運航事業者も入った実務者協議会における具体的な検討に移り、経営統合の可否についての検討に入った。安全・技術の観点からは、経営統合の障害はないことが確認され、機材や規程の統一化を進めることで、運航・整備業務の効率化が図られること、また、系列を超えたコードシェア（共同運航）が、チケットの販売機会を増やし、地域航空の運航社の収益性向上に資するという共通認識が確認された。コードシェアについては、これまで系列会社間で

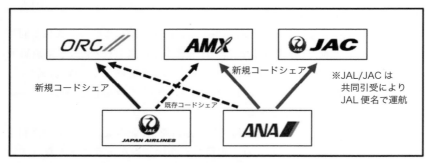

図 4.1　コードシェア（共同運航）のイメージ図

は行われていたが、系列を超えた仕組みはなかった。経営統合については、将来的に目指すととりまとめられたが、県や地元自治体は地元の離島航空路線維持のために航空会社へ経営支援を行っており、それらの関係を整理する必要があることから、まずは有限責任事業組合（LLP）を設立し、可能な部分について協業することとなった。具体的には九州地域を対象として、有限責任事業組合制度を活用した共同事業の開始、2019 年度には LLP が設立された。持株会社の設立等による経営統合については継続課題とし、組合設立後 3 年を経過した時点で組合の取組み結果についての総括検証を行うということとしている。

　③　地域航空サービスアライアンス有限責任事業組合

　2019 年の 10 月 25 日に「地域航空サービスアライアンス有限責任事業組合（EAS LLP）」が設立された。これまでの組合は民法上無限責任であったが、LLP は有限責任の組合となる。現在、EAS LLP には、大手航空 2 社（ANA・JAL）および地域航空 3 社（天草エアライン・オリエンタルエアブリッジ・日本エアコミューター）の 5 社が参画している。航空会社間の協業による業務の効率化により持続可能な地域航空を目指すという目的で、2022 年 10 月、前述の系列を超えたコードシェアを開始した。

（7）地域航空会社のこれから

　地域航空会社は、限られた需要、割高となりがちな運航コスト等の理由で非常に厳しい状況にあるため、地域航空会社には引き続き需要喚起やコスト削減等の経営努力が必要である。また、国や地方自治体も公租公課や各種補助制度等を用いて、地域航空会社を継続的に支援してゆく必要があり、とりわけ自治

体の負担が大きいが、国としても最大限支援したい考えだ。今後は、地域航空会社が協業を行う仕組み（LLP）を活用し、運航業務の効率化や信頼性向上、収益の向上に努めることが経営改善に向けた重要な取組みと考えられる。

（国土交通省航空局　植木　隆央）

4.2　地域航空会社の機材更新

(1) 天草エアラインとの関わり

　筆者はかつて熊本県庁に所属していたが、当時の職務の半分以上が交通分野に関するもので、陸海空のすべてに携わった。国内線・国際線の誘致も担当し、台湾だけでも40回近く訪問している。第三セクター鉄道等の生活交通に携わっていたことが、後になって天草エアライン（以下、AMX）でも役に立った。

　AMXとの関わりは2009年度からで、運航開始から10年を経て機材がそろそろ傷んでくる頃であった。当時の天草は大規模火力発電所が建設中ということもあり、就航当初の福岡便の搭乗率は、8割を超えていた。しかし、火力発電所の完成で人の往来は減り、搭乗者は減少する一方で、機材整備のコストはどんどん大きくなっていく。知識がないまま担当となり、エンジンを1基掃除するだけで8,000万円、掃除だけでバス何台分ものお金がかかると知って仰天し、財政課にどう説明すればよいのかと頭を抱えていた。

　筆者が業務を引き継いだのが2009年の4月だが、同年3月決算で、AMXは債務超過ギリギリの状態であった。毎日が負のスパイラルで、当時の経営陣は金策で走り回っていた。そういう状況下で、抜本的な対策を考える余裕はな

提供：天草エアライン（株）

図4.2　天草エアライン ATR42-600

い。また同じ時期に、県の外部監査の対象となった。既にコストがパンクする状態で、機材更新も迫っていたため、早く将来についての結論を出せという監査報告になった。

　外部監査と並行して「天草エアラインのあり方検討会」を立ち上げ、天草市・上天草市・苓北町・AMX・熊本県の5者で就航効果・経営環境・路線・運航主体・機材更新等について検討した。まずは当面この5年間をどう乗り切るかを中心に話し合い、補助金を出してしっかり支え、その間に最終方針を出そうということになった。

(2)　将来計画の策定

①　収支バランス

　AMXの最終方針という宿題は相当なプレッシャーであり、まずは自分たちの腹固めをした。AMXには運航コストも含め客観的な数字をすべて出してもらい、収支バランスを取るための方策やその実現策について、当時の5者会議のメンバーで徹底的に話し合い、役割分担しようとなった。出てきたアイデアを正直に地元にぶつけ、情報開示する。地元が覚悟を決めなければ会社を畳むしかない、とも考えて動き始めた。当時の天草市長は、筆者の話に真摯に耳を傾けてくれ、高速交通体系の脆弱な天草地域の振興のためにAMXは絶対必要であると腹をくくってもらった。頑張っている地域を県が支えるという構図ができ、ようやく本格的な検討がスタートした。

　筆者らがまず取り組んだのが、就航効果の再検証だった。経済波及効果や時間短縮効果、地域住民の生活への貢献、観光振興への貢献、雇用創出への貢献についてヒアリングを重ね、AMXの地域振興への効果を再検証・再確認した。50年以上前の1966年に天草五橋が開通しており、既に当時から天草は「離島」ではなかったが、高速道路も鉄道もないため、アクセスは脆弱であった。

　当時、医療関係者のアクセス手段としてAMXが利用されていることがわかり、この地域の住民生活を支えるライフラインとしての存在意義が再確認できた。これにより、この航空路線は守る必要があると痛感した。

②　機材計画とコスト削減

　当時の機材であるDHC-8を今後10年間利用した場合のコストを検討した。機材は経年劣化が進むことで、整備費が高止まりする。AMXには、できる限り緻密な計数を出してもらい、燃油や為替相場のケースを何パターンか想定し

て、シミュレーションしていただいた。さらに、当時の機材を継続して使用する場合の課題の検討も行った。安全性と乗客への提供サービスの品質維持を前提に、運航コストの削減、経費の節減ができないかを検討した。DHC-8Q100は、2009年に製造中止になり、メーカーのサポート体制も弱くなってくるという課題を、そのとき初めて認識したが、当時のAMXには、社員一丸となったコスト削減に取り組んでいただいた。徹底的なコスト削減を行うなか、しかしサービス水準は落とさないという努力をしていただいた。

③　路線計画

就航路線の検討も行ってもらった。県内高速交通体系の確保という観点から、県庁所在地である熊本〜天草線と、天草住民にとってのライフラインでもある福岡〜天草線の2路線は絶対に外せない。しかし、この2路線だけでは収入規模が小さすぎ、少しでも稼げる路線はないかと探してもらった。過去には、松山や神戸に飛んでいたが、いずれも上手くいかなかった。

そのなかでAMXが推したのが現在の大阪線であったが、当初は不安を覚えた。翌年の春には九州新幹線が全線開業し、熊本〜大阪間が3時間で結ばれるため、そこに路線を張ることには県庁内でも大きな反対の声が上がった。しかし、当時の社長が、プロの目から見て旅客流動の総量が多い路線に飛ばすべきで、落穂拾いであっても絶対需要はあると主張をし、飛び始めて当初の予測数値に届かなければ止めるという条件付きで、何とか運航を開始した。

④　議会対応と地元説明

県議会での説明も大変だったことを覚えている。「路線を支える」という言い方ではお荷物感があるので、「路線を活かす」という方向に舵を切ると議会に説明した。当時は、このような考え方・方向性は当たり前ではなく、地域航空の分野は黎明期であり、離島航空の枠内で考えるのが大前提であったから、社会実験等の施策もなかった。筆者は「生活路線」という切り口では、バスも鉄道も航空機も一緒だと単純に考えて、他の地上交通と同様に上下分離できないだろうかと考えた。それによって、少しでも経営を安定化し、その上で地域が一体となって地域振興や地域の将来のためにこれまで以上に空港を徹底的に活用する。儲かることはおそらくないが、必要不可欠なものなので、少しでも赤字を減らすのだとして、効果や採算についてAMXととことん話し合い、方向性を揃えてから、議論のたたき台として地元に説明を始めた。

地元市町との協議も難航した。今になって地元負担が必要だといわれても困

ると抗議を受けた。しかし課題を先送りすることはできず、退路はなかった。会社存続か撤退かの選択肢を突き付けられ、県としては頑張るしかなかった。

　天草市まで車で2時間、朝夕の渋滞では3時間近くかかるが、月曜朝から地元に説明に行き、夕方に宿題を県庁に持ち帰り、金曜までに整理し再訪、そしてまた金曜夕方に宿題を持ち帰り、週明けまでに対応ということを繰り返し、ようやく現状認識の共有というところまでは辿りついた。しかし、現状がわかるほどに大変であることが見えてきた。これ以上何をやればよいのか、というのが天草市の見解であったし、筆者も返す言葉はなかった。

(3) 就航機材

　その頃、救世主として現れたのが小山薫堂氏だった。氏の出演するテレビ番組『東京会議』でAMXの機体デザイン募集を取り上げてもらってから、保有機材が1機しかないエアラインが頑張っている姿にスポットが当たり、少しずつプラスの面でのメディアへの露出が増えてきた。そこで、とにかく1日10便ただ乗るだけのチケットというものを販売したところ、乗る人がいるのである。そうした新たな取組みを少しずつ積み重ねて、ようやく右肩下がりが底を打ち、ほんの少し、100人ほどだが、乗客数は対前年比でプラスに転じた。そのタイミングで、天草市も「マイエアポート運動」のような取組みを打ち出してくれた。国の交付金事業も活用し、その頃から明るい話題でメディアを賑わすことができるようになってきた。

　ここに至ってようやく、少し先の話もできないか、という雰囲気になり、機材更新の可能性について本格的に検討することになった。しかし、天草空港の滑走路長には限界があるため、検討案は3つとなった。第一は、当時の使用機材であるQ100の中古機を探すというものだ。中古機であるから購入機材は安いわけだが、現機より状態のよい機材があるのかという問題や、製造中止となり、既にメーカーサポートが弱くなってきているが、整備費などを含めて「大丈夫か」という問題点があった。ただ、乗員の移行訓練の必要がなく、スムーズに導入できるというメリットがあった。第二は、Q100よりも小さい機材「ドルニエ」で、座席数が少ないため客室乗務員も少なくてよく、運航コストを抑えられるメリットがあった。しかし、同機は与圧装置がないため高度に限界があって路線展開が制限されるというデメリットもあり、そもそも座席数が少なく収益の増加にも限界があるという点も問題であった。第三が、現在の使

用機材である ATR である。10 人弱座席が増えるだけで、観光ツアーを組成し誘客できるというメリットがあるが、購入費用に 20 億円もかかるという点が最大の問題点であった。地元と代替案を協議する際には、このコスト負担の話は一旦置いて検討を行った。

地元は、一番が Q100 案で次にドルニエを推してきた。県としては、路線の持続可能性という観点から、将来に不安のある Q100 案は却下し、ドルニエとATR での比較検討を求めた。当時はようやくメディアへの露出も増えてきたところで、利用促進に一生懸命に取り組んだ効果が見え始めてきたところであるのに座席数の減るドルニエ案はない、と、筆者は腹をくくっていた。

しかし、ATR 購入には財源問題を解決しなければならず、県と地元市町の費用負担の話も考えなければならない。双方の落としどころの案がなければ、議会への説明もできないし、それ以前に県庁内の検討も進まない。最終方針の検討の猶予期間は 5 年間しかなかったが、その頃は既に 5 年目に入っており、期限が迫っていた。機材更新は大きな財政負担を伴うために地元も必死であり、非公式で反対意見を持つ議員にも説明した。当時の地元首長に課題も含め丁寧に説明し、直談判した。地元市が中心となった利用促進策は既に始まっていたから、将来的に市も協力することを前提として、機材更新をどうするのかというのが一番の課題であった。

最終的には、今後 15 年間の路線維持のコストとして機材購入費と整備費も膨大であるが、VOR/DME（超短波全方向無線標識／距離測定装置）の更新等多額の管理費が発生することがわかっていた天草空港の維持費と整備費も含めた上で、県と地元市町で費用を分担をしようという提案になった。地元も概ねこのシナリオを理解してくれたことから、次の県議会で機材更新も含めた今後の方向性について報告した。筆者がミッションを引き継いでからちょうど 5 年が経っていた。

（4）AMX への期待

さらなる詳細は、書籍『島のエアライン』[1]が参考になる。当時の AMX の奥島透社長が書いた『日本一小さな航空会社の大きな奇跡の物語』[2]もあわせて読んでいただけると、より詳しくわかる。

今も頑張っている AMX をなんとか盛り上げたい。読者の皆様には、視察でもプライベートでも、是非熊本に足を運んで、AMX の利用もお願いしたい。

（熊本県観光連盟　中川　誠）

4.3　環境に優しいプロップジェット機の役割と可能性

(1) 天草エアラインのATR機導入

　筆者が天草エアラインに入社したのは、当時の社長からの誘いがきっかけ
だった。「新しい機材はATRにほぼ決まったが、小さな会社なので、既存機で
運航を続けながら新機材を導入する準備ができない。どうしたものか」とのこ
とで、相談があった。キャリアの最後は小さい飛行機に携わるのも面白いと感
じて、少しでも力になれればと考えたのだが、債務超過や設立時の問題などで
相当叩かれていたのだった。今では黒木亮『島のエアライン』[1]などの書籍で
も語られる美談になっているが、決断の前後頃はネガティブな情報しかなかっ
た。しかし、B747で育ててもらった自分だからこそ、小さなプロペラ機を運
航する日本一小さなエアラインで働いて何か役に立てることがある、と決心を
した。入社当時には、経営も上向き、メディア露出も増えていた。着任初年度
には、メディアに露出した広告宣伝効果が推計評価で20数億円にもなってい
た。地元で天草エアラインへの見方が変わってきているなかで機材導入ができ
たというのは非常にありがたかった。導入にまつわる苦労談は、天草エアライ
ンのウェブサイトに掲載されている。筆者の天草卒業論文ともいえるものなの
で、機会があったら是非、ご一読いただきたい。

　ATR機の導入、難題だった既存機のDHC-8の売却も無事完了して天草エア
ラインを退任した後、退職記念の天草から北海道への日本縦断ドライブに出
た。その途中、ATR社から連絡があり、滞在中だった旭川で同社の副社長と
面談、今度はATR社で仕事を続けることとなり、現在に至っている。

(2) ATR社

　ATR社は1981年、欧州のコンソーシアムでイタリアの現レオナルドとフラ
ンスのエアバスが折半で出資する共同事業体として設立された。社員は約
1,400名、拠点はエアバスと同じく、トゥールーズにある。

　2020年当時のATR機の受注は1,700機で、既に1,500機が受け渡され、バッ
クオーダーが200機ある。現在までに3,000万フライト、10億人が搭乗してい
る。「新ルートを切り開き、地域間の人と人をつなぐ」役割を担っており、
2006年以降開拓してきたルートは毎年100程度の実績で、図4.3が示すとおり、
毛細血管のように地域間の人をつないでいる。

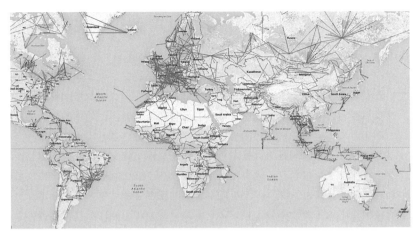

出典：ATR社資料

図4.3　ATR機の航空ネットワーク

(3) プロップジェット機は地域間接続のカギ

　地域航空路線は需要規模が小さいため路線維持が難しく、ジェット機ではさらに困難となることから、プロップジェット機であるATR機に活躍の場がある。空港建設や天草エアラインについて賛否があったが、路線が維持されてきたことで、天草地域の衰退度合いは大幅に緩和されたと感じていた。筆者が天草エアラインを去った後、廃校になった学校にIT企業が進出したと聞いた。天草エアラインで福岡に行けば、そこからすぐに「世界につながる」ことができる。時間価値を含め多種多様な価値を見出す人達に訴求できれば、交流人口は増加し、地域経済の活性化につながる。ATR社の市場データでも、フライト数が10％増えれば、観光客＋5％、GDP＋6％、域内投資＋8％と社会活動や雇用促進につながるとの結果を示している。

(4) 航空機の適材適所

　航空機は大きさと種類が多様で、飛行距離や航空需要（旅客数）で適材適所がある。需要の大きい路線（羽田〜伊丹、福岡、札幌）には大型ジェット機、中型ジェット機が適しており、需要が小さい路線には遠距離であれば小型ジェット機やリージョナルジェット機が適している。一方、近距離には燃費のよいプロップジェット機が適している。需要と距離を考慮しながら路線に最適

な機材で運航することが、路線の維持そして地域の活性化につながる。

(5) ファンジェット機と同じエンジンテクノロジー

　プロペラ機は古いイメージがあるが、プロペラをレシプロエンジンで回転さ
せていた昔と違い、今のターボプロップ機はジェットエンジンで回転させてい
る。プロペラ自体も技術的進化を遂げ、音も静かで、非常に効率的である。エ
ンジンが小さくても同じ推力が出せるように進化している。将来的には、今の
ジェットエンジンも、同軸上に後退角のついた二重反転プロペラを配置したア
ンダクテッドファンになり、効率性を求めプロペラ機に回帰することになると
もいわれている。また、プロペラを効率よく回転させるギアードターボファン
という技術を応用した効率のよいジェットエンジンが可能になり、燃費のよさ
につながっている。設計思想はプロペラもジェットも変わらない。

(6) ATR-600 シリーズの特徴

　ATR 機は、安全性、快適性、信頼性、環境適合、運航コスト等様々な課題
への継続的な技術開発投資により、現在は 600 シリーズに進化している。ま
た、ATR-72（78 席）と ATR-42（50 席）というサイズの異なる 2 機材がある。
エアバスのコンセプトと同様、同一型式、同じコックピットで同じように操縦
できるため、需要に応じて 2 機種を使い分けることが容易で、部品も 90 ％が
共通などの特徴が、ATR 機がマーケットの支持を受ける理由である。また、
普通は考えられないような高温、高地、低温など過酷な条件下でも飛べる機材
で、航空会社からの多様なリクエストに対応して技術開発してきた結果であ
る。既に 1,500 機が飛んでおり、充分なインサービス実績（5,300 万サイクル）、
優れた出発信頼性（99.7 ％：ATR-600）をもった機材であることは実証済みで
ある。

(7) ATR の機内エンターテイメント

　プロップ機は高翼設計で低い巡航高度（20,000 ft）を飛ぶため、フライト中
ずっと機内から外の景色を楽しむことができる。天草エアラインに搭乗し伊丹
から熊本経由で天草に行けば、瀬戸内海、湯布院、阿蘇、天草五橋と素晴らし
い景色が連続する。
　ターボプロップ機の巡航高度は、例えば伊丹〜熊本間でも 6,000 m である。

羽田からジェット機で西に向かうと、富士山の美しさを目にするが、高度10,000 m から、約6,000 〜 7,000 m 眼下の富士山を鳥瞰でき感動できるわけである。プロップ機は海や島の多い日本列島を鳥瞰できる最適高度を飛行しているので、機外の眺めを楽しむのに理想的である。小型機の遊覧飛行は高額であるが、プロップ機からの遊覧飛行のような眺めは、ジェット機では得られない価値といえる。筆者もこれまで様々な路線に搭乗したが、伊丹〜熊本〜天草は、筆者にとっての3大絶景路線のひとつである（他は、アンカレッジ〜ニューヨークとトゥールーズ〜ミュンヘンでジェット機から高い山々を眺める絶景路線である）。低高度で眺めのよい路線は、他にもあるだろうが、航空評論家の秋本俊二氏も、日本の地域航空を乗り回ったプロップ機からの眺望について、著書で同様のことに触れている[2]。

(8) 持続可能な地域航空の実現

ATR-72 と他の 70 席のリージョナルジェット機を比較すると、1フライトあたり 40 ％少ない燃料コスト、年間1機あたり 4,000 トンの CO_2 排出量削減、1離着陸あたり3倍弱の NOx 排出量削減、13 dB の外部騒音レベルの低減が実現され、直接運航コストは 30 ％低い。プロップ機の方がジェット機よりも運航コストが安いことは必然で、環境にも優しい機材であり、持続可能な地域航空の実現には ATR 機が最適である。

(9) ATR 機は 50 〜 90 席マーケットのベストセラー機

ATR 機はリージョナル機シェアの 36 ％で世界最大であり、プロップ機では 75 ％ものシェアを占める。日本では Q400 の採用が多かったことから、正直このシェアに驚いた。天草エアラインでの導入においては、この普及率は安心材料のひとつであった。現在 ATR 機は 100 カ国、200 社で運航されており、トゥールーズを中心に、東南アジアはシンガポール、米国サイドはマイアミを拠点に充実したサポートを提供している。

(10) ATR 機の継続的開発と進化

ATR 機は B767 と同世代で 1980 年代に開発され、第1世代から第2世代、第3世代の ATR-600 シリーズと進化を続けている。これは上述したように、ベストセラー機の B737 や A320 と同様、継続的な開発投資によるものである。

　最新機材の A350 や B787 と遜色ない最新のグラスコックピットで、地域航空だからこそ必要とされる LPV（Localizer Performance with Vertical Guidance：計器着陸装置のようなコストのかかる地上施設が整備されていなくても、衛星システムを利用して高精度の飛行が可能となる）も装備されている。また、視程が悪い気象条件でも飛行を可能とするクリアビジョンシステムも開発されている。

　キャビンは、イタリアのジウジアーロ・デザイン事務所がデザインしたもので、最新の大型機材と比べても、スリムでシンプル、非常に心地よい。DHC-8 などと比べても洗練されている。また、離島から病人を搬送するストレッチャー機能のオプションもある。フェデックスは、需要はそれほど多くなくとも配送範囲とする必要のある地域への輸送用に貨物専用機 ATR-600F を発注している（2020 年初号機デリバリー済）。

　開発中の新派生型機 STOL（Short Take Off and Landing）は、短距離で離着陸が可能で、2019 年 10 月に正式にローンチ決定した。離陸フラップの揚力増、エンジン推力増、ラダー改善、スポイラー、揚力ダンパー、オートブレーキ追加や改良を行い、現 ATR 機を進化させる計画で、短い滑走路で飛べるようになる。全国各地の小さな空港を結ぶ地域間路線で、路線復活や開設が可能となり既存の短い滑走路を利活用できるようになる（図 4.4 参照）。

出典：ATR 社

　　図 4.4　STOL（短距離離着陸）型
　　　　　「ATR42-600S」

（11）日本の ATR 機

　日本では 2015 年に天草エアラインで導入され、その後、JAC 社（2017 年 1 月）、HAC 社（2019 年 12 月）にデリバリーされた（2022 年末時点では AMX、JAC、HAC で 15 機が運航され、新規航空会社の Toki 社（2022 年 10 月）ならびに ORC 社（2022 年 12 月）にも初号機がデリバリーされている）。

　利用者の声も、「視界がひらけて景色を眺めるには『最高の機材』である」「プロペラの横に座ったが、とっても静かで快適で驚いた」「サーブ機と比べ格段に快適になった、機内で会話ができるようになり、座席もゆったりし、天井も高く、眺めもよくなった」など、よい評価をいただいている。

　現在製造されている航空機のなかでは、ATR 機が最も低い座席コストで地

期便が就航しているのは 15 km 離れた羽田空港、57 km 離れた成田空港に加え、伊豆七島への定期路線を有する調布飛行場がある。その他に、米軍あるいは自衛隊の空港として、木更津・下総・立川・入間・横田といった飛行場があるが、当然ながらこれらの飛行場には民間航空機の乗入れは認められていない。このような現状において ATR–STOL 機はどこに降りられるのだろうか。

　まず羽田空港であるが、滑走路 4 本の 24 時間運用空港である。「プロペラ機は入れない」ということではないが、各々の進入マーカーで速度制限があり、速度が遅い飛行機は入ってこられない状況である。昼間帯は定期運送事業者で満杯であるが、早朝深夜帯（6 時以前・23 時以降）であれば、「発着枠にもし空きがあれば就航できる可能性があるのではないか」という意見がある。しかし、実際には現状でこの時間帯も埋まっている。もし将来的に早朝深夜帯の発着枠の増枠がなされれば、羽田で離着陸ができるかもしれない。ただし、早朝深夜では地上交通が運行されておらず、利用者にとっては不便な時間帯であり、交通インフラとしては難しい問題が残る。

　次に成田空港だが、既に仙台空港および新潟空港との間の定期路線で DHC–8–Q400 が飛んでいるので「発着枠が空いていれば入れる」状況である。しかし、成田空港は都心との距離がかなり遠いため、仮に小笠原や佐渡とを結ぶ路線を考えた場合、首都圏、特に西部地域から成田まで行くのは大変だろう。

　また、調布飛行場は、運用時間は日中帯だけだが、中央線や京王線からもアクセスできるし、車なら中央自動車道経由でアクセスできる、非常に便利な立地である。ただし、現在の滑走路は 800 m である。

　ATR 社は、「STOL 就航のためには、正直なところ滑走路長 800 m では厳しい」といっている。滑走路コンディションが悪い場合や、フルペイロード（最大積載）などの場合には 800 m では離着陸が難しいため、仮にこの機材が調布飛行場に就航するには、滑走路延長について考えなければならない。もともとの調布飛行場の滑走路は 1,000 m あったことから、用地としては 200 m 延伸できる余地がある。

(2) 調布飛行場の滑走路延長の可能性

　現在の調布飛行場の転移表面と周辺障害物の関係をみると、味の素スタジアムの屋根と転移表面のクリアランスが 1.2 m しかない状況である。つまり制限表面クリアランスぎりぎりのところに空港がある。

出典：Google マップをもとに（一財）みなと総合研究財団作成

図 4.6　調布飛行場の滑走路延長計画

　また、滑走路延長の際には、もう一点課題がある。以前の空港土木施設設計基準（現、陸上空港の施設の設置基準と解説）では着陸帯幅は滑走路長 900 m までは現状と同じ片側 30 m、両側 60 m と規定されていたが、この基準が2019 年春に改訂になり、滑走路を延長する場合、着陸帯の幅を倍にしなければならなくなった。つまり、現在の 60 m 幅を 120 m 幅にしなければならないということである。

　たとえ 1 m でも滑走路を延長する際には、この改定後の規定を順守することが求められるようになった。このため、滑走路延長に際し、転移表面への障害物の抵触を避けるには、滑走路位置をターミナルビル側（味の素スタジアムと反対側）に 30 m ずらすか、転移表面にかからないように滑走路高を 3 m 強、嵩上げが必要になる。しかし、後者のように嵩上げをする場合、エプロン勾配が擦り付かない可能性があり、現実的には困難と考えられる。

　滑走路延長案については、調布飛行場で事業をしている会社から、斜めに1,200 m くらいの滑走路が取れるではないかという積極的な意見もあった。しかし、この案では、制限表面の告示変更により、周辺の障害物件について改めて公聴会を行う必要があり、極めてハードルが高いと言わざるを得ない。また、周辺のスポーツ公園にも用地が抵触することになる。

　では、調布飛行場は対応策がないのであろうか。これは ATR 社から以前聞いた話であるが、天草空港では滑走路長が足りないときの対応として、「オーバーランからテイクオフができないか」という提案を航空局にしたことがあった。結果的には実現できなかったが、もしそのような運用が可能なら、オーバーランの舗装を本舗装と同じ仕様に変更し、離陸時のみオーバーランの末端からテイクオフを開始すれば、滑走路は 800 m のままでも正味 860 m の滑走路長を離陸時に使えることとなる。もし、ATR 社の STOL 機が滑走路長 860 m で離着陸できるのであれば、小笠原や佐渡からの機材の離着陸が可能となる。

　このようにかなり厳しい条件であるが、基準や運用の考え方を変更すれば、STOL 機が離着陸することは「100 ％無理ではない」と考えられる。

(3) 軍用飛行場の共用化

　もうひとつの考えとして、「米軍の飛行場や自衛隊の飛行場のどこかが使えないか」ということについて、今一度検討してもよいのではないか。

　表 4.1 では立川から横田までの 5 空港について整理しているが、このうち、下総飛行場以下は都心からかなり遠く、陸路のアクセスでは道路渋滞が生じていたり、鉄道も駅までの距離があったり、運航本数が少ないなど、利便性が悪い状況である。

　一方、立川飛行場はこの中では秀でて都心に近く、立川駅から 2.5 km、西

表 4.1　首都圏の軍用空港の概要

空港名	設置管理	滑走長	アクセス		
			電車		車
立川飛行場	陸上自衛隊	900 m×45 m	45 分＋車 7 分	立川駅 1.2 km	65 分
下総飛行場	海上自衛隊	2,250 m×45 m	75 分＋車 15 分	高柳駅 2.8 km	75 分
木更津飛行場	陸上自衛隊	1,830 m×45 m	70 分＋車 15 分	木更津駅 3 km	65 分
入間飛行場	航空自衛隊	2,000 m×45 m	75 分＋車 5 分	稲山公園駅 800 m	80 分
横田飛行場	在日米軍 航空自衛隊	3,353 m×60 m	60 分＋車 5 分	牛浜駅 900 m	70 分

出典：（一財）みなと総合研究財団作成

出典：Google マップをもとに（一財）みなと総合研究財団作成

図 4.7　立川飛行場の概要

　立川駅からは 3 km と近く、アクセス条件がよい場所に位置している。滑走路長は 900 m であるが、オーバーランが本体舗装されており、1,200 m を有効長として取れる空港である。現状では航空自衛隊や広域防災拠点としての使用しか認められておらず、民間航空機の定期便は入れない状況にある。

　立川飛行場では周辺に住宅が密集しており、地元八市（立川・昭島・小平・日野・国分寺・国立・東大和・武蔵村山）が自衛隊、東京消防庁、警視庁に対して、騒音の問題と安全に関する要望書を毎年出している。このように騒音や安全対策に対して厳しい条件の空港ではあるが、調布飛行場の滑走路延長の難しさを考えたとき、空港自体に余裕のある立川飛行場を活用し、STOL 機や低騒音機の離着陸ができないかという期待感がある。

（4）首都圏から就航可能な路線

　首都圏における STOL 機の就航は、小笠原や佐渡のほかに、滑走路長 800 m の新島や神津島の空港への運航も考えられる。あるいは、もう少し路線長が長く、それほど多くなくとも需要が確実にある路線が存在すると思われ、座席数の少ない機材だからこそ運航可能な路線もある。

なった。このように、価格点に対するウエイトの多寡は、その事業の目的によって微妙に変化している。運営権対価の額はその目的に応じて決まり、場合によっては、あまり評価対象にしなくてもよいということもあり得る。地方空港では価格がゼロ以上ならよいという例も存在する。一方、空港コンセッションの事例ではないが、羽田空港の跡地開発案件は、価格点評価では1位と2位との差が2.5倍で、技術点の結果を逆転した。また、仮に価格点の配点比率が低かったとしても、価格点が競争になることは、民間にとってリスクになる。特にキャッシュフローの大きい案件では、大きな課題となる。

　次にコンソーシアムの要件については、既往の空港ビル会社の参画をどういう形で容認するかが論点であった。既往ビル会社の参画を認める場合は、競争性や公平性を確保するための方策が必要となる。福岡空港においてホールディングス方式と呼ばれる制度設計をしたのも、このような必要性が背景にある。

(4) 事業リスク（特に需要リスク）の課題

　事業リスクについて官民でシェアする事例を紹介する。第一の例として、2019年9月にオープンした愛知県の国際展示場が挙げられる。

　スタートアップ期の需要リスクであるが、本件は施設の建設から事業が始まるグリーンフィールド案件であり、行政が事業初期のリスクを担う形で、当初の5年間にわたって愛知県が運営赤字を補填することとなっている。なお、5年目以降は、官民でプロフィット・ロスをシェアするスキームである。利用率の上下15%のレンジを設定し、プロフィット・ロスをシェアする方法を採用している。第二の例は、愛知県の有料道路である。空港の場合と大きく異なり、道路の場合は計画交通量という公式の需要予測値が基準値として示されている。募集に際しては、応募者に公共が示した基準値を上回る提案を行ってもらうことになる。愛知県有料道路の事例では、提案された目標交通量の上下6%のレンジで、官民が需要リスク（プロフィットないしロス）をシェアするスキームになっている。このように、様々な（官民のリスクシェアの）方策がある。

　①　開業当初（5年間）の事業安定化支援（赤字額は愛知県が補助、黒字額は運営権者へ帰属）

　②　開業6年目以降のプロフィット・ロスシェア（想定収入と実際収入にかい離があった場合、一定の幅（±15%）の外は相互に帰属）

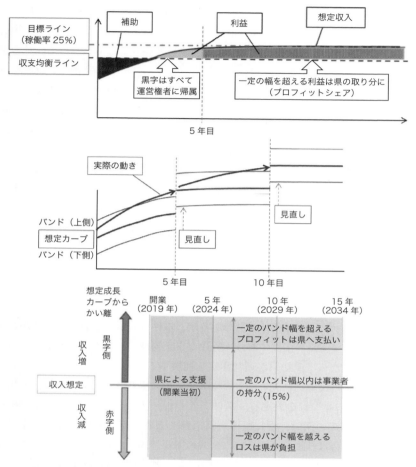

図6.2　愛知県国際展示場事業での公共による需要リスクの一部負担の事例[1]

＊ただし、事業が順調に推移した場合は収入想定カーブの見直しを行う（5年ごとに実績を評価し稼働率目標を上方修正）

（5）PFI 先進国の動向

世界の PFI やコンセッションの潮流について簡単に紹介する。これまでよくわが国と比べられてきたのは、イギリスの PFI であった。イギリスでは、今後は PFI やその後に出てきた PF2（PFI 事業会社（SPC）に対する政府出資を

軸とする "Private Finance Two（PF2）" という新たなスキーム）もすべて見直され、これまでの PFI 事業としての契約はしないという方針に変わった。その理由は様々あるが、例えば、2018 年 1 月に 400 件以上の PFI 案件の契約を有していたイギリス国内 2 位のゼネコンのカリリオン社が約 9,000 億円の負債を抱え経営破綻したことも大きな問題となった。イギリスの PFI については、組織や政策方針が毎年のように変わるところがあり、PFI に関係する制度も変更されてきた。

　フランスでは、公共サービス調達の手法として、コンセッションの原点のような考え方が 16 世紀からあった。現在、コンセッションについては、更新投資やリノベーションの際に、手法として使われることが多いと考えられる。

　コンセッションの期間設定の考え方は、国によって若干異なる。日本では、2 つの条件で決まっている。まず、既存の施設がどれぐらいもつのか、大規模改修の必要や建て替えの時期がいつ来るのかという点である。もうひとつの条件は、ファイナンスの在り様についてである。運営権対価の額等にもよるが、レンダーの融資期間は最大 15 年程度までが基本的な期間である。これまでのサービス購入型の PFI などの事業では、仮に事業期間が 30 年とすると、15 年単位でのリファイナンスが想定される。また、わが国のコンセッションなどの PFI の事業期間は最長 20 ～ 30 年程度であり、法制度もこれを前提としている。30 年より長期が求められた場合、30 年を超えた部分をオプションとして設定している。これは、イグジット（途中退出）をどう認めるのかということと関係している。資本の流動性確保や運営者の変更の両面からも、売り抜けやすいのは長期の期間設定がされている方である。フランスでは、コンセッションでも短期のものは 3 ～ 5 年という案件もあり、決して長期間であることを目的とするものではない。投資の規模に応じて期間が決められている。

　海外では PFI 促進のため、インセンティブ付与の方法がある。かつてイギリスには PFI クレジットという施策があり、補助金のような補填を行っていた（現在は廃止）。フランスでも伝統的に補助金のような制度がある。フランスでは、運営権対価に相当する支払は分割が多い。また、事業を担うセクターは、混合経済会社という日本の第三セクターに近い組織もある。50 ～ 80 ％の範囲で、中心となる自治体が出資する会社である。民間出資も入る。このような日本の第三セクターのような主体が、コンセッションを受託する例も結構ある。フランスでは、事業は多様性を持って上手く官民連携を行っている。

　また、注目すべきは、手法の選択に可逆性があることで、一度民営化しても再度、公営運営に戻ることがあり得る。日本は制度ができると変更不要だと信じてしまうが、フランスでは途中で手法が変わることがあり得る。政権が変われば、変わってもおかしくないという考えがある。

　なお、フランスのコンセッションは、グリーンフィールドが中心である。一方、日本でコンセッションと表現している手法は、フランスでは、アフェルマージュといって、既存の施設を対象とするものになる。レジーアンテレッセという方式もあり、この2つが日本でいうところのコンセッションに近い手法である。フランスでコンセッションが官民連携手法の選択肢として選ばれることが多い背景には、実績が多いため説明しやすいという点がある。

(6) 日本におけるコンセッションの進め方

　今後の日本においては、コンセッションに限らず、適切な官民連携手法を選択していく必要がある。キャッシュフローが期待できない案件、特に地方公共団体の事業では、国と異なり特別勘定がない。国管理空港のように空港整備勘定（空整勘定）における雑収入に運営権対価を入れることができない。運営権対価が期待できる場合、地方公共団体では、運営権対価は通常は一般会計に入ることから、コンセッションする目的、つまり増収の使い道について、事前によく考えておく必要がある。一方、キャッシュフローの少ない案件の場合、アベイラビリティ・ペイメントという考え方の導入が最近、国では検討されている。また、地方空港でも年間旅客数100万人以上であれば、コンセッション導入は可能ではないかとの見方が国にはある。できるだけコンセッションを進めていきたいというのが国の考え方である。

　これから問題となってくるのは、インセンティブの付与とリスク分担の工夫である。リスクについては、不可抗力、瑕疵担保、政策変更リスク、制度変更や運用に関わる行政のハンドリングリスクがある。特に地方公共団体でしっかりとしたモニタリングが可能かという問題である。国ならともかく、モニタリングを自治体が何十年にもわたって継続してできる能力や体制があるのかという点は、制度設計上残された課題である。また、官民双方にメリットがあるような任意事業について、例えば利用可能な公有地等が周辺にあり、民間事業者と協定を結び地域活性化に資するような事業を設計できれば、コンセッションに役立つ地方空港はあると考える。任意事業協定として、官民が取り交わすこ

　さらに、1993年には、「臨空タウン（半径5km圏内）整備計画」が策定され、図7.5に示す空港基本機能、エアポートビレッジ（ホテル、ゴルフ場、コンベンション）機能、公園（中央森林公園や三景園）機能が整備された。これらの各施設は、現在も多くの人に親しまれている。

（3）軌道系アクセスの検討経緯

　空港アクセスについては、広島県・広島市共同で「広島空港アクセス検討協議会」を設置した。そこでは、1989年から軌道系アクセスについて、図7.6に示す①新幹線延伸案（東広島駅～空港）、②リニア鉄道案（広島市内～空港）、③在来線延伸案（白市駅～空港）の3案を集中的に検討した。しかし、①案はダイヤ編成の制約のため、②案は2000年に整備主体のHSST社が開発を断念したことから、検討は中断した。③案も、採算性の確保が見込めず運行主体のJRからも協力が得られなかったことから、県は2006年に軌道系アクセス検討の一時凍結を発表した。

　その後は、広島県空港振興協議会において軌道系アクセス整備の可能性について検討が続けられ、2018年に「広島空港の経営改革についての提言書」の中で「軌道系アクセスを前提とせず、広域のネットワーク展開に優位性のある、道路系アクセスを中心とすることが妥当である」と提言された（図7.6）。

　現在は、道路系アクセスを中心とした対策を推進しており、「広島空港アクセス対策アクションプログラム」において、トリプルウェイ（①広島高速と山陽道、②東広島安芸バイパス、③電車とバス）の早期完成を目指すとともに、道路整備、新規アクセス路線の開設、デマンド交通やレンタカー、MaaSなど

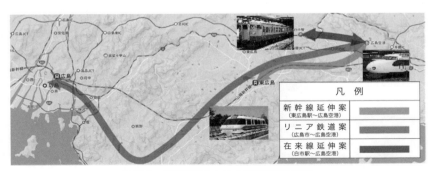

図7.6　軌道系アクセスの検討案の比較図

を活用した多様なアクセス手段の確保を含めた、定時性・速達性の高度化に取り組んでいる。

（4）空港の進化

新空港へと移転した翌年（1994年）には、開港後空港総利用者数100万人を突破し、2022年には、開港後空港総利用者数8,000万人を突破している。

そのうち、国際定期路線については、旧広島空港ではソウル、香港と2路線しかなかったが、新空港移転後はシンガポール、上海・西安、グアム、大連・北京、ホノルル、台北、バンコク等、県が中心となって路線誘致し増便され、最多では8路線を有した時期もあった。2019年のコロナ禍前は7路線（ソウル、大連・北京、上海、台北、香港、シンガポール、バンコク）であった。

空港の機能強化としては、2001年に滑走路を延伸して3,000ｍ化し、2008年のCAT-Ⅲ（高度計器着陸装置）の整備により、開港当初から悩まされていた霧によるダイバートは年間75便から数便に減少し、天候に左右される不安を解消した。また、2017年には運用時間が1時間延長されて15時間となるなど、空港機能の強化が図られている（図7.7）。

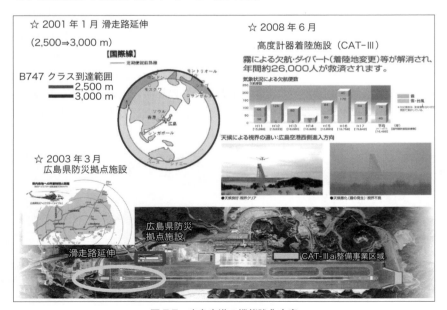

図7.7　広島空港の機能強化内容

その他、航空会社のクルーにとっても便利なエアポートホテルがターミナルエリアにあることや、地方空港では珍しい国際線の機内食製造会社（ゲートグルメジャパン）が空港に隣接していることが誘致の際の広島空港の強みとなった。

(5) 空港経営改革と将来ビジョン

2015年に広島県空港振興協議会と県において検討が始まった広島空港の民営化は、2021年7月に広島国際空港株式会社（HIAP）が運営権者となって運営が開始された。HIAPは三井不動産を筆頭株主に、地元企業10社を含む16社で構成されており、空港施設に加え、駐車場、中央森林公園、エアポートホテルも含め30年間、国から運営を任されることになっている。

HIAPが提示した30年後に向けた「将来ビジョン」では、路線数を12から30路線へ、年間旅客数を300万から586万人とする目標を設定し、「中四国の持続的成長を牽引し続ける圧倒的No.1ゲートウェイ」を目指している（図7.8）。国際線はアジアを中心に、東南アジア、ヘルシンキ、ホノルルへもネットワークを拡げる計画である。交通アクセスは中四国全域へ拡げ、空港施設はターミナル旅客動線の刷新、レンタカーステーションの新設等により機能強化を図る予定である。

出典：広島国際空港（株）

図7.8 将来ビジョン

　また、官民で組織する「広島県空港振興協議会」も、広島空港を県域を越え
た中四国のゲートウェイとすべく、「広島空港振興協議会」に名称変更し、事
務局を県と HIAP の共同事務局として、体制を見直し、連携を強化した。

　30 年後、国内外から多くの旅客が広島空港を利用して訪れ、より遠く、よ
り多くのネットワークが拡がっていることを期待している。2023 年は広島空
港が広島市から三原市へ移って 30 年である。飛躍の年となるように頑張って
いきたい。

　　　　　　　　　　　　　　　　　　　　　　　　　　（広島県庁　内藤　孝）

7.2　航空会社を設立したい人のために

　筆者は日本エアシステム出身で、スターフライヤー株式会社を設立し、初代
代表取締役となった。その経験と、新規航空会社設立への考えを、以下に述べ
る。

　航空会社をつくる話について、最初に相談を受けたのは神戸市からだった。
企画書は作成したが、神戸空港は発着枠が小さく、就航会社の思惑もあり、ま
た途中で神戸市との関係が上手くいかなくなってしまったため、断念した。そ
の後、旧北九州空港のジェット化に携わり、週に 3 〜 4 回地元に訪れていた経
緯から、2003 年に北九州地域の方々と航空会社を立ち上げることになった。

(1) 資金の確保

　航空会社の収支面から見ると、東京との距離では北九州は神戸より有利で
あったが、資金がないのに本当に航空会社ができるのか、という疑問があっ
た。当時は新規航空会社が 4 社あったが、他の 3 社には核となるスポンサーが
いた。我々は航空のプロであったが、資本金 1,000 万円の会社をつくるという、
心細いスタートから始めた。もし今、航空会社をつくる相談を受けたとした
ら、「やめておけ！」と言うところであるが、地元の熱意も強く、北九州市の
末吉興一市長、北九州商工会議所の重渕雅敏会頭、大迫忍副会頭、田中亮一郎
副会頭などに親身になって動いていただき、一緒にいろいろな会社を回った。

　当時は、今ほど格安航空券が出回っていなかったので、株主優待券のバー
ターで出資をお願いして資金を調達した。また、市や県から大きな額の助成を
いただいた。銀行からは、資金が 100 億円を超えてから、個人保証により融資
を受けることができ、最終的に 150 億円を集めた。しかし、理想はピーチ・ア
ビエーションの資本形態のように、初めから 150 億円の資本（資本金 75 億円、

資本準備金 75 億円）を用意するのが正しい姿である。航空会社は、就航当初は赤字である一方、銀行は赤字になると相手にしてくれないので、潤沢な資金がないと頓挫してしまうのである。

　資金確保については、事業計画時、ドバイの原油価格が 20 ～ 30 ドル／バレルであったので、当初は資本金 60 億円とし、半分は間接融資で考えていた。しかし、銀行からは「ベンチャー企業には貸出できない」とのことで間接融資ができなかったため、全額出資となった。海外では富裕層からの投資が期待できるが、わが国では見込めない。また、スカイマークからは「少なくとも 100 億円ないと会社運営は難しくなる」と教えられた。結局、増資を 16 回行い、160 社の個人や会社の株主から 150 億円を出資していただき、なんとか新会社は動き始めた。

（2）機材稼働

　航空会社を黒字にするにはどうしたらよいか。このためには、航空機 1 機あたりの稼働時間を 3500 ～ 4000 時間／年とすることを目指すべきである。スターフライヤーは開業 3 年目に航空機 4 機で北九州～羽田 12 往復と、関西国際～羽田 4 往復を運航したが、ドバイ原油が 147 ドル／バレルに上がっても、9,000 万円の営業利益を出すことができた。

　日本全国の航空会社に当てはまる話であるが、機材の稼働が悪すぎると思う。空港の運用時間や騒音問題などいろいろと課題はあるが、機材の稼働をよくすれば、なんとか利益に結びつく。航空機の稼働時間は、国内線では 3,500 ～ 4,000 時間／年、国際線や貨物機では 4,500 ～ 5,000 時間／年を目指すべきである。

　現状のスターフライヤーは 2019 年度において、2,600 時間／年の稼働時間しかなく、機材の運用に余裕があるのにも関わらず、13 機まで増やしている。全国 6 カ所の 24 時間空港を活かし、リモート空港も含めて、機材稼働を上げることが必要である。ちなみに、B737、A320 クラスの年間リース料はおよそ 4 億円だが、少なくとも同社において 4 機分は要らないため、4×4＝16 億円程度の無駄が生じている。

　2018 年度にスカイマークは 27 機で 3,200 時間／年飛んでいたが、2021 年度は 29 機で 2,600 時間／年しか飛んでいない。機体が増えると稼働が難しいが、固定費だけが増えてしまうので、機材をどんどん使ってコストダウンすべきで

ある。エアアジアのトニー・フェルナンデス氏は、「国際線では時差を利用し5,000 時間／年飛ばなければ利益は出ない」と言っていた。

ダイヤの改善では、通常 1,000 km の距離を飛ぶときには、3 回の離着陸（1.5 往復）を上限として、乗員・乗務員のタクシー送迎やホテル宿泊を行っているが、スターフライヤーでは 4 回の離着陸（2 往復）を行うことにより、ホテルやタクシー代をコストダウンした。乗員に聞いてみると、今の機材は昔のYS や MD よりも楽なので、4 回の離着陸が正しいとのことだ。

また、筆者の恩師である元日本航空学会会長の木村秀政先生からは、「国内の航空会社経営幹部は、飛行機を知らなさすぎる。海外の航空会社の経営幹部は、運航整備に詳しく、よく勉強をしている。もっと航空技術を勉強すべき」と教えられた。

（3）専門家の採用

航空会社設立にあたっては、航空局が納得するような運航、整備のプロのリーダーを確保しておかないといけない。安全確保ができないと事業免許は取れない。事業失敗は会社が破綻すればよいが、安全問題についてはごまかしは利かない。

（4）会社の個性を持つ（差別化）

新規で航空会社をつくる際、アンケートによる事前調査では「座席が狭い」という指摘があったため、他社と差別化するために快適性を追求した。スターフライヤーでは座席間隔を広げ、36 インチ 144 席でスタートした。LCC は 28インチ 180 席、大手航空会社でも 31 インチであり、当時は相当強いインパクトを与えたと思う。現在、同社は 34 インチ 150 席で運航している。

結果的に、機材稼働時間が 4,000 時間／年であったため、事業が成り立ったが、快適性だけでは商売にならない。機材稼働をより一層上げることはなおざりにされているのではないか。同社は現在、羽田に 1 日 11 往復飛んでいるが、深夜早朝便を増やし 13 ～ 15 往復にしてコストを下げるべきである。夜中に空港ビルで寝ている人がいるなら、真夜中も早朝も飛べばよいのである。空港アクセスについて、現在は羽田を結ぶ深夜バスが稼働しており、就航可能性はある。また、貨物は夜間に動くものであり、早朝深夜便では貨物が期待できる。

差別化では、ホスピタリティサービスとして、心のこもったサービスを提供

し、例えばコーヒーにはチョコレートをつけた。本当は座席には映像を入れる
よりも、ネットサービスを入れたかったが、リース機材では難しかったため断
念し、映像と電源だけにした。また、非常口近くの座席はリクライニングがで
きず、快適性が厳しいため、一考すべきである。ピーチ・アビエーションが、
はじめから座席を倒しフィックスしているのはよいことだと思う。

(5) 利益の出る路線確保と機材選定

　航空会社は利益の出る路線を確保していかないと、集めた資金はすぐになく
なっていく。羽田〜福岡・北九州は非常に多くの人が動いており、市役所、
TOTO、日産、新日鐵などをはじめ、年間 1 万人以上の方々が出張で動いてい
る会社が何社もある。そのような層を株主優待券で取り込む、という方策は上
手くいった。利益の出ない路線だけの会社は各年度の収支が苦しくなり、資金
繰りに窮することとなる。

　保有機材はできれば最低限 10 〜 15 機を目指して、とにかく運航コストを下
げることに努めるべきである。特に、最初の機材選定は大事である。小型機な
ら B737 よりエアバス A320 の方が新しい設計であるため、操縦が楽である。
B737 はカーゴコンテナが使えないため、搭降載の現場では腰痛から労災問題
が生じる。また、シートピッチは座席数を増減させることで変えられるが、胴
体の太さは変えられない。A320 は B737 に比べ、7 インチ（17 cm）胴体が太
く、シートや通路は 1 インチ（2.5 cm）幅広で増減できる。我々はボーイング
全盛の時代にエアバスを採用したが、現在はエアバスを導入する航空会社が増
えており、「ボーイングよ、しっかりしろ！」と言いたい気持ちがある。

(6) 空港の重要なポイント

　空港の重要なポイントとして、騒音問題がある。航空機の騒音レベルは年々
低下してきており、昔の DC-8、B727 は遠くまでバリバリという音が続いて
いたが、最近は航空機が通り過ぎると騒音は減衰している。

　夜間の運航については、人員や予算の問題はあるが、極力運用時間を拡大で
きるよう、たくさん飛んでいただきたい。航空会社にとって運用時間の拡大は
利益の原点である。

（7）福岡県内の空港計画と航空会社の問題点

　五市合併時（1963 年）、北九州市は九州最大の都市であり、人口は 100 万人、福岡市の人口は 70 万人であった。旧北九州空港はジェット機が飛べなかったが、福岡空港は B747 を含め、多数ジェット機が飛んでいた。2021 年現在、北九州市は衰退し、人口が 93 万人に減少したが、一方、福岡市は大幅に拡大し 160 万人となった。航空だけが原因ではないが、空港機能は都市に対するインパクトが大きいのである。

　国際線は 24 時間空港に就航すべきであり、したがって、福岡空港の国際線は北九州空港に移転した方がよいと思う。地域の方々とは話し合いをしていないが、北九州空港のアクセスを改善するなら、小倉駅から 1,000 億円程度で新幹線が延伸できる。この投資は何年かで回収できるし、福岡空港の安全性も確保できることとなる。

　また、日本の高額な航空運賃を低減させるためには、大手に伍して競争できる航空会社が必要であるが、このためには新規航空会社を統合すべきである。

（元・スターフライヤー　堀　高明）

第 2 部

次世代空港・航空システムへの挑戦

第8章　スマート・エアポート　世界の動向とわが国への導入

8.1　スマート・エアポート構想

　2000年代に入ってからの生産年齢人口減少により、様々な産業で担い手不足が懸念されたが、航空運輸業も例外ではなかった。一方、国内外の航空需要は2010年代より訪日外国人旅行者の増加とLCC参入による旅客数増加が顕著となった。担い手が減少するなかで、増加する需要増に対応するためには、空港運用の現場の様々なイノベーション技術導入による「省力化」「省人化」を実現し、生産性・効率性向上を図る取組みが求められている。

　ここでは、航空を取り巻く状況、空港運用の現場が抱える現状および将来の課題について、諸外国のイノベーション技術導入動向を踏まえつつ、今後の国内空港の生産性・効率性向上に寄与する導入の方向性についてまとめる。

（1）航空を取り巻く状況

　国内航空旅客需要は、2007年の燃油価格高騰や、2008年のリーマンショック、2011年の東日本大震災等による一時的な減少はあったものの、2012年のLCCの市場参入による活性化や、増加する訪日外国人旅行者の国内移動などの要因から回復基調にあり、2015年度の国内旅客数は9,606万人であった。

　一方、国際航空旅客需要は、様々な外的イベントによる変動が見られるものの、特に2011年度の5,440万人以降、インバウンド需要が急速に拡大し、2015年度の国際旅客数は7,904万人に急伸した。訪日外国人旅行者の空港別のシェアは、成田空港と関西空港を合わせて全体の57％を占め、羽田空港も2010年の再国際化によって14％と大きなシェアを占めるに至っている。また、中部空港は5％程度、新千歳空港、福岡空港、那覇空港といった地方拠点空港でも高い伸び率を示している。出国日本人数は、この20年ほどの間、1,600〜1,700万人程度で推移していたが、訪日外国人旅行者数は2012年の836万人以降に急伸し、2015年に1,974万人となり、出国日本人数を逆転した。その後も2016年に訪日外国人旅行者数は2,403万人を記録した。

　2016年、政府は「明日の日本を支える観光ビジョン」で訪日外国人旅行者数について、2020年4,000万人、2030年6,000万人の新たな目標値を設定した。

これらの受皿となる空港では機能強化と管制容量の拡大を推進している。（編者追記：訪日外国人旅行者数は2019年に3,188万人に達したが、コロナ禍の影響により、2020年以降は大幅減少した）

(2) 空港機能強化の取組み

　首都圏空港の機能強化策として、羽田空港では飛行経路の見直し、成田空港では高速離脱誘導路の整備などによって両空港の合計発着回数74.7万回を、2020年を目標に約8万回（羽田4万回、成田4万回）拡大し、合計83万回（1日＋100便）とした。さらに「首都圏空港機能強化技術検討小委員会（2014年）」において、首都圏の国際競争力強化や、増加する訪日外国人旅行者の受入れおよび地方創生等の観点から、将来的には合計100万回（1日＋200便）とする目標がとりまとめられた。

　関西空港では、2016年4月より関西エアポート株式会社による運営が開始されたが、訪日外国人旅行者数の増加率は、全国平均と比較しても高い水準にある。外国LCCの増加により、中国人を中心としたアジアからの訪日外国人旅行者が急増していることから、CIQ機能の拡充整備と2期島のターミナル増設に取組み、2012年10月のLCC専用の第2ターミナル（国内線）に続き、2017年1月に第2ターミナル（国際線）の供用を開始している。加えて2018年には神戸空港（神戸市）の民営化により、関西空港、伊丹空港とあわせて3空港一体運営を通じ、関西圏の航空需要拡大に取り組むこととなった。

　中部、新千歳、福岡、那覇の各空港においても機能強化として、LCC拠点化に対応した新ビルなどの整備（中部）、国際線ターミナル地域再編事業および発着枠拡大（新千歳）、滑走路増設事業（福岡、那覇）が進められた。地方空港では、LCC等の国際線就航加速パッケージを通じ、インバウンド誘致に積極的に取り組む空港の地元自治体やコンセッション空港の運営者を対象に、「訪日誘客支援空港」を認定し、着陸料割引または補助、グランドハンドリング（グラハン）経費の支援や、CIQ施設への補助などを実施している。

(3) 空港運用の現場の取組み

　航空需要に対するハード・ソフト施策を展開するなか、空港運用の現場では、グラハンの体制強化が急務となっている。労働力の減少や賃金の上昇による要員確保の課題に対応するため、航空局では、安全確保を前提として、グラ

ハン業務の生産体制向上、要員の円滑・効率的な機動的配置を支援するための現行基準の見直しを行った。具体的には、車両運転許可取得のための講習・試験の見直し、未登録自走車両の整備要件の見直し、立入承認証（ランプパス）の改善などである。

　ランドサイドのターミナル内では、旅客サービスに直結することから、「FAST TRAVEL」（空港での諸手続きや動線の円滑化）などの取組みが進展している。一方、ターミナル外（エアサイド）のグラハン業務については、1990年頃からの作業のやり方に大きな変化はなく、貨物や受託手荷物搭載は要員が運転するタグ車でコンテナを牽引し、航空機への搭載も人力に頼っている状況にある。このように労働集約型の業務についても、様々なイノベーション技術導入による「省力化」「省人化」が求められる。

(4) 空港の将来的な課題

　空港は航空機発着に不可欠なインフラであり、航空輸送による物流、人流を支えるための安全・安心の確保とともに、快適かつ利便な空港施設サービスを提供することが責務である。2030 年には、供用後 50 年以上を経過する空港数の割合が半数を超え、空港施設の長寿命化が進む。今後、増加する航空需要に

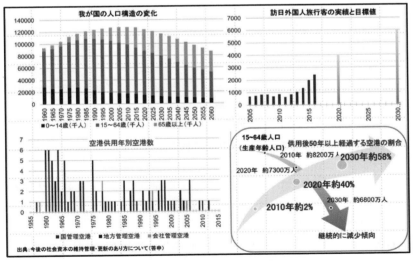

図 8.1　空港の将来的な課題

対応し、さらなる発着増による滑走路等基本施設への疲労蓄積にも適切に対処していくことが求められている。従前の点検・維持・管理手法から、より効率的な手法に転換を図る必要性があると考えられる。

(5) イノベーション技術の開発動向

　空港へのイノベーション技術導入の取組み事例として、徳島空港では旅客用ボーディングブリッジ（PBB）の自動着脱の導入に向けて、航空会社、空港ビル会社や空港事務所の協働で実証実験が行われている。一方、シンガポール・チャンギ国際空港のターミナル4（2017年供用）では、PBBの自動装着技術の実装に加え、FAST TRAVELの実現に向けた取組みやターミナル間連絡への自動運転車両の導入テストも行われている。同空港でのイノベーション技術導入に取り組む重点分野は以下のとおりである。

① Automatic add robotics（自動化ロボット）
② Non-intrusive security technology（非侵入的なセキュリティ技術）
③ Smart infrastructure management（スマートな施設管理）
④ Data analysis and IoT（データ分析とIoT）

イノベーション技術導入にあたり、航空当局、シンガポール・チャンギ国際空港とその導入を検討する航空事業者が協働して、以下のステップに沿って進めている。

① Step1：Application submission（提案）
② Step2：Review & Certification（評価と認証）
③ Step3：Implementation（実装）

ここで、空港に適用できるイノベーション技術（実証実験を含む）を、作業分野別に分類し、開発動向の事例を紹介する。

① 貨物・手荷物ハンドリング
・ULDコンテナへの受託手荷物自動積載用ロボットアーム（ヘルシンキ・ヴァンター国際空港）
・スーツケース内蔵電子タグとスマホとの連動システム（ドイツのメーカー）
② エプロン（旅客）輸送
・GPSアンテナとレーダーセンサーを装備した自動運転車両（クライストチャーチ国際空港、シンガポール・チャンギ国際空港）

③　航空機ハンドリングオペレーション

・リモコン操作による Code–C（A320、B737）航空機用プッシュバックトラ
　クター（ワンマンオペレーション、3時間充電で30機のプッシュバック
　が可能）

④　施設管理

・ドローンでの大規模点検（パリ＝シャルル・ド・ゴール空港、サウサンプ
　トン空港）

・空港用除雪車両の相互接続による高度な自動運転（フランクフルト空港）

・滑走路面の鳥の自動探知とレーザー光線による鳥の追撃

(6) 国内空港の取組み（推進状況）

　国内空港がイノベーション技術の開発とその導入を図っていくには、表 8.1
の事項について、サービスプロバイダーである空港運営者と航空事業者が協働

表 8.1　今後の空港技術の開発の可能性

	Airside	Landside
空港 運営者 Airport	➜舗装点検・診断および管理 ・舗装点検・診断への先端技術の実施適用方策（MMS（モバイルマッピングシステム）、衛星測量、開口レーダー、UAV）	➜ PBB 着脱のリモート化・自動化
	➜維持業務（草刈、路面清掃、除雪）車両の高度化 ・自律（自動）走行による維持業務 ・効率化シミュレーション（運用、除雪）	➜制限エリア警備 ・先進的ターミナルビル警備システム ・制限区域内の監視カメラシステム
	➜3次元データのプラットフォーム化と活用 ・地下埋設物、地盤情報、地下空間活用	
航空 事業者 Airline	➜自律（自動）搬送装置による貨物・手荷物の搬送 ・自動搬送装置（AGV）による貨物・手荷物（コンテナドーリー）の自律（自動）走行搬送	➜将来型バゲージハンドリングシステム ・将来型 BHS（手荷物セルフ化、自動保管および自動搬送、コンテナ自動積込）
	➜ランプバス、GSE 自動走行 ・グランドハンドリング車両の物流シミュレーションによる効率化、最適化	➜旅客移動情報の取得と解析およびブース 　（CHKINN、CIQ 等）の最適化
	➜航空機地上走行の効率化 ・タキシング航空機の地上コントロール走行 ・PUSHBACK のリモート化 ・航空機走行（移動）情報の取得と解析および効率（最大）化	

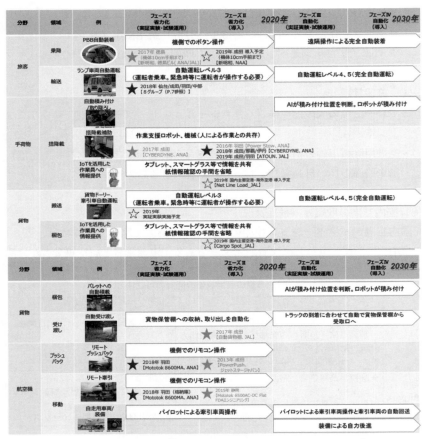

図8.2　地上支援業務の省力化―自動化に向けた官民ロードマップ[1]

し、レギュレーターである航空局と密接に連携していくことが重要である。

　2018年度の航空局予算での「生産性革命の推進により、人口減少下でも生産性向上による持続的な経済成長を実現する」とする要求方針のもと、「航空イノベーション推進―先端技術活用による空港運用・管理の高度化、無人車両技術の空港運用への導入促進」予算の初計上以降、取組みが進展している。

　また、航空局は、官民一体による取組み推進のために「航空イノベーション推進官民連絡会」を設置した。インバウンド増大をはじめとする航空需要の拡大、空港間競争の激化、セキュリティを巡る脅威、生産年齢人口減少に伴う人

手不足など、わが国の航空輸送を巡る課題へ対応しつつ、利用者目線で世界最高水準の旅客サービスを実現するため、官民関係者の協調と気運醸成を図る。それとともに、国内外の最新動向や国内各空港別・技術別の進捗状況の共有を通じ、自動化・ロボット、バイオメトリクス、AI、IoT、ビッグデータなど先端技術・システム活用による国内航空輸送産業におけるイノベーション推進を目的として、① FAST TRAVEL の推進、②地上支援業務の省力化・自動化について関係者連携して取り組むこととされている。また、「地上支援業務の省力化・自動化」については、航空局、航空会社、空港会社などにより、現時点で見込まれる先端技術実装に向けた「官民ロードマップ」が策定されている。

（国土交通省航空局　勝谷　一則・早川　勇）

8.2　ANA グループにおける空港のイノベーション推進

(1) 空港におけるイノベーションの現状

　首都圏空港を中心に発着枠が拡大し生産力が増加する一方、生産年齢人口の減少を背景に、担い手となる人の雇用が難しくなっている。また、組織人員の若年齢化も進むなかで、訪日外国人旅行者の増加に対応するための多言語対応という能力も求められる状況にある。これまで、エアサイドにおける省人化・省力化のための投資は、旅客との接点が中心となるランドサイドに比べて、喫緊の課題とは認識されず、十分に行われてこなかったため、仕事の仕方が旧来

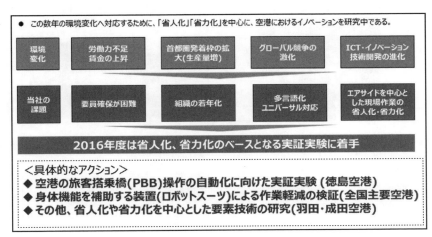

図 8.3　ANA グループ空港でのイノベーションの現状

型のままになっている。これからは、いよいよ人材の確保が難しくなっており、エアサイドにおける省人化・省力化が非常に大きな課題となってきている。このような現状を踏まえ、ANA グループでは、2016 年頃より、省人化・省力化がどんな形でできるのか、様々な分野での調査・研究が行われている。

（2）イノベーションの方向性について

　対顧客との接点分野は差別化により、いかに体験価値を高めるかが中心になる。エアサイドでの省人化・省力化は、生産性向上あるいはリソース確保という観点から、2020 年までにできることをどう進めていくか、さらにその先を見据えて、今何をやらねばならないかという課題認識からスタートした。

　ランドサイドにおける旅客との関係は、各エアラインが差別化を進めていく領域である。限られた係員のもとで旅客への情報提供をどうタイミングよく行っていくのか、旅客のストレスをいかに極小化してスムーズに搭乗してもらうか、といった目的のために、どのようにイノベーションを活用していくかがポイントになる。

　一方で、エアサイド、事業者サイドは各事業者が様々な形で共用する部分も

図 8.4　対旅客および事業サイドにおける各イノベーションの検討

多く、単独でできる部分は限られており、事業者間で連携し共同で進めていくことが重要になる。今まで効率化が遅れていた分野であるが、技術革新が進むなかで、新技術の活用による生産性向上の実現を検討する必要がある。

(3) 具体的な検討テーマ別事例

ANA グループとして「実現性」「緊急性」「重要性」をバランスさせながら、以下の6点について、具体的なイノベーション技術の検討を推進している。

① 旅客案内業務へのロボット活用（着手済み）

顧客接点サイドにおけるロボティクス活用事例である。旅客との接点である案内業務をロボットに代替させることの是非を検討しつつ、実証実験を行っている。成田空港では、従来は人手で対応していた業務をロボットで代替できないかという検証を行い、福岡空港や宮崎空港ではロボットができる仕事をリストアップし、一連の業務をロボットに代替させることの実証実験を行った。ロボットの特長である、長時間労働や多言語対応を活用する試みである。

HAL®作業支援用（腰タイプ）

空港業務での活用例

図 8.5　作業支援ロボットの活用

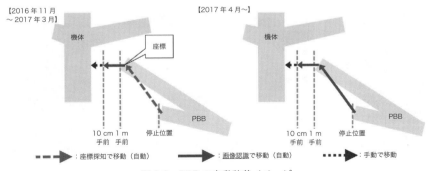

図 8.6　PBB の自動装着イメージ

②　身体機能を補助するロボットスーツ（着手済み）

身体機能をサポートする補助道具としてのロボットの活用事例である。CYBERDYNE 株式会社と協力し、2016 年度から、成田空港で実証実験をスタートさせている。2017 年度はこれを拡張し、グループ全体でのロボットスーツ活用作業の適用可能性や、横展開を検討している。厳しい・キツイ現場をいかに簡単・便利にし、働きやすい職場にするかがポイントである。

③　PBB の自動装着技術（着手済み）

PBB を簡単に装着する技術である。A 社と連携しながら実証実験を重ねている。カメラの画像で機体位置を認識し、距離をレーザー距離計で測りながら近づいていく技術により、ボタンを押すだけで扉の 10 cm 手前まで移動させる。技術的には、0 cm 装着完了まで自動化することが可能であるが、安全性を担保しながら検証を積み重ねることが重要と考えている。

④　プッシュバック・トーイング業務の効率化技術（検討段階）

プッシュバック・トーイングに関わる新技術は、現在、以下の 3 つ（「MOTOTOK」「TAXIBOT」「WHEELTUG」）がある。業務の効率化や定時性の向上の観点から比較検討を行い、実証実験に向けて検討を進めていく。

⑤　空港構内での自動走行技術（検討段階）

空港内の様々な GSE 車両のうち、運転だけに人が配置されている車両の自動走行技術導入は、直接的な省人効果がある。例えば、羽田空港において、サテライトビルと本館との連絡が課題になるなかで、空港内の乗継バスなどへの導入を検討していく。また、羽田空港だけでも自走式の GSE が 740 台、ドーリーが 1,400 台あるなかで、機側や荷捌場に別途、係員が配置されており、こ

図 8.7　プッシュバック・トーイングに関わる新技術

車輌の種類と概要	自動走行によるメリット
1．構内乗継バス 羽田空港第2ターミナル北・南間、国内線・国際線間でのお乗り継ぎのお客様がご利用	● 基本的に決められたルートを単純往復するため、完全自動走行による省人化が期待できる。
2．トーイングトラクター（上）コンテナドーリー（下） 手荷物・貨物を積載したコンテナをドーリーに搭載し、トーイングトラクターで牽引し、航空機と荷捌き場間を搬送	● 機側や荷捌き場には別途係員を配置しており、自動走行による省人化メリットがある。 ● 現在は一定のコンテナをまとめて搬送しているが、ドーリーの自動搬送化（AGV）などにより搬送のジャストインタイム化が図れれば、作業効率も改善することができる。

図 8.8　空港内運転車両と自動走行化によるメリット

自動積み付け導入のメリット	導入にあたってのハードル・課題
● 非常に高い省人化効果による生産性の大幅な向上。 ● グランドハンドリング職場における作業軽減による、リテンションの強化。	● 既存の狭隘な空港施設を前提とした技術開発。 ● AIを活用し手荷物の形状・重量・耐久性を正確に認知し、積みつける順番や搭載の可否を瞬時に決定する技術。 ● 大量の積み付けデータを蓄積・解析する技術を開発するためには、メーカーとの密接な連携が不可欠。

※スキポール空港（社内視察時に撮影）

図 8.9　手荷物の自動積み付け機導入の検討

れらの車両自動化でも省人効果が見込まれるため、調査研究を重ねていく。

　⑥　手荷物の自動積み付け技術（検討段階）

　既存の自動積み付け技術（ロボット）では、破損頻度は 10 万個に 1 回程度とされているが、設備異常発生は 10 個に 1 回発生しており、品質があまりよくない。また、既存のロボット稼動には 5 m×5 m×4 m のスペースが必要だが、既存空港ではスペースが取れるところはなく、限られた場所で、熟練作業員が行う品質でいかに賢く積み付けるかが大きな課題である。この技術開発が成功すれば、物流市場全体で導入可能であり、事業機会のある分野ではないか

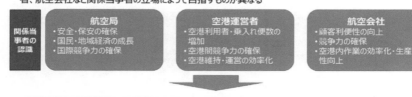

図8.10　空港でのイノベーションの実現に向けて

と考えている。

(4) 空港におけるイノベーションの実現に向けて

　空港イノベーション推進にあたっては、様々な制約があり、これをどう乗り越えていくのかが課題となる。主には以下のような4つの制約があると考えている。第一に、空港では、厳重な保安体制と安全確保が大前提となるなかで、様々なルール・制約があるということである。第二に、日々のオペレーションは止めずに、並行して新しい技術等を導入し、イノベーションを推進していく難しさがある。第三に、既存スペースが前提となるなかで、物理的な制約のなかで進めていく難しさがある。例えば、シンガポール・チャンギ国際空港のように、新しいターミナルを開設したうえで、既存の施設でもイノベーションを推進する進め方は難しい状況にある。第四は、複数事業者の利害関係をどう調整するかという点である。

　これらの制約を乗り越えて、空港のイノベーションを推進するためには、航空局、空港運営会社、エアラインの3者がいかに連携できるかが重要なテーマになる。各社それぞれのミッションがあるが、共通のビジョンを共有し、ベクトルを合わせ、共同・協調しながら進めていくことが重要と考えている。

　　　　　　　　　　　　　　　　　　　（全日本空輸　山口　忠克）

第9章　航空機の運航と航空管制の将来像

9.1　航空管制の現状と将来展望

（1）航空管制の現状

　基本的な管制処理の概念は「First Come, First Served」、すなわち「早いもの順に捌く」ことである。例えば出発機の場合、準備が整ったら速やかに駐機スポットを出発させる。その結果起こる問題が、滑走路手前で離陸を待つ航空機が数珠つなぎになり、無駄な燃料を消費、CO_2も排出して遅延が増大することである。到着機も各方面から我先に進入してくるため、管制機関は滑走路や空域全体の交通量を勘案して空中待機や過度のレーダー誘導を指示することになる。ここでも燃料浪費、CO_2排出をして遅延も増大する。

　図9.1は成田空港北風運用時の離陸待ち行列のイメージである。出発機の夕刻ラッシュは通常約2時間続く。その状況を2012年3月の18時半頃のデータで見ると、A滑走路（4,000 m）の出発機は1ビル側と2ビル側の各誘導路から列をなして18機あり、概ね2分に1機離陸させると最後尾は離陸まで40分待ちとなる。地上で40分間燃料を消費しながら離陸を待っているという状態は極めて非効率で、今後の大きな課題である。

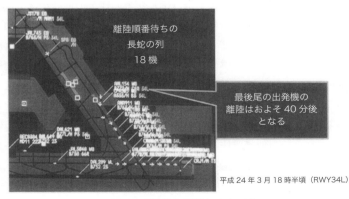

平成24年3月18時半頃（RWY34L）

図9.1　離陸待ち行列のイメージ

（2）今後の取組み

　航空管制に関する世界動向は、これまでの概念を変えて「Best Planned, Best Served」、つまり最良の戦略的な計画で最高のサービス提供を目指している。わが国でも米国の Next–Gen や欧州の SESAR と同様に「将来の航空交通システムに関する長期ビジョン（CARATS：Collaborative Actions for Renovation of Air Traffic Systems）」の具体的施策が進行している。そのなかに「空港 CDM（Collaborative Decision Making）の導入」「ターミナル空域（進入・出発エリア）の管制処理容量の拡大」「エンルート空域（航空路エリア）の管制処理容量の拡大」「福岡航空交通管理センター（ATMC）の交通流管理手法の拡充」がある。これら 4 方策に共通するキーワードは「予測」、先読みすることである。

①　空港 CDM の導入

　「空港 CDM」は、空港パートナーである管制機関、航空会社、空港会社、気象機関等が協調的に航空機運航および空港運用に関する予測情報をコンピューターシステムとネットワークを介して一元化し、リアルタイムで動静を共有することによって、現有する職員・機材・施設などのリソースを最大限に活用して空港の運用能力全体を強化する取組みである。

　例えば、出発機が定刻より遅れる場合は航空会社が最新の出発時刻を予測して管制機関等に通知する。各方面から空港に向けて進入する到着機については、管制機関がレーダー情報等に基づく最新の位置や着陸時刻を予測して航空会社や空港会社等に通知する。また、滑走路が除雪やバードストライク等で閉鎖される場合は、空港会社（羽田空港は国）が復旧作業の進捗状況や最新の復旧時刻等を予測し、管制機関や航空会社に通知する。これらの予測情報をもとに、コンピューターシステムが戦略的に最適な離着陸時刻や順位を割り出す。

　これにより空港パートナーは相互に直近の状況を把握し、積極的な運航支援体制を確立することが可能となる。「空港 CDM」の導入は、2019 年度に羽田空港と成田空港を対象に開始される計画である。なお、新千歳空港も同じタイミングではあるが、国からの航空機の運航情報を共有する仕組みが未整備なので、まずは北海道特有の除雪作業の問題に着目して空港の運用情報を共有する取組みが開始されている。（編者追記：空港 CDM は 2018 年に新千歳空港、2020 年に羽田空港と成田空港が導入済み）

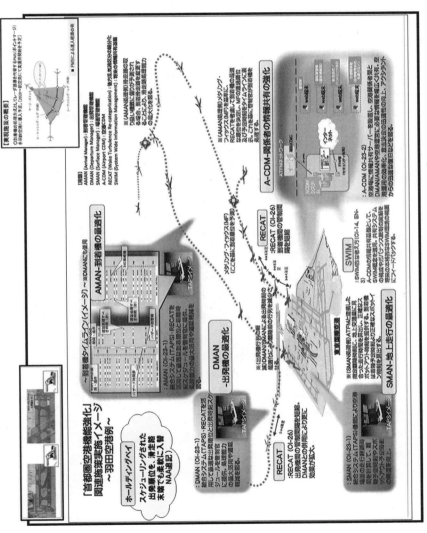

図 9.2 航空局の戦略的な管制処理能力向上策[1]

②　ターミナル空域（進入・出発エリア）の管制処理容量の拡大

　航空局は羽田空港の空港監視レーダーに併設したターミナル交通管理システム（T-ATM）を整備している。到着機管理（AMAN：Arrival Manager）、出発機管理（DMAN：Departure Manager）、地上走行管理（SMAN：Surface Manager）と呼ばれるツールを保有し、コンピューター処理で一定時間内により多くの航空機を捌くための機能である。これにより、航空機の型式に応じて規定された後方乱気流区分の管制間隔をもとに最適化した到着機や出発機の並び替えを行い、図9.2のように戦略的に最も効率的な離着陸時刻等を予測する。

　例えば AMAN では、両方の滑走路に進入する到着機について最適な滑走路をレーダー画面上に助言する機能がある。また到着機の着陸予測時刻や各ウェイポイント（Way point/WP：航空機の通過するべき地点）における通過予測時刻等がリアルタイムで表示され、管制官はこれを参考に管制処理の最適化を行う。さらに計画では、これらの画面情報を活用し、過度なレーダー誘導によらず新たにポイントマージ方式（Point Merge System/PMS：空域上に設定された扇形の経路を使用する到着機の合流手法）を導入してスピード調整のみによる的確な進入順位の入れ替えも行う。一方 DMAN では、両方の滑走路から離陸する出発機の順位を算出する機能があるため、滑走路末端で柔軟に入れ替えが可能となるホールディングベイの整備を検討中である。ちなみに成田空港では、誘導路を複数整備して出発機を入替する計画であり、A滑走路北側については既に一部が着工している。

　これら航空局の戦略的な管制処理能力向上策は、空港が悪条件下（滑走路閉鎖・悪天候・地震等の天災）に遭遇した場合には運航計画が混乱することから、「空港CDM」による空港運用の復旧状況を共有し、空港パートナーが相互に協力して空港運用能力全体の最大化を図ることとしている。

③　エンルート空域（航空路エリア）の管制処理容量の拡大

　国内空域を抜本的に再編し、巡航と上昇降下空域を上下分離するとともに、現在の4カ所の航空交通管制部を整理・再編する計画が進行中である。

　図9.3は航空局が公表している施策概要であるが、2017年度より西日本の低高度空域管制は神戸管制部を新設して業務実施体制の準備を開始する予定である。これにより、4管制部で年間180万機を捌いているが、2022年から西日本を上下分離し、低高度を神戸管制部が処理することで190万機が処理できるようにする。また2025年には、高高度を福岡管制部が所管し、東日本の低高度

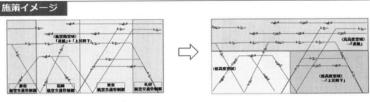

図 9.3　エンルート空域（航空路エリア）の管制処理能力の拡大[2]

を東京管制部で処理することによって 200 万機、つまり 20 万機増の処理容量
拡大を計画している。（編者追記：西日本空域の上下分離を 2022 年 2 月に完了、2025
年までにすべての国内管制空域の上下分離を実施）

　④　航空交通管理（ATM）センターの交通流管理手法の拡充

　現在の航空交通流を管理するコンピューターを ATFM システムと呼んでい
る。これが TEAM という新システムに性能向上される予定（編者追記：2020 年
1 月に航空交通管理処理システム／ TEAM が運用開始）で、航空機のウェイポイン
ト通過予測時刻の精度を改善するとともに、航空路管制レーダー（TEPS）、
ターミナル管制レーダー（TAPS）、洋上管制レーダー（TOPS）と同システム
が連携して交通流制御（フローコントロール）の精度を向上し、さらなる空港
容量最大化、遅延縮減、欠航率改善を図ることとしている。参考までに、図
9.4 に現状（2016 年度実績）の交通流制御の状況を示す。

（3）将来の展望

　航空局では航空機の運航を時間ベースで管理する 4DT（4 次元トラジェクト
リー）の運用を目指している。これは世界の潮流であり、航空機の離陸から着
陸までの軌道を予測時刻に基づき時間で処理する方策である。現在は管制処理

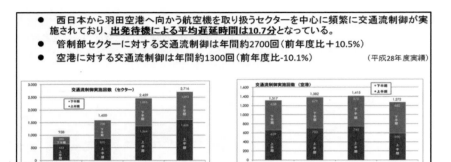

出典：国土交通省航空局資料

図9.4　ATMセンターの交通流監視手法の拡充

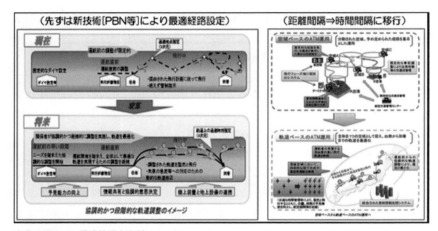

出典：CARATS推進協議会資料

図9.5　将来の展望：航空機の運航の時間ベースでの管理

をレーダー間隔により距離ベースで行っているが、これを時間で捌く方法に変更するものである。4DT運用の将来像として個人的な夢を紹介したい。

　図9.6は航空機によるAIを活用した間隔設定に基づく自動フライト（イメージ）である。航空機はFMS（Flight Management System）の精度向上や技術革新が進むと自動間隔で離陸から着陸まで運航することが可能となる。その時期は2050年以降と想像しているが、航空機相互間では各ウェイポイントの通過時刻が確実にシステム上で共有され、滑走路占有時間（60〜70秒）も確保

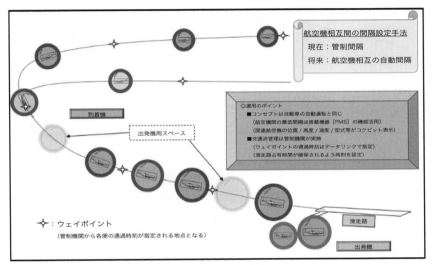

図9.6　将来の展望：航空機による自動フライトイメージ

されることを前提とした運航が実現されると期待している次第である。

（航空交通管制協会　倉富　隆）

9.2　RNAVの歴史と展望

(1) RNAVとは

　航空分野において、空港・空域処理能力の向上、そして同時に、地球温暖化防止等、ゴールに向けた様々な取組みがなされている。そのひとつがアールナブ（RNAV：Area Navigation）である。

　RNAVとは、「航行援助施設の覆域内若しくは自蔵航法の能力の限界内又はこれらの組み合わせにより、任意の飛行経路を航行する航法」をいう。RNAV以前の従来の航法（Conventional Navigation：既存航法）による飛行経路は、航行援助施設をつなぐ形で設定されていた。一方、RNAVにおいては、航行援助施設の位置に制約されず、より柔軟な経路設定が可能となる（図9.7）。RNAVは日本語で「広域航法」というが、これはまさに、航行援助施設の配置にとらわれず空間を広く活用できることを意味している。

　RNAVにおいて、航空機はGPS等からの情報に基づき、機上航法装置が自機位置、取るべき針路等を計算し、所望の経路を飛行する。後述するが、

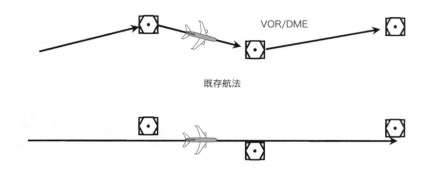

VOR/DME

既存航法

RNAV（広域航法）

図 9.7　既存航法と RNAV の比較

RNAV は様々な便益を社会に提供する。このため RNAV の普及促進は国際民間航空機関（ICAO）の総会決議にも掲げられている（決議 A37–11）。

（2）RNAV の歴史

　RNAV は決して新しい技術ではない。1980 年代には既に在来型 B747 等によって RNAV の原形となる運用が行われていた。ただしこれらは主に洋上やエンルート飛行におけるものであった。

　1990 年代後半頃から、米国や欧州でそれぞれ RNAV 本格導入のための取組みが開始された。しかし、調整なく各国個別に RNAV が導入されると、各国における RNAV 実施の基準や運用方法に相違が生じ、様々な問題が生じてしまう。そこで ICAO は、RNAV に関する世界統一的なルールの制定を目的として、2008 年に PBN マニュアル（Doc 9613）を発行した。PBN マニュアルは、その後改訂が重ねられ、現在も各国の RNAV 導入の際の基本的指針として参照されている。

　わが国は、ICAO PBN マニュアル発行の前、1992 年にエンルートでの RNAV 評価運用を開始している。また、ターミナル空域に関しても 1997 年に函館空港と熊本空港で FMS を利用した出発・到着方式（経路）の評価運用が開始されている（1992 年 4 月 30 日付 Class II NOTAM Nr. 157）。

　2005 年には、新千歳、函館、広島、那覇の 4 空港において RNAV 進入方式が運用開始された。その後わが国は 2007 年に ICAO PBN マニュアルに基づく「国際標準」RNAV を、アジアの先陣を切って導入した。こうして日本は、国

際標準に基づく RNAV をいち早く導入した国のひとつとなったのである。

　現在、わが国の航空機運航において RNAV は不可欠なものとなっている。高度 29,000 ft 以上の高高度エンルート経路網はもっぱら RNAV 経路によって構成され、津々浦々の空港にまで、何らかの RNAV 経路や RNAV 進入・出発方式が設定されている。

(3) RNAV の便益

　RNAV は空港管理者や運航者に多様な便益をもたらす。まず RNAV には、様々な技術特性がある。第一に、前述の「柔軟な経路設定」である（図 9.7）。また、従来よりも高い航法精度や、高いシステム信頼性といった特徴も有する。精度と信頼性の向上は保護区域や経路間隔の縮小につながる（図 9.8）。

　次に、これらの技術特性により、より直線的な経路の設定や、これまで設定困難だった空域への経路設定といった技術的便益が得られる。その典型的な例が、周回進入しかできなかった滑走路への進入方式の新設である。これについては大館能代空港を例に後ほど詳しく説明したい。

　また、RNAV は空域構成を最適化するための経路網構築の手段ともなる。例えば、横田空域の削減により羽田空港からの出発便にかかる飛行経路は大幅に距離短縮されたが、RNAV なしでこのような経路設定は不可能だっただろう。

　これらの技術的便益により、ユーザーや社会は安全上、経済上の便益を享受できる。まず強調すべきは安全性の向上である。これまで周回進入しか設定できず風向きによっては目視飛行を強いられていた滑走路（方向）に対して、計器進入着陸が可能となることがある。また、従来オフセット最終進入経路（滑走路に対して一直線でなく最終着陸のためにパイロットによる手動旋回が必要となるような進入経路）しか設定できなかった滑走路に対して

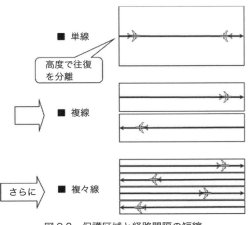

図 9.8　保護区域と経路間隔の短縮

滑走路中心線に正対した進入着陸経路を設定できれば、安全上大きな効果が得られる。そして経路短縮・飛行時間短縮や最低気象条件改善、すなわち就航率改善といった効果が期待できる。適切な航空管制手法との組み合わせにより、状況によっては、レーダー誘導の減少など、パイロットや管制官のワークロード軽減も可能である。

　また、最終的に、燃料消費量削減、温室効果ガス排出量削減、騒音への配慮といった社会的便益が享受できる。その顕著な例が、羽田空港において（南風時）深夜用進入着陸経路として設定されている RNP AR 進入方式（方式名称：RNP RWY23（AR））である。この方式ならば、空港北側からの進入着陸であるにも関わらず、陸域を飛行することなくかつ安定した進入を行うことができる。

　RNP AR 進入方式の便益について、大館能代空港を例に、より詳細に説明しよう。大館能代空港では 2012 年より RNP AR 進入方式が運用されている。古いデータになるが、大館能代空港では 2012 年 1 月〜 2016 年 11 月の 5 年弱の間に計 532 便が RNP AR 進入方式を実施した。これにより、従来の着陸方法（ILS 進入＋周回進入）と比較して、飛行時間が平均約 5 分短縮され、これによる燃料節減量は 1 便あたり約 385 ポンド、すなわち、延べ約 20 万 5,000 ポンド、ドラム缶 587 本分に相当する便益が得られたとされる[1]。また、大館能代空港において RNP AR 進入方式は大幅な就航率改善効果をもたらした。B737 型式機の場合、進入着陸に適用される進入限界高度と必要視程は、それぞれ従来の 944 ft（約 288 m）および 2,400 m から、RNP AR 進入方式では 300 ft（91 m）、1,400 m に改善された。これにより、従来であれば欠航していただろう相当数の便が、RNAV の効果により着陸できるようになったものと思われる。特にその改善効果は冬季において顕著であろう。このような就航率改善は、単に欠航便を減少させるだけではなく、潜在的旅客需要を掘り起こすと思われる。RNAV による就航率改善が周知のものとなれば、これまで欠航を恐れて新幹線を利用していたビジネスパーソンが航空便利用に切り替えるというような動きも生じるのではないだろうか。

　もちろん安全上の便益も見逃せない。従来、大館能代空港において西風時には東からの着陸に向けて大きく目視周回飛行しなければならなかったのが、RNP AR 進入方式ではオートパイロットによる自動操縦も可能となり、これにより航空機は非常に正確にかつ安定して滑走路に正対することができるようになったのである。

(4) RNAV 技術の最新動向

RNAV についての新技術の開発とその導入は今も進められている。

その一例がヘリコプターへの RNAV の適用である。米国では既に多数のヘリポート等においてヘリコプター用 RNP 進入方式が運用され、ヘリコプター運航の定常性・安全性向上に寄与している。わが国でも、福岡市にある奈多ヘリポート（福岡空港（奈多地区））でヘリコプター用 RNP 進入方式が運用されている（方式名：RNP153）。

また、静止衛星を用いた衛星型補強システム（SBAS：Satellite Based Augmentation System）の利用も広がっている。これは、静止衛星からの信号により GPS 等の信号を補強し、その精度や信頼性を向上させるものである。わが国では準天頂衛星システム「みちびき」を活用した SBAS の開発導入が進められている。その成果として、LPV（Localizer-performance with vertical guidance）進入方式が札幌丘珠空港等で運用されている。LPV は、衛星からの電波により、ILS グライドパスのような降下ガイダンスを提供するシステムである。LPV は、RNP 進入方式の一形態と位置付けられている。

その他、厳密には RNAV とはやや異なるが、GPS 信号を地上システムによって補強し信頼性や精度を向上させる地上型補強システム（GBAS：Ground Based Augmentation System）についても技術的検討が進められている。GBAS を用いた新たな進入着陸支援システム（GLS：GBAS Landing System）は、将来 ILS に代わるシステムになると期待されている。

GLS は ILS と比較して下記のような便益を有している。

① ILS と比較して設置運用費用が安価であり、さらに両側からの進入着陸や複数の滑走路に対しても一式のシステムでサービス提供可能である。

② ILS とは異なり、積雪期に電波反射面の除雪が課題となることなく、安定した運用が可能である。

③ ひとつの滑走路に対して複数の降下角での着陸パスを提供可能であり、この特性が地上騒音軽減に寄与する可能性があると期待されている。

(5) RNAV 普及促進に向けた ICAO の取組みと今後の展望

ICAO は、より一層の RNAV 普及を、航空安全性向上のための重要課題と認識している。このため ICAO の各種技術会合においては、RNAV 普及促進のための方策について様々な討議がなされている。

　そのひとつが RNAV 航行許可制度の見直しである。わが国の運航者が RNAV を行うためには国土交通大臣の許可を取得しなければならない（航空法第 83 条の 2 および同施行規則第 191 条の 2）。しかし、許可取得は決して容易な作業ではない。許可申請に際し運航者は様々な資料を航空機メーカー等から取り寄せ、また、説明資料等を作成しなければならないが、これには相当のリソース投入が必要である。同様の問題は諸外国においても生じている。このため ICAO は、シカゴ条約第 6 附属書『航空機運航』を改正するなど、RNAV 許可制見直しに舵を切っている。そして、多くの ICAO 加盟国や国際航空運送協会（IATA）等の国際団体が RNAV 許可制の見直しを支持している（ICAO Air Navigation Commission Working Paper AN–WP/8969）。わが国でも、国際標準に沿った形で早急に制度見直しが進められることを期待したい。

　このように RNAV は、安全性向上、就航率改善、燃料節減、飛行時間短縮、環境への配慮など、様々な便益を社会にもたらす。そして、許可制度の見直しが実現すれば、一層の便益拡大が見込まれる。RNAV のさらなる進歩と普及に向けた取組みに期待したい。

（長崎大学　中西　善信）

第10章　空港・港湾のカーボンニュートラル

10.1　カーボンニュートラルポート（CNP）形成への取組み

(1) 港湾の脱炭素化に向けて

　港湾の脱炭素化に向けて、カーボンニュートラルポート（CNP）の取組みがなされている。わが国として2050年までにカーボンニュートラルを目指すという大きな方針が出され、2030年度に2013年度比46％削減、さらに50％削減の高みを目指すという、中間段階での目標が立てられている。国土交通省港湾局としての具体的な取組みを紹介する。

(2) CNPの目指す姿

　わが国の輸出入貨物の99.6％は、港湾から輸出入されている。また、日本の二酸化炭素（CO_2）排出量全体の約6割は発電所や鉄鋼・化学工業といった産業が占めており、これらの多くは港湾・臨海部に立地している。このため、港湾を中心に脱炭素化を図ることで、日本全体のカーボンニュートラルが効率的かつ効果的に進められると考えている。国際エネルギー機関（IEA）による2019年のレポート『水素の未来』では、水素利用拡大のための短期的項目として、工業集積港をクリーン水素利用拡大の中枢にするとされている。まさに港というのは、そういった素地があり、周辺の発電所や鉄鋼業等と一体となり脱炭素化を進めていくのが、CNP施策の方向性である。

　そのことを、図10.1にもう少し概念的にまとめている。CNPの目指す姿として、第一に水素や燃料アンモニア等の輸入のための受入環境の整備がある。第二は港湾オペレーションの脱炭素化で、具体的には荷役機械や係留船舶、ターミナルに出入する大型車両を含めたオペレーションの脱炭素化を進めるものである。第三はターミナルの外の港湾地域の脱炭素化で、火力発電・化学工業・倉庫等様々な産業が立地するなかで、港湾地域を面的にとらえて脱炭素化を図っていこうとするものである。こうした取組みは、個々の企業だけでも行政機関だけでもできないので、関係主体が連携して効率的に脱炭素化を推進する必要があり、CNPを推進する協議会や計画の策定等を考えている。

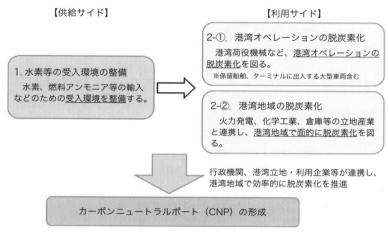

図 10.1　CNP の目指す姿

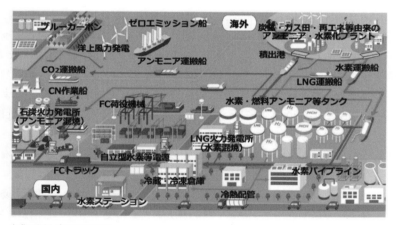

出典：国土交通省港湾局

図 10.2　CNP の形成イメージ

（3）CNP の形成イメージ

　図 10.2 は CNP 全体のイメージである。商社や電力会社が海外で水素やアンモニアの開発を進める。海外からの運搬は船舶となるので、日本のどこかの港湾に運ばれ、まずはタンクに貯蔵される。タンクからはパイプラインや内航船・タンクローリー等様々な輸送手段で必要な場所に運ばれ、港が貯蔵拠点に

なるため、周辺から脱炭素エネルギー利用を進めていき、図の範囲には含まれていないが都市にまで広げていくということも考えていきたい。

(4) カーボンニュートラルと水素の活用

　太陽光・風力・水力などの再生可能エネルギーから造られる水素を、「グリーン水素」と呼ぶ。一方、天然ガスや石炭など様々な化石燃料からも水素は造られる。その過程でCO_2を排出するが、貯留や再利用を行う方法で造られる水素を、「ブルー水素」と呼ぶ。クリーンな水素は、このいずれかの方法で造る必要がある。現在の水素の主な製造方法は、再生可能エネルギーで発電された電気を使い、水の電気分解によって製造する方法がひとつ、もうひとつは、LNG等メタンを水蒸気改質して水素を取り出す方法であるが、これはCO_2を発生してしまうため、このCO_2を埋めるか再利用する必要がある。

　燃料電池自動車（FCV：Fuel Cell Vehicle）は基本的には電気自動車と同じで、水素と酸素で電気を起こし、電気を動力とする自動車である（同時に水も出る）。最近注目されているのが、メタネーション技術である。水素はCO_2と合成することでメタンにすることができるので、CO_2を回収することができれば、水素さえあれば今のガスシステムはそのまま使えることになる。船舶では、排出したCO_2を回収する技術の実証が行われており、工場等でもCO_2の回収は進められている。

　港という観点からは、どのような形で海外から水素を運んでくるか、すなわちエネルギーキャリアが重要になる。大きく3つの方法があるが、ひとつは液化水素つまり液体にして水素を輸送する方法であり、−253℃で運ばれてくる。次に、メチルシクロヘキサン（MCH）であるが、これはトルエンに水素をくっつけたMCHとして輸送し、MCHから水素を外して使用し、トルエンの方は逆に輸出するという水素の輸送方法である。この方法は水素輸送重量が6％しかないので、輸送効率という意味では劣る。しかし、常温常圧で輸送できるため、既存のケミカルタンカーが使用可能というメリットがある。3つ目は、アンモニアという形で輸送する方法である。アンモニアは既に化学肥料や脱硝剤としても使用されており、輸送方法が確立されている。ただし、石炭火力発電で混焼するために使用するとなると、より大量の輸送・貯蔵に対応していく必要がある。アンモニアの利点は直接利用ができるところで、水素に変える必要がないことであり、石炭火力発電所にそのまま燃料として投入できると

いうメリットがある。比較的安価にエネルギー効率もよく活用できる。

　水素・アンモニア等の特徴について、輸送する場合に留意しなければならないのは、単位発熱量あたりの容積が非常に大きいことである。軽油等と比較すると、液化水素は約 4.4 倍の容積になる。液化アンモニアは約 2.5 倍、MCHは約 6.6 倍と非常に容積が大きくなり、タンク等の容量が大量に必要になる。

　現在、液化水素運搬船については、タンク容量 1,250 m³ の船で、神戸港を液化水素荷役基地とする実証事業が行われており、2022 年には、16 万 m³ という非常に大きな船の基本設計が承認された。MCH は、現在は 1 万トン程度のケミカルタンカーで輸送されているが、将来的には 8 〜 10 万トンの大型タンカーが使用されると考えられている。アンモニアは、現在は 2.5 万トンクラスの船であるが、既に 87,000 m³ の船が発注されている。

(5) 水素・燃料アンモニアに関する政府の目標

　水素・燃料アンモニアに関して、わが国政府が目指す量と価格は次のとおりとなっている。第一に水素について、現在年間約 200 万トンの供給量であり、2030 年には 300 万トン、2050 年には 2,000 万トンにしようと見込んでいる。価格は、現在水素ステーションでは N（ノルマル）m³ あたり約 100 円であるが、2030 年に 30 円、2050 年には 20 円を目指している。燃料アンモニアについては、原料としては年間約 100 万トンを取り扱っているが、現状の国内需要はゼロである。これを 2030 年に 300 万トン、2050 には年 3,000 万トンという規模感で想定している。

　第二に、舶用燃料について、これまでは重油から LNG へという流れで進んでいるが、さらにその流れの先に、水素・アンモニア等への転換が進められようとしている。LNG 燃料船は、次々に完成しており、伊勢湾・三河湾では、2020 年に国内初のバンカリング船が導入された。

　将来の国際海運におけるエネルギー消費に占める燃料の構成につ

出典：セントラル LNG マリンフューエル（株）

図 10.3　バンカリング船からの LNG 燃料供給の様子

いて、IMO は温室効果ガスの削減戦略において、2050 年に 50 ％削減という目標を掲げている。2021 年 11 月の IMO 第 77 回海洋環境保護委員会において 2050 年にカーボンニュートラルを目指すという提案を、日本をはじめ関係主要国が行った。いまだ完全に同目標が位置付けられたわけではないが、国際海運 GHG ゼロエミッションプロジェクトは、上述の 2050 年に 50 ％削減という目標であっても、2050 年には水素・アンモニアの燃料の割合が全体の 43.7 ％を占めるというシナリオを示している。仮に目標が 2050 年カーボンニュートラルを目指すということになると、さらにこの構成比は増大すると考える。

　第三に、船舶への陸上電力供給である。アイドリングストップして陸上からの電力供給を受ける。海外でも、ロサンゼルス港など米国西海岸の港湾が進んでおり、カリフォルニア州では、コンテナ船・クルーズ船・冷凍貨物船は総寄港回数の 8 割以上で陸上電力供給が求められている。

　欧州でも、2021 年 6 月に、アントワープやブレーマーハーフェンなど主要 5 港が、2028 年までに超大型コンテナ船が寄港するすべてのバースにおいて陸上電力供給を最大限展開することを共同でコミットしており、世界的にも大きな流れになっている。

　第四に、ターミナルの荷役機械についても、ロサンゼルス港で取組みが進められている。日本企業もかなり活躍しており、豊田通商等がロサンゼルス港でトップハンドラーを水素燃料電池化するなどの実証事業を実施中である。三井 E&S マシナリーは、大型クレーンである RTG（タイヤ式門型クレーン）の燃料電池化を開発中で、製品化を目指している。また、幹線用トラックについて、トヨタと日野自動車が車両を開発し、実証実験運行を開始することとなっている。ターミナル中のトラクターについては、米国のトヨタモーターノースアメリカがロサンゼルス港で試作品を出しており、さらにコンテナターミナル（CT）を出入りするトラクターについても、ロサンゼルス港で 10 台納入予定とのことである。

　港では洋上風力も推進している。系統電源に入らない余剰電力

出典：石狩湾新港管理組合

図 10.4　石狩湾新港全景

を有効活用するため、これを電気分解により水素に変え液化をして必要なところに内航海運で輸送するという検討が、石狩湾新港をモデルとして進められている。

次に、藻場・浅場等の海洋生態系に取り込まれた炭素であるブルーカーボンを隔離・貯留する海洋生態系「ブルーカーボン生態系」の活用に向けた取組みである。藻場や干潟には CO_2 を吸収する役割があり、これをクレジット化し取引する試行を行っており、既に 2020 年度、横浜港において、23 トンの CO_2 吸収量を取引している。量自体はさほど大きくはないが、こうした港湾における吸収源対策をしっかり評価していくことも大事である。

以上のことを進めていくために、国土交通省では有識者を入れた検討会を 2021 年 6 月から立ち上げている。同年 12 月までに 4 回開催し、12 月末に CNP の形成に向けた施策の方向性と港湾管理者が CNP の形成に向けた計画を作るためのマニュアル（初版）を公表している。各港での検討会については、関係企業も参加し、2021 年 1 月から先行的に 6 地域 7 港湾で開催され、2021 年度に入ってからも広がってきている。

最後に、世界的な協力の動きを 2 つ紹介する。第一は日米間の連携で、2021 年 4 月の日米首脳会談において CNP についても協力するということが文書に記載された。

また、日本、米国、オーストラリア、インド（QUAD）により 2021 年 9 月に開催された首脳会合において、海運タスクフォースが立ち上られ、特に海運の重要性が認識されている。こうした枠組みのなかで、2030 年までに 2 ～ 3 件の低排出またはゼロ排出の海運回廊を確立するという具体的な取組みに向けた調整を進めている。

(6) CNP 政策の今後の展開

CNP はまだ新しい政策で、これから考えていかなければならないことがたくさんあり、手探り状態の部分もある。2021 年度にマニュアルを公表したが、2022 年度以降、柔軟な見直しも必要になる。有識者検討会でも触れられているが、あまりガチッと固めるのではなく、様々な可能性を見ながら柔軟に対応していくことが大事である。

（国土交通省港湾局　西尾 保之）

10.2　ANA グループの持続可能な航空燃料（SAF）への挑戦

　航空業界における温暖化対策は、どのような歴史を辿ってきたのだろうか。1992 年に国連気候変動枠組条約（UNFCCC）が採択され、その後 1997 年の COP3 で京都議定書が採択された。このとき、「国際航空と国際海運は COP の場には馴染まない、なぜなら国際間の移動があっていずれかの国に排出量を紐づけることは難しい」として、国際航空は国際民間航空機関（ICAO）で、国際海運は IMO（国際海事機関）で別途協議することになった。そして、2015 年の COP21 で採択されたパリ協定では、NDC（国が決定する貢献）、つまり国別温室効果ガス排出削減目標が設定された。NDC は、国単位の CO_2 削減目標を定めるもので、このなかに航空と海運の国内運航分が含まれることになったのである。

(1) 航空の温暖化対策

　国連の下部組織である ICAO の総会は 3 年おきにカナダのモントリオールで開催される。2010 年の第 37 回総会で、毎年 2 ％ずつ燃料効率を高めたうえで、2020 年以降は CO_2 総排出量を増加させない（CNG2020）ことが採択された。2016 年の第 39 回総会では、「国際民間航空のためのカーボンオフセット及び削減スキーム」（CORSIA）が採択された。2019 年から 2020 年の国際航空による CO_2 総排出量の平均値をベースラインに設定して、2021 年以降このベースラインを上回ることのないようにし、可能ならさらに引き下げることが決められた。CORSIA では、2021 〜 2035 年の枠組みが決められたが、2019 年の第 40 回総会では、2022 年の第 41 回総会までに 2035 年以降の長期の野心的な目標（LTAG）を設定していくことが決議された。この件に関しては、日本の航空局が議長国として、この会議体を進めているところとなっている。

　一方、民間航空会社で組織されている国際航空運送協会（IATA）でも、同じように目標を設定している。ICAO が CNG2020 を設定した 2010 年、IATA では 2050 年に CO_2 総排出量を 2005 年比で 50 ％削減するという目標を設定している。さらに、2021 年には、2050 年にはネットゼロを目指す、という目標を採択している。つまり、国際航空においては、民間航空会社は基本的に 2050 年ネットゼロを目標としつつ、CORSIA の枠組みで進んでいることになる。

(2) CORSIA とは何か

CORSIA は、2021 年から 2035 年までの期間を対象に 3 つのフェーズに区切って目標を立てている。最初の 3 年間がパイロットフェーズ、次の 3 年間がフェーズ 1、残りの 9 年間がフェーズ 2 となっている。パイロットフェーズは、まさに立ち上げの段階であり、先進国と自発的な参加国を募ってスタートを切っている。2021 年には 88 カ国、2022 年には 107 カ国が参画している。フェーズ 2 の 2027 年以降については、全加盟国が基本的に参加を義務付けられる。ただし、本当の開発途上国や島しょ国だけは免除されることになっている。そのなかで、現在参加してはいないが排出量の大きな国が、中国、ロシア、インド、ブラジルの 4 カ国である。この 4 カ国で世界全体の国際航空による CO_2 排出量の約 20 ％を占めている。かなり大きなシェアだが、彼等の言い分は、自国はあくまで開発途上国で、そもそも現在の温暖化の原因は先進国にあるので、先進国が責任を持って対処すべきだとの主張で、自発的に参加していないのである。

コロナ禍の影響で、2020 年の航空業界の業績は急降下した。その結果、2019 年と 2020 年の平均値を取ると、CO_2 総排出量のベースラインは当初予想の約 3 〜 4 割低い水準となるため、これを目標とするのは傷んでいる航空業界にとってはかなりハードルが高くなってしまう。このことから 2021 〜 2023 年のパイロットフェーズ期間については 2019 年単年の値をベースラインとし、2022 年開催の第 41 回総会で改めて審議することになった。

(3) CORSIA の目標達成手段

航空業界としては以下の 4 つの手段があると考えている。

第一は技術革新だ。新型機材の導入で、例えば B787 機を導入すると従来の B767 や B777 と比べて、燃費が 20 〜 25 ％改善するといわれている。

第二は運航方式の改善である。これはまさに日々の乗員や管制官の努力のたまものである。例えば、着陸直後のエンジンの逆噴射をやめる、着陸後に滑走路から駐機場に移動する際、双発機の場合は、片方のエンジンを停止して走行する、最適な高度を飛ぶなどの努力を行っている。しかし、これらの工夫でどれだけ燃費が改善できるのかというと、IATA や ICAO の統計では、1.37 ％程度しか改善はできないのではないかといわれている。すなわち、残る 2 つの手段が大きいということになる。

　第三は代替航空燃料、SAF（Sustainable Aviation Fuel）の活用で、持続可能な航空燃料を指す。以前はバイオジェット燃料と呼ばれていたが、現在はバイオマス由来以外にも様々な種類の原料が想定されている。工場の排ガス等が活用できるようになり、また、大気中のCO_2を吸収し、これを燃料に変えることも可能となってきた。そのため、それぞれの製造方法、原料を総称して、SAFと呼んでいる。しかし、残念なことにSAFはいまだ世の中に十分供給されておらず、2019年の実績では、世界で消費された航空機燃料の0.01％しか製造されていない。コロナ禍で航空需要が激減した2020年でも0.03％だった。目標達成に不足する分はどうするのかといえば、第四の市場メカニズムの活用で、要はクレジットを購入することでの達成となる。

(4)　わが国の温室効果ガス排出量の現況

　国土交通省の統計では2019年の日本全体のCO_2総排出量は約11億トンであった。世界全体のCO_2総排出量が約335億トンとされているので、日本は世界の約3％のCO_2を排出している。そのうち航空が占める割合は0.9％である。これは国内で使用された燃料に起因するCO_2排出量である。国際航空については、海外発の航空機もCO_2を排出しているが、このなかには含まれていない。仮に含めた場合は、現状の倍のシェア（1.8％前後）になると考えられる。

(5)　訪日外国人旅行者数・出国日本人数

　さて、日本における訪日外国人旅行者数と、出国日本人数の推移を考えてみよう。日本政府観光局（JNTO）資料によると、出国日本人数は、2000年代当初からほぼ横ばいの1,700万人程度で推移してきたが、2019年に2,000万人を突破した。一方、訪日外国人旅行者数は2013年に1,000万人、2016年2,000万人、2018年3,000万人を突破してきた。菅義偉政権が目標とした訪日外国人旅行者数6,000万人を2030年に達成するとなると、2020年・2021年と新型コロナウイルス流行の影響で急減したものの、今後かなりの勢いで増えていくことになる。

(6)　SAFとは何か

　SAFは、原料の生産、収穫から燃料として燃焼されるまでのライフサイク

ルのなかで CO_2 の総排出量が少ない、持続可能なジェット燃料のことである。以前はバイオジェット燃料と呼ばれていたが、様々な原料をもとに製造されるようになったことから SAF へと呼称が変更された。国際規格で認められた製造方法で生産された SAF は、既存の航空機、エンジン、物流インフラ（タンカー船、ローリー、空港タンク、給油車両等）を改造することなく従来型の化石由来ジェット燃料と同様に使用が可能で、別名 Drop-in Fuel といわれている。また、化石燃料と NEAT と呼ばれる SAF の原液部分を必ず混ぜて使わなければならないというのが、現状のルールである。化石燃料としての燃料規格には、アメリカの ASTM、イギリスの Def-Stan、そしてロシアの GOST の 3 つがある。いずれかの燃料規格に適合していないと、航空機に搭載できない。NEAT において世界で唯一認められているのはアメリカの規格だけで、ASTM が出している。ASTM は現在、7 通りの SAF の製造方法を認めている。現在は化石燃料と NEAT を半々の比率で混ぜなければならないルールがあり、どちらもアメリカの ASTM の規格を取り、その上で適格燃料としての規格を取らなければならない状況となっている。

(7) SAF の必要量

　これらを踏まえて、日本の航空会社が必要とする SAF の量はどのようになるのだろうか。2019 年の実績で、世界での SAF の使用量はジェット燃料使用量全体の 0.01 ％（4 万キロリットル）であった。同年に日本で使用されたジェット燃料（日本国内の空港で給油された燃料）は、海外で搭載されたものを含まず 1,300 万キロリットルであったが、SAF は残念ながらゼロであった。

　それでは 2030 年にどれだけ必要なのだろうか。先ほどの旅行者数を念頭に、今後の生産体制を考えると、2030 年にはジェット燃料だけで 1,700 万キロリットルが日本の空港で必要になると考えている。2019 年比で 400 万キロリットルの増加となる。ところで、SAF を使用したからといって、CO_2 を 100 ％削減できるわけではない。主原料により差はあるが、平均すると、CO_2 削減率は 80 ％ぐらいといわれている。この 80 ％で割り戻すと、2030 年に必要となる SAF の量は約 500 万キロリットルとなる。経済産業省から出されている「2050 年カーボンニュートラルに伴うグリーン成長戦略」によると、2030 年には SAF の価格を 100 円台／リットルまで下げたいとしている。100 円台といっても 100 円から 199 円までとかなりの幅があるが、仮に 100 円として計算すると、

5,000 億円の市場規模になると推定している。そのまま 2050 年まで、トレンド線を延長していくと、2050 年にはジェット燃料の必要量は 2,800 万キロリットルで、その頃には SAF の CO_2 削減率も改善され 90 ％程度になっていると考えられている。ただし、世界中で SAF の供給量は（2050 年時点でも）全世界の需要の 65 ％程度までしかなく依然として不足すると予想されており、日本における 2050 年の SAF 供給量は約 2,300 万キロリットルと見ているところだ。それでも、おおよその市場規模は 2 兆円程度になると見込まれている。

(8) SAF（液体燃料）へのこだわり

　図 10.5 の右上に液体燃料が各種プロットされている。左下にリチウムイオンやバッテリーが位置している。その上に水素を含むガス燃料がある。現在のジェット燃料であるケロシンは、液体燃料だが、左下のリチウムイオン電池と比べると、重量あたり約 60 倍のエネルギー密度となる。このように高いエネルギー密度を持った液体燃料に代わるものが見当たらないというのが実態だ。例えばリチウムイオン電池で B767 の飛行機を飛ばそうと考えた場合、離陸するだけで少なくともサッカーコート 1 面分の電池が必要となってくる。また、水素を活用しようとなると、－253℃に冷却して液体水素にしなければならない。そのためには非常に強固なタンクを造らなければならず、それに連結する

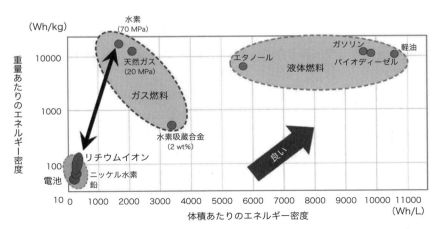

出典：資源エネルギー庁ウェブサイト（https://www.enecho.meti.go.jp/about/linksto_thissite/）

図 10.5　エネルギー密度の比較[1]

（グレー部分は 2022 年の ICAO 第 41 回総会決議事項）

Phase	Pilot Phase	Phase 1	Phase 2		
年	2021-2023	2024-2026	2027-2029	2030-2032	2033-2035
参加国	自発的参加　2021 年　88 カ国 2022 年 107 カ国 2023 年 118 カ国		後発、小島しょ、内陸開発途上国等を除いた全加盟国		
抑制 （オフセット）する CO_2 量	＝（個社排出量）×（全体の排出量増加率*）			＝（%Sectoral）×（個社排出量）× （全体の排出量増加率*） ＋（%Indivisual）×（個社排出量）× （個社の排出量増加率*）	
Sectoral（全体） と Individual （個社）	（Sectoral：100%, Individual：0%）			Sec. 80%以下 100% Indiv. 20%以上 0%	Sec. 30%以下 85% Indiv. 70%以上 15%

（＊）各年の CO_2 排出量の基準排出量（2019, 20 年の平均）からの増加分を各年の排出量で除算

出典：ANA 作成資料

図 10.6　CORSIA の仕組み

パイプも必要ということで、かなりのコスト負担がかかることになる。すなわち、なかなか液体燃料からは離れられないというところである。

（9）ICAO 第 41 回総会での見直し

　2022 年 9 月〜10 月に ICAO 第 41 回総会が開催された。そこで、以下の 3 点が決められた。

　①　LTAG：2050 年の国際航空からの CO_2 総排出量をネットゼロとすること

　②　CORSIA のベースライン：2024 年以降を 2019 年の 85％とすること

　③　個社の排出量実績を考慮に入れるのは 2033 〜 2035 年の 3 年間のみとすること

　この大幅な見直しが行われた背景には、CORSIA を世界唯一の国際航空の脱炭素の仕組みとして存続させるため、そして、先進国がコロナ禍を理由に脱炭素化に向けた努力を怠っていると見られないようにするための力が働いたからだろう。その結果、航空会社に割り当てられた CO_2 排出量削減義務（オフセット義務）の期限が前倒しになることも否めないと考えている。

（ANA ホールディングス　杉森 弘明）

10.3　海外空港の脱炭素化への取組み

　国土交通省航空局では国内空港の CO_2 削減について検討を開始している。ここでは海外空港での CO_2 削減のための様々な取組みを紹介する。

(1)　国内空港の CO_2 排出量と海外空港での削減の取組み

　航空局の試算によれば、国内空港での CO_2 排出量は2018年度で約590万トンである。これには航空機離着陸時の排出量約200万トンを含んでいるので、実際は約390万トンの CO_2 が全国の空港から排出されていることになる。

　まずエアサイドでは、航空機地上走行時に約126万トンの排出量がある。この削減対策として、走行距離短縮のための誘導路や高速脱出誘導路増設が考えられる。海外ではさらに航空機牽引車の長距離利用や、航空機エンジンを使用しない走行システムなどが開発されている。エアサイドでは航空灯火等により約2万トンの排出量があるが、これはLED照明に替えることで削減される。

　次に、駐機中の航空機からの排出量削減は、GPU（地上動力装置）やPCA（エアコンユニット）を整備し使用することが海外で促進されている。これによる国内空港の排出量は約43万トンである。

　国内空港の建物、主にターミナルビルからは約78万トンの排出量があるが、海外空港では再生可能エネルギー、特に太陽光利用やスマートでエネルギー効率の高い建物への改修など、様々な技術が導入されている。

　一方、運営面では、国内空港での航空機地上支援車両（GSE車両）からの排出量が約9万トンある。海外空港では車両のEV・FCV化が進んでいるが、重要なのは、充電スタンドや水素ステーションなどの電力供給施設整備も同時に行われている点である。また、一部バイオ燃料の活用も考えられている。

　最後に空港アクセスの改善についてだ。これが最も排出量が大きく、国内空港では約134万トンである。海外では公共交通機関へのシフトや代替手段の導入などが積極的に行われている。

(2)　海外関係機関の取組み

①　米国連邦航空局（FAA）

　米国連邦航空局（FAA）は、2004年にVALE（自発的な空港低排出プログラム）を制定した。VALEは空港改善プログラム（AIP）資金と空港施設使用料

（PFC）を財源として資金が提供される仕組みであり、主な対象はゲート電動化（GPU や PCA の設置）と電動 GSE 車両の導入および充電施設整備である。

　また、「ZEV（空港のゼロ排出車両）及びインストラクチャ・パイロット・プログラム」が 2012 年に制定された。これは、GSE 以外の車両、例えばランプバスや連絡車に加え、燃料インフラの整備が対象である。この制度で特徴的なのは、米国製品でなければ補助はしないという点である。現在日本で電動バスを購入しようとすると、ほぼ中国製品が対象となる。国内メーカーでは限られた車種しか製品化されていないため、選択肢が海外製品になるという状況は非常に残念である。

　これらの制度による年平均の助成金は VALE で約 22 億円、ZEV で約 7 億円といった状況である。FAA の AIP 助成率はかなり高く、VALE も ZEV も大規模ハブ空港では助成率 75 ％となっている。小規模ハブ空港やノンハブ空港だと 9 割の助成率ということで、こうした制度が対策の背中を押していると考えられる。なお、VALE では、排出権はすべて空港に渡されるが売買はできない。また、ZEV では、排出権クレジットは生成しないルールになっている。

　②　国際空港評議会（ACI）

　1991 年に設立された国際空港評議会（ACI）には、現在 183 の国・地域の 701 団体が加盟している。日本では成田国際空港（成田）、日本空港ビルデング（羽田）、中部国際空港（中部）、関西エアポート（関西、大阪、神戸）、福岡国際空港（福岡）の 5 社 7 空港が加盟している。

　ACI では 2009 年に、ヨーロッパ ACI によって「空港カーボン認証（ACA）」制度が開発された。これは事業活動範囲をスコープ 1 ～ 3 の 3 つの区分とし、認証レベルをレベル 1 ～ 4 プラスまで 6 段階に設定している。

　空港がこういった認証を取得する意義について、ACI のウェブサイトには、「排出量削減のための優先分野を特定できる」、「CO_2 削減に関して空港各部門との対話が強化される」、「第三者にとっても排出性能や運用・コスト効率が向上する」、「株主価値やブランド評価が向上する」と述べられている。実際、欧米・アジアの主要空港では、ACA 取得は常識化してきており、取得レベルの高さがその空港の世界的な評価になりつつあるということは間違いない。このため、今後は国内主要空港でも ACA 取得の取組みが必要となろう。

(3) 海外空港の取組み

① 太陽光発電

世界的に太陽光発電で有名な空港が、インドのコーチン国際空港である。この空港は、2015年に世界で初めて太陽光のエネルギーだけで稼働する空港となった。滑走路3,400 m、旅客数がインドで8番目である1,000万人規模の空港であり、3棟のターミナルビルや駐車場に太陽光パネルが数多く設置されている。また、約18ヘクタールの隣接地に4.6万枚の太陽光パネルが設置され、この発電量だけで、空港で使われる1.3倍の発電量がある。設置主体は空港会社で、総工費10.8億円、太陽光パネルはすべて中国製である。

インドは日射量が安定しており、6・7月のモンスーン期を除き、ほぼ一定の発電量が見込まれる。この空港では太陽光発電量が使用量より少なければ送電網から供給され、反対に発電量が使用量を上回る場合は余剰電力を送電網に供給する仕組みになっており、蓄電池は設置されていない。

米国での大規模ソーラーファームの設置事例として、インディアナポリス国際空港が挙げられる。2013年から74ヘクタールの空港敷地に約8.7万枚のパネルを設置、発電容量は25 MWで、これは米国の全ハブ空港中最大で、一般家庭3,650軒分の電力量に相当する。発電電力は15年間の電力購入プログラムを通じて、電力会社に販売されている。総工費は約70億円である。

図10.7　インディアナポリス国際空港の事例[1]

米国の駐車場での平置き事例で最も面積が大きいのはツーソン国際空港であり、2.5 MWの太陽光発電を行っている。設置者は空港当局であり、FAAのAIP助成金とアリゾナ州運輸局の資金でほぼ整備費用を賄っている。太陽光パネルは日本の京セラ製である。アリゾナは日差しの強い土地で、日よけとしての効果もある。発電電力は、ターミナルとコンコースの

図10.8　ツーソン国際空港の事例[2]

エネルギー消費量の半分以上を賄っており、経済効果が大きい。

なお、FAA は空港での太陽光パネルの反射に対して、厳しい規制を設けている。太陽光パネルは、眩しさやぎらつき（グレア）が管制塔や飛行機の最終進入に影響する懸念があるため、FAA では管制塔には一切反射光が映り込まないことと、飛行機の最終進入においてグレアの可能性がないことを検証し、その結果を設置申請書に添付するよう、2013 年 10 月の暫定政策で義務化した（2021 年 5 月に義務化の規制は緩和された）。

一方、ヨーロッパの空港では大規模ソーラーファームは少ないが、特筆すべき例としてドイツのノイハルデンベルク空港がある。この空港は滑走路長 2,400 m、年間離着陸回数 2,000 回のゼネラル・アビエーション空港であるが、空港周辺の約 240 ヘクタールの土地に、60 万枚のパネルを設置、さらに貯蔵容量 5 MWh のリチウムイオン蓄電池が建設され、2016 年より稼働している。

海外ではこのように大規模な取組みが行われているが、日本でもこうした事例を参考にしながら、地域環境や気象条件に応じて展開してゆく必要がある。

② 航空機の地上走行

次に航空機地上走行について、以下のような機材や取組みの事例がある。

1) TaxiBot：イスラエル製の航空機牽引車。パイロットがコックピットから直接操縦することができ、時速 40 km で滑走路末端まで走行可能。運用面やコスト面での課題あり。デリー空港やスキポール空港で導入済み。

2) WheelTug：アメリカ製。航空機の前輪に 2 つのモーターを付け、牽引車やジェットエンジンを使わずに、パイロット自らの操作で移動させることができる自走式ユニット。2019 年よりメンフィス空港で実証実験が行われ、2023 年にはこのユニットを付けた航空機が稼働予定。

3) Mototok：ドイツ製のリモートコントロールを使った航空機牽引ユニット。コックピットの改修やパイロットの訓練が不要。

これらは一長一短があり、世界的な普及には時間がかかりそうであるが、こうした対応が海外で積極的に行われていることには留意すべきであろう。

③ GSE 車両の EV・FCV 化

GSE 車両の EV・FCV 化について、ドイツのフランクフルト空港ではフラポートとルフトハンザドイツ航空が「E-PORT AN」プロジェクトを立ち上げ、車両の電動化に積極的に取り組んでいる。これは日々の運用のなかで車両を改良し、市場に出せるようになるまで発展させていくことを目的としている。

　GSE 車両の EV・FCV 化は、充電ステーションや水素充填施設が必要であり、これが先行しないと航空会社は車両を導入しにくい。ヒースロー空港では空港内に多数の充電ポイントを設けているが、新たな充電ポイントは空港会社に申請し、設置依頼するシステムが構築されている。EV や FCV 車のメリットは、燃料供給施設まで給油に行かなくても、ハンドリング場所で充電できることや、停車中に充電できることであるが、そのためには相当数の充電ポイントを作る必要がある。しかし、こうした施設の先行整備は航空会社としては荷が重いため、空港管理者や自治体等の支援が必要である。

　もうひとつ、GSE 車両 EV 化推進のための「アメとムチ」の政策として、ロサンゼルス国際空港が 2019 年に設定した「サステナビリティ・アクション・プログラム」がある。まず「アメ」の政策として、航空会社やハンドリング会社が、既存の GSE 車両を電動車両に交換する際、購入額差額分を補助することとした。一方、「ムチ」の政策として、3.8 トン以上の大型ディーゼル車は、13 年以上経過したもの、または 50 万マイル以上走行した車両は運行できないという規定を設けた。また、2019 年 4 月までに、代替燃料車への置き換えを一定の条件下で履行しない場合、ライセンスや契約を取り消すこととした。GSE 車両の導入時期には、こうした政策は有効であると考えられる。

　④　空港アクセス

　イギリスでは 2018 年 6 月に議会が「空港国家政策声明」を出し、そのなかで 2030 年までにロンドン・ヒースロー空港の公共交通機関利用率を 50 ％に増やす方法を提示するよう指導した。これを受け、同空港は 2019 年 5 月に空港の中に超低排出ガスゾーンを設けることとした。アクセス車両の最低排出基準を設定し、基準外の車両には 10 〜 15 ポンドを徴収する計画であった。しかしその後、新型コロナウイルスの流行による旅客減少により、これに代わる政策として、コロナ禍回復時に自動車主導のアクセス交通増を防ぐという名目で、カーブサイドのドロップオフゾーンというエリアで降車する場合、すべての車両に 5 ポンドを課金することとした。既にイギリスでは、9 つの空港で同様の課金（FAC）が行われており、2020 年度の課金収入は約 150 億円程度と見込まれている。徴収した収入は当面は損失の補填に充てられるが、将来的には持続可能な交通機関への投資や、旅客利用料引下げに使うとされている。

　なお、イギリスでは市内に超低排出ゾーンが設定され、大型バスは、基準に満たない場合 15,000 円払わねばならない。イギリスではこのような考えが社

会的に受け入れられているため、空港でのFAC制度が実施可能であると考えられる。

　また、オランダは自転車利用が盛んな国であり、アムステルダム・スキポール空港では66,000人の従業員のうち、既に約4,000人が自転車通勤者である。空港会社が2040年末までに自転車通勤者1万人まで増やすサイクリング推奨計画を立てた。このために、手当の支給、自転車購入費の税制優遇、電動自転車の貸出しに加え、空港と市内の中心部を結ぶ間に自転車専用道を作ることまで行っている。このように地域の文化風習等を踏まえることで、地域の人びとに受け入れられやすいアクセス交通の改善が実現している。

　⑤　その他の取組み

　CO_2削減に関する独自の取組みとして、GSE車両レスのハンドリングが挙げられる。1990年代にスウェーデンのストックホルム・アーランダ国際空港ではGSE車両を一切使わないシステムが開発・運用されていた。この考え方は現在も継承されており、カーボテック社はエプロン地下に供給設備を設け、ハンドリング作業をエプロン上のユニットで行うシステムを提唱している。

　もうひとつは、本年9月にFAAとNASAが、航空機地上走行の遅延やエプロン混雑を最小限にすることで、CO_2を削減するソフトウェアを開発したことである。4年間の実証実験で航空機燃料削減とCO_2削減効果が確認されたことから、FAAは今後このプログラムを国内27の主要空港で展開することを決定した。これは、インフラを改良せずCO_2削減することが可能な取組みである。

(4)　今後の取組みへの期待

　多くの海外空港では、国と地域と空港管理運営者が力を合わせ、航空会社の理解と協力を得ながら、CO_2削減に向けた様々な取組みを行っている。こうした対応の背景には、多くの関係者に共通する「何としても削減目標を達成せねばならない」という強い意志が感じられる。

　今後、わが国においても空港脱炭素化に向け、国、地域、空港関係者、企業が連携を強化し、世界の空港をリードするような革新的な技術開発や取組みが行われることを、心から期待している。

（みなと総合研究財団　笹川　明義）

第11章　空港と災害

11.1　災害時の空港の運用継続

　日本は多種多様な自然災害が襲ってくる世界でも稀な国である。阪神・淡路大震災や東日本大震災など記憶に新しいものがあるが、過去にも多数、全国で起きている。地震に伴う津波も大きな被害をもたらし、それ以外にも台風、高潮、豪雨災害も毎年のように起こっている。さらには洪水、土石流、豪雪、火山の噴火もある。このように非常に多くの災害が襲ってくる。

　世界的に見ると、ヨーロッパでは南部は地震が起きるが、北部では珍しい。洪水もドイツでは見られるが、日本のような土石流や、豪雨はあまりない。火山の噴火も限られたところである。アメリカも、西海岸のカリフォルニアでは地震が起こるが、ハリケーンはあまり来ない。同じ場所や地域に多種多様な災害が起きるのは、日本の特徴であり、まさに「災害大国」といえる。

(1) 空港の災害被害

　2011年の東日本大震災では、近隣の空港も大きな被害をうけた。仙台空港と仙台ヘリポートが水没し、使えなくなった（図11.1参照）。その他、福島空港では管制塔のガラスが割れ、花巻空港や茨城空港ではターミナルの天井が落下する被害があったが、空港の運用は可能であった。

　関西国際空港（以下、関空）の2018年台風第21号による被災は、衝撃的だった。これまでの空港被災は地方空港がほとんどであったが、大規模空港でターミナルまで浸水し、電源も喪失する事態となった。さらに、船舶の衝突によりアクセス道の橋梁が使えなくなった。その1週間後に、北海道胆振東部地震が発生した。空港自体に大きな被害はなく、店舗の装飾部分が落ちた程度である。問題は、道内

出典：海上保安庁ウェブサイト[1)]

図11.1　仙台空港の被災状況

全域で停電となり、新千歳空港ターミナルビルは非常用電源に切り替えたが、備蓄燃料が枯渇して電源喪失の寸前まで陥った。幸い送電は再開されたが、もう少しで被災者を守るための諸活動ができなくなる状況が実際に起きていた。

(2)「災害と空港」研究のアウトリーチ

　東日本大震災の発災後2〜3週間経って、東北の空港と港湾を現地調査した。通常の空港業務はエアラインの運航が中心であるが、非常時は様々なことが行われており、この特殊な活動の実態は課題も含めて記録し、今後の災害時の空港運用に活かす必要があると考え、研究をスタートさせた。数年かけて調査し、書籍にまとめたのが『災害と空港　救援救助活動を支える空港運用』[2]である。出版が2018年で、関空や新千歳空港等の被災はまだ起きていない。当時は、大規模空港が被災し大変な危機となるとは全く予想していなかったが、その後、航空局の「主要空港の大規模自然災害対策に関する検討委員会」等の活動を通じて勉強した大規模空港の災害対応について『航空・空港政策の展望　アフターコロナを見据えて』[3]に寄稿した。これらは、災害時の空港に関する研究成果を一般社会へ還元すべきとの思いもあって書籍にしたものである。

(3) 航空局対策のアップデート

　以前は地方空港における災害対策が中心であったが、関空や新千歳空港の被害を受け、航空局が主要空港の大規模自然災害対策に関する検討委員会を立ち上げた。ポイントは、国内における自然災害が多発化・多様化・激甚化していることである。阪神・淡路大震災後は主に地震、東日本大震災後は地震と津波への対策を中心に行ってきたが、その後、台風等多様な自然災害を想定せねばならなくなったことも背景にある。大規模空港において機能不全が起き、物流への影響が大きく日本全国広範囲であったことが、空港災害対策アップデートの契機である。電力への依存度が高く、電力がなくなると何もできなくなってしまう現状を考慮すると情報の一元化が必要となる。さらに、外国人は日本人と違う感覚・価値観を持ち、言葉の問題もあって、どのように避難誘導するのか、といった課題もある。空港の運営主体も多様化しているから、そこも考慮しなければならない。これら3つの方向性については、後述する。

　まず、緊急に着手すべき課題は、BCP（事業継続計画）である。なかでも空港のBCPとしてA2-BCPを策定することとした。この「A2」とは、アドバン

スト・エアポートの頭文字である。重要なのは、エアポート（空港）単位で作られることである。通常のBCPは、会社組織単位で作られるが、空港へのアクセス交通含め、周辺地域を含む単位で作っていくことがポイントになる。アドバンスという趣旨は、先進的なことを次々進めるという方向で、通常のBCPではない、という思いが込められている。A2–BCPを各空港で作り、利用者視点を重視して、しっかりと見ていきたい。A2–BCPは、実効性が重要である。

(4) BCP のポイント

　通常のサービスレベルから、発災すると急激に機能が落ちてしまう。それをいかに上げていくかが、BCP活動になる。平常時のサービスレベルから落ち込んでいる部分を、できるだけ小さくすることがポイントである（図11.2参照）。

　事前の備えとしては、国土強靱化で様々なハード整備が行われている。しかし無尽蔵に資金はないから、守るべきもの、つまりBCPの目標、被害想定の予測、災害イマジネーションがA2–BCPにおいては非常に重要である。災害が起こると「想定外」という言葉が一人歩きするが、それはイマジネーション不足であることを、きちんと認識しなければならない。何が起きるかはわからなくても、機能を失うことはあり得る前提で、その機能を失ったときにどう対処するか、しっかりと想定することである。この目標と予測の差が被害想定になり、この差を小さくするための事前の備えが強靱化対策という整理になる。

　東日本大震災時の仙台空港のように、滑走路が津波に飲まれるような状態になってしまうと、復旧に1カ月以上はかかってしまう。福島空港のように管制塔のガラスが割れた程度であれば、応急措置により数日後には使えるようになる。実際、東日本大震災のときは、管制塔は余震で常に揺れて酔ってしまうほどで使えなかったが、ハンディ無線が準備され、庁舎の方で対応できた。福島空港は

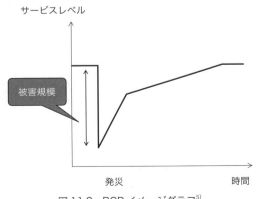

図11.2　BCP イメージグラフ[5]

航空管制官が配置されていないレディオ空港なので、応急的な対応ができていたということである。このように被害規模をなるべく小さくするための施策を、国や地方、運営会社でも常に行なっていかなければいけない。

次に、横（時間）軸をいかに短くするか、まず応急復旧のレベルまで、早急に回復させる必要がある。その先は、どうしても時間がかかる。応急復旧までの目標時間については、新潟県中越地震の被災を経験し、わが国では基本的な目標として、民航機の運用を 72 時間以内に再開すると決めた。確保すべき機能は、日常機能としての旅客・貨物輸送である。さらに、予測と目標の差から、復旧の方法・手順つまり壊れてしまったものをどうやって復旧するかということも事前検討が必要である。避難計画・早期復旧計画のひな型を策定する際、BCP に近い形で、いかに短期間で復旧するかが必要であり、必要な資材等の備蓄やその後の調達についても、調整の必要があることを整理した。

筆者が実際に被災地の空港を視察した際に最も驚いたのは、日常の活動以外のことが非常に多く行われているということであった。避難滞留者が多数おり、つまり被災時に空港で長時間足止めされた方々に、どう対応するかということである。もちろん、初動は避難である。被害に遭わないようどう避難誘導していくかがポイントになる。市街地ビルと同様、空港でもこういった備えは非常に重要であり、その後に滞留者対応が必要になる。

次に、救助救援活動である。救助救援活動のためにヘリコプターはじめ多くの機材が飛んで来るので、空港としてこれらの受入れ対応をする必要がある。地上交通網の復旧が遅れると、都市間移動の代替交通は航空に頼らざるを得ない。単に平常時に戻すだけでなく、非常時・復旧時のプラスアルファ機能も考えないといけない。例えば、東日本大震災は午後 3 時頃に起きたが、同日夕方には全国、特に西日本からヘリコプターが東北の空港に集まっていた。この救援方針は事前に決まっており、消防庁や警察のヘリコプターは大地震が起きたら指示がなくても出動する。同日日暮れ前に、福島空港やホンダエアポートまで来ていて、翌朝日の出とともに花巻空港などへ続々と入っていった。仙台空港が津波被災で使えなかったため、宮城県の沿岸部へは山形空港から往来を繰り返すことが行われていた。花巻空港も福島空港と同様、内陸にあるから沿岸部程被害は大きくなかった。空港側の受け入れ状況は、花巻空港が通常 10 便／日くらいの離着陸しかない空港であるが、3 月 12 日には 124 便、13 日は 130 便を受け入れている。大規模空港並みのトラフィックである。これを小さ

な空港、少ない人員体制で処理した。ヘリコプターではあるが、非常に大変だった。

　もちろん空港の関係者だけではできない。消防は自前で空港を運用していた。このような連携のもとで、トラフィックの急増に対応した。福島空港や花巻空港で30〜40機のヘリコプターが駐機できるほどの多くのスポットはないため、臨時で草地を活用した。福島空港で草地にスムーズに駐機できたのは、前年に消防の大規模訓練が行われ、福島が訓練対象県になっていたためである。このときに東北地方からたくさんのヘリコプターが飛来し、草地に着陸・駐機可能かチェックしていた。穴等があると機材が転倒する。また、駐機できても給油車が機材に横付け可能かもチェックしていたため、スムーズに運用できたのである。これを教訓として、非常時の運用を想定した訓練や準備が必要であることを提言してきた。

　仙台空港は民航機運航の復旧まで約1カ月かかったが、他の空港は発災当日から運用できている。それに比べ、東北道・常磐道の復旧には、1〜2週間くらいかかった。新幹線は一部動いたが、しっかり使えるようになったのは1カ月半後であった。災害時、地上の交通ネットワークは、どこかで切れて寸断されてしまうが、航空は機動性があり、空港さえ守り使えるならば運用できる利点がある。

(5) 実効性を高めるポイント

　検討委員会では、「災害イマジネーション」を強調していた。あらゆる想定が必要で、電力喪失や外部リスクも含め考えねばならない。2018年に台風第21号の影響で関空の連絡橋にタンカーが衝突する事故が起きたが、台風の他にも何らかの原因で橋が使えなくなることを想定しておくべきである。近年の気象変化は激しいので、10年前、20年前の設計基準で、1/50年確率で決めている基準値は見直す必要がある。確率は同じでも、例えば護岸高の基準値自体は災害の激甚化に対応して見直すべきである。

　それから、被害の及ぶ範囲も考えておく必要がある。空港本体に限らず、すべてのステークホルダー（利害関係者）にどんな被害が及ぶかまで議論した。そうなると、災害時にどうガバナンスを取るかがポイントになる。空港は閉じられた空間ではなく、都市の活動と同様、店舗もあれば事務所もホテルもある。小さな都市としてのBCPを作る概念を取り入れた。そのなかで、誰がガ

バナンスをとるのか、責任を負う統括責任者は空港長として整理をした。

　多種多様なステークホルダーがいるから、平常時からの関係性を強化しなければいけない。エアライン・空港会社・管制などそれぞれでひとつの完結した活動が行われている。平常時は、これら主体間で連携を取りながら活動をして、一度決めたことをその通りやっていれば、ある程度進んでいくが、災害時は異常な状況であるから、普段起きないことが起きる。これに対処するには、主体間の情報連携をより密にする必要がある。まず情報の一元化が基本である。専門的に言うと「システム・オブ・システムズ」の概念である。

　また、ガバナンスというと、上意下達的なイメージであるが、現場力も重視した。OODA とは、米海兵隊で使われる「ウーダループ」といい、オブザーブ（観察）、オリエント（状況判断）、デシジョン（意思決定）、アクション（行動）の頭文字である。オブザーブ（観察）については、海兵隊では感じ取りなさいと鍛えられるそうで、調査データに基づいてではない。次にその感じ取ったものに対して、何をすべきか方針を決めるのがオリエント（状況判断）である。方針を決めたら動け、動かないと意味がないと、世界一強い軍隊といわれている米海兵隊では、現場がその場ですぐ動くことを徹底して鍛えられる。これは、災害時にも当てはまると考えられるが、ガバナンスと現場判断をどうバランス取るかが、難しい問題である。

　2019 年台風第 15 号の際、成田国際空港は、空港自体に被害がなかったが、高速道路の不通も含め、アクセス交通はすべて止まってしまった。一般道は通行可能でタクシーは動いていたことになっているが、道路交通の実態は定かではない。空港アクセス交通については、一般道の動きを見ながら、都市における緊急輸送道路の指定を活用した災害時交通マネジメントを実行する必要があるのではないか。メディア等で指摘された問題は滞留者であったが、実は従業者（例えばパイロットや CA）の出勤に支障が出て、人員不足が原因で航空機運航や関連業務ができなかった。エアラインだけでなく、地上業務、物流業も含め、空港機能がすべてに影響を与えた事例である。

　災害時の統括マネージメントの事例として、クライストチャーチ国際空港では、地震被災を経験し、それを契機にエマージェンシーセンターという小屋を建てた。何か非常事態があれば、ここに関係者が集合し皆で情報共有・状況判断し、現場へ連絡・指示することになっている。建屋はフェンス際に建てられており、外からすぐ制限エリア内に入れるようにして、制限エリアの中と外両

方から行き来ができるような立地になっている。消防や警察など地元の関係者も集まれる。車で来てそのまま入る想定である。

　復旧目標について、大規模空港は72時間ではなく、なるべく早期としている。成田空港は24時間、新千歳空港も24時間とし、独自の目標を立てている。新千歳空港は、北海道胆振東部地震の際、外国人を含めた滞留者に対する手当が非常によかったと評価されている。毎年の大雪の影響で被災時と同様の状況を経験しており、それが地震被災時に活かされたのである。

　災害自体は頻繁に起きないが、過去の知見を非常時に活用できるようにしておくことが重要である。訓練等でしっかり備え、強い空港を作っていかなければならないし、普段から各空港で実際に経験した知識・知見の共有化をしていることが有効である。　　　　　　　　　　　　　　　（日本大学　轟　朝幸）

11.2　主要空港被災時における国際航空物流機能の確保

　航空分野において、災害時にまずは安全確保の観点から旅客が最優先されるが、劣後しがちな貨物（物流）も重要である。災害時、非常時の空港における物流の動きについて国の取組みを説明する。

　東日本大震災後には、旅客だけでなく貨物輸送のためにも、仙台空港の代替先として花巻空港の離着陸が増えた。また、2018年の台風第21号での関西国際空港被災時にも問題が生じた。関西空港では滑走路や貨物ターミナルが浸水し、貨物取扱は全面的に停止し、国際航空と物流は、中部空港、羽田空港、成田空港に集中した。このとき、成田空港では通関に数週間を要する貨物が発生し、未解体の航空機用コンテナ（ULD）が成田空港では1,300台、羽田空港では1,000台、未処理のままで滞留した。災害時に空港の物流システムをどう維持するのかは、経済活動に大きな影響を与えることとなる。

　そこで、国土交通省としては、エアラインや空港会社、貨物上屋会社だけでなく、関係する物流事業者を集めて検討会を開催し、主要空港が被災した場合の代替輸送実施のための連絡調整ガイドラインを策定した。

　空港物流には、ステークホルダーが非常に多い。エアライン、上屋会社、フォワーダーがいる。そして大家の空港運営主体がいる。さらに、トラック事業者が搬入・搬出する。したがって、関係する事業者全体での非常時の連絡体制の構築や役割分担が必要になる。また、被災時には、代替空港に次々と貨物が行ってしまう。輸入の場合、エアラインは早く貨物を降ろしたいが、国際航

図11.3　2018年台風第21号による貨物上屋の
被災状況

空貨物であるから通関を伴うわけ
で、様々な処理や手続きが必要と
なる。貨物の処理を代替先におい
てトータルで受け入れられるよう
にしておかないと、物流システム
としては成り立たない。そこで、
少なくとも必要最小限の共通認
識、今後の取組みの方向性を定め
るべきというのが、ガイドライン
作成を行うに至った経緯である。
　実際の被災空港の状況を見てみ
る。図11.3は、被災時の関西空港である。このような状態で水没し、全便運
休状態が続いた。フェデックスのみ若干早く再開することができたのは、同社
の貨物上屋がこの場所になかったからである。このときは、電気系統も全部麻
痺、水も止まってしまい、ほとんどこの貨物上屋での貨物は取り扱えない状態
が続いた。

(2) 被災時の国際航空物流維持の必要性と方策

　羽田空港では、エアサイドにULDが積み上がってしまった。貨物上屋の規
模は平常時の稼働規模を想定し、事業として成立するように整備されている。
したがって非常時におけるスペース面での余裕はそれほどない。一般的に、被
災時など非常時にはスペースが不足し、制限区域内を含め、置けるところに
ULDを置くしかない状態になる。一度に大量のコンテナなどを仮置きすると、
今度は探すのも大変であり、どこに置いたかわからない。誰がどう引き取るの
か、貨物を引き取るフォワーダーも混乱する。このような状態を早く収束させ
なければならないが、被災当時は対応方針や対策が各社それぞれで、全体と
して初動ができていなかった。さらに大混乱したのが、代替輸送先となった成田
空港、羽田空港の両空港における国際航空貨物の取扱いであった。旅客は口に
出して直接文句を言えるが、貨物は文句を言えないため、後で荷主やフォワー
ダーが直接的な被害を受けることとなる。輸送貨物ではエアラインは貨物を降
ろして上屋に入れフォワーダーに渡すところまでが業務範囲となるが、非常時
の取扱いについては難しく、ステークホルダー間では責任についてトレードオ

フの関係となりやすい。関係者間で不具合が誰の責任かという問題も生じる。そこで貨物取扱いについて、全体最適を目指す必要があり、それぞれの役割や対応方策を用意する必要がある。

　また、施設の整備だけでなく、従業員が出勤できなければならない。さらに、担当すべき機器も適切に揃えられていないとならない。GSE 車両も水没したら動かなくなる。デッキローダーが新たに必要となっても、他空港から持ってくるのは簡単ではない。それぞれの空港間で機器を含めて準備しておく必要があり、非常時の航空物流を他空港で代替するのは思いのほか大変である。

(3) 被災時代替輸送実施のための連絡調整ガイドライン

　検討メンバーは主要空港管理者、航空会社、航空上屋会社、一般社団法人日本航空貨物運送協会、定期航空協会、国土交通省等であるが、関係者がこのようなテーマで集まったことはこれまでになかった。それぞれでバラバラに検討していたので、少なくとも情報共有の方法、非常時における考え方や対応方策について、共通認識を持つためのプラットフォームが必要になる。実践的なことを行うためには、このような連絡体制の実務的な場が機能し、論点や課題を明確にして、それぞれがある程度合意したうえで方向性を作らないと、具体的な対応は先に進まない。ガイドライン策定に際しては、主要空港間において代替空港としての役割も含めた形での支援する枠組みを考えねばならない。

　初動・応急・復旧といった段階に分けて、全体で考える。なるべく混乱しないように、事前にできることは調整しておく原則としながら、協調体制の枠組みを作ってみようと試行したものである。

　相互支援の際、被災当初は混乱しているので、まずは安全確認と被害規模を最小化することが必要となる。第一に、安否の確認を含めて、最低限の情報共有はしっかり行う。第二に、応急対策の段階では、インフラの状況を踏まえて、場所や機能を確保する。復旧の段階ではかなりの時間がかかる。一旦動かすと元に戻さなければならず、段階的にしっかり考えていかなければいけないことから、このように手順を検討した。

　何が具体的にテーマになるのか、それぞれのステークホルダーとして参加している委員から出してもらい、検討した。このようにステークホルダー間でキャッチボールを行ったのは初めてであった。実際にどう対応するのか、誰が

中心になってどう行っていくのかは、まだ解決されていない。物流というのは基本的には民間同士の仕事であり、行政がどこまで何を踏み込むのかという懸案もある。成田空港や中部空港、関西空港は空港セクターであるが、羽田空港は国直轄であるため、空港全体の運営主体として誰が中心となり、連絡体制を構築するのか、という現実的な問題もある。また、準備には費用もかかり、人的な業務量という課題も出てくる。

　旅客の場合は、費用については、旅客サービス施設使用料（PSFC）の中に入れる方法もあるが、物流の BCP にかかる費用負担の考え方は難しい。受益の構造と危機管理のコストも、物流という経済活動では重要なポイントになってくる。トレードオフなので、一部にしわ寄せが行かないようにしなければならない。

　「主要空港が被災した場合の代替輸送実施のための連絡調整ガイドライン」[1]が国土交通省により公表されている。この検討のなかで、国際航空物流を維持することの必要性を再認識した。首都圏空港には 7 割が集中し、わが国の国際的な経済活動の本当に重要なところになっている。

　コロナ禍で様々な動きがあったが、実は、より成田空港への集中が進んだのが 2021 年度である。現在、成田空港では 260 万トンまでの貨物を取り扱える。羽田空港と成田空港を合わせて 300 万トン弱まで取り扱うことができる。ここに、もし何かあったらどうするのか、ということを真剣に考えておかなければいけない。関西空港にしても、中部空港にしても、どう補完あるいは連携して使っていくのか、考え方を整理する必要がある。成田空港は発着枠 50 万回に向けた計画が進むが、冒頭に述べたように、施設の余裕をどうもたせるのか、ある程度緊急時の対応ができるスペースの取り方が大きなテーマになる。羽田空港と成田空港の関係では、両空港が有効に機能する必要がある。貨物の横持ちをどうするのかを含め、取り組んでいかなければならない課題もあり、平常時・非常時両方で共通するテーマもある。どのような場合においても、日本の国際航空物流は、少なくともここまでは大丈夫だ、という範囲を作っていくことが重要である。何割の取扱いを、どの期間において維持できるか、このような考え方を少しでも進めることが重要である。わが国全体で、国際航空貨物についても冗長性の確保を考えておかなければいけない。国際拠点空港間の補完だけでなく、例えば、地方空港の活用という方法もあるかもしれない。現実は難しいが、少なくとも地方空港まで含めた国際航空物流の受入のあり方につい

て、BCP の考えも入れて、施設計画等を進めるべきである。

（日本総合研究所　岡田　孝）

11.3　ワーカブルな危機管理体制づくりに向けて

　中部国際空港における自然災害や航空機事故など、様々な危機に対して、どのような取組みを行っているかについて述べる。

（1）所管組織

　以前は防災や危機管理系業務は、概ね3つの部署に分かれ、それぞれの所掌のなかで対応する体制になっていた。

　第一に、空港運用部の保安・防災グループが防災計画全般を策定し、空港運用に関わる危機事案、例えば航空機事故やハイジャックなどの非常時に対する訓練企画・危機管理を行っている。第二のセントレア・オペレーション・センター（COC）は、24時間空港である中部国際空港の運用を担うオペレーション部門である。保安・防災グループは9〜18時の勤務体系であるが、COC は365日24時間稼働している。実際に何か事案が起こったときの初動は COC が担っており、発災時にまずどう動くべきなのかについて、COC が独自に検討する体制である。加えて第三に、会社の危機管理という観点から、総務部も関わってくる。愛知県からの出向者とのつながりのなかで、県から防災系の諸計画策定の要請を受け、総務部が対応してきた。

　しかし、三者それぞれが取り組むと、実際に機能する際の実効性という、ワーカブルなものとはならないため、2020年7月に空港運用本部付防災危機管理担当が発足した。これは、約10人の組織で、人的資源を集約した。各部署にいたプロパー社員4人と、国や自治体、名古屋市消防局、愛知県警からの出向者で構成される。その後、2022年1月に主に空港内の制限区域内の安全を担っていた安全推進室と統合し、総合安全推進室を発足させた。空港内の安全に、防災という要素も加味した総合的な安全活動を推進する趣旨で、航空局からもこういった観点での取組みが推奨されている。

　実際に危機事案が発生したとき、初動は COC が対応するが、危機が発生すれば、社内規定に則り危機管理本部を立ち上げる。その事務局は、総合安全推進室と総務部が担当する。直近の事例としては、新型コロナウイルスの影響が出始めた2020年1月に危機管理本部が立ち上がり、一緒に共同していくとい

う意識が定着してきているところである。

(2) 災害時の対応計画

　災害については、「緊急時対応計画」を策定している。その対象は国から安全に関するガイドラインが示されており、例えば大規模な自然災害、航空機事故やハイジャックなど、空港特有の災害である。それらに対応計画を練り定期的に訓練を行う形で運営している。

　自然災害への対応は、2020 年 9 月の A2–BCP の国のガイドラインに沿って、当空港固有の事情・状況を反映した BCP という形で制定している。コンセプトとして、第一に「いつ災害が発生しても空港機能が維持できるように」、第二に「どのような自然災害が発生しても空港機能を維持する」、そして第三に「実際に使えるワーカブルな計画とする」という 3 点を主要な点としている。

　第一の「いつ発生しても」ということであるが、当然ながら自然災害は休日や夜間に発生する可能性もあり、平日の昼間とは限らない。その観点から、24 時間 365 日空港運営に当たっている COC が、初動を担う体制としている。まずはミニ対策本部のような位置付けでスタートする。

　通常、空港運営にあたっては、自然災害と呼ぶレベルの事象はほとんどない。中部国際空港の場合、幸いにも過去から大きな災害には見舞われていないが、小さなイレギュラー、トラブルは日常茶飯事で起こる。例えば、オイルが機体からリークしたことや、地上勤務者が PBB に轢かれ両足を切断してしまう事故などもあった。そのようなトラブルに対しても、COC が基本的に中心になり、必要な関係機関や関係部署と連携を取りながら、事案に対応する仕組みとなっている。したがって、平常時に、例えば救急要請があったり、ボヤがあったりという場合には、当然消防や警察と連携を取る。CIQ や管制など飛行場の運用に関する面では、CAB、航空会社、鉄道が不通になる場合は名古屋鉄道との間にホットラインを設け、不通から復旧までの情報をやり取りする。こういった日常的な連携活動を行っている。

　この体制をもとに、仮に自然災害、大きな災害が発生したときも、何か特別な体制や仕組みを一から立ち上げることなく、COC を核にして連携を取る。大規模な災害の場合、空港島外の関係機関、例えば愛知県や国土交通省、あるいは外国公館、鉄道会社本社、道路公社など外部機関をより大きく巻き込みながら、平常時の体制を少し拡張していく形で、危機管理の運営を行っていく。

　第二の、「どのような災害が発生しても」という観点であるが、以前、中部国際空港において、過去最大値の雨量や風速により、大きな被害があった。地震については、県の被害想定をベースに、自然災害への対応計画を前提としている。津波に関しては、空港の周囲が数十cm程度浸水する想定であり、東日本大震災時の仙台空港のような強烈な津波被害は想定していない。むしろ、高潮による浸水の方が、中部国際空港では被害として大きいと試算されている。A2–BCPの発想として、被害想定をベースにした考え方であると、どうしても想定外が出てきてしまう。その被害によって空港のどういう機能が損なわれるのか、例えば電力が喪失するのか、上下水が止まってしまうのか、そういった機能喪失に対する対応計画を作り、それらを組み合わせることによって、どのような災害が起こったとしても、対応できるコンセプトになっている。

　復旧については、まず24時間以内に一部でも再開できるような体制を目指す。復旧といっても、実際には、物を直すような時間はないのだが、保安検査では、通常の検査機器を使った検査ではなく、通常の機器によらない検査を行って保安検査に代えるなどの形で目標を置いている。

　コンセプトの第三の「使えるBCP」では、開港してから約17年の間に、実際に上手く対応できなかったことについて、反省点を踏まえ今後どのような対応をしていくか、BCPの中に組み込むことで、同じことがもう一度起こっても対応できるような形で取り組んでいる。例えば、開港初年度に大雪が降り、当時の想定では名古屋市内から除雪機材を持ってくる前提であったが、市内からの道路も積雪し、除雪車両が到着できなかった。結果として、欠航226便となってしまった。このような失敗の経験を踏まえ、空港内で除雪機材を持つとか、航空会社やグランドハンドリング会社を毎年集めて今期はどういう除雪体制でいくか、話し合いを行っている。

　また、定期的に訓練をして、BCPの有効性を確認している。ここまでは、通常のBCPの取組みである。

(4)　ワーカブルなBCPとするための取組み

　空港で想定される事故や災害については、国からガイドラインが示されており、対応計画は一通り策定できる。それに沿って訓練を行っているが、2020年に防災の部署を集約し、新しい組織が発足した際に提起された最大の問題意識は、対応計画が絵に描いた餅になっているのではないか、ということであっ

た。訓練についても、見せるための訓練になっていないか、実際に発災したとき本当に計画通りに動くかという懸念があったことから、抜本的に見直そうとしてきた。

①　対応計画

実際に発災したときに、どのような具体的事柄が起こるかを徹底的に考える、というテーマで、2022 年 5 月、空港内で A2-BCP の総合訓練を行った。このときの想定は、南海トラフで西側半割れの地震が起こったというものである。西側半割れの場合、西日本各地が震度 7 と大津波で大変な騒ぎになっているが、当空港は震度 4 程度という予測のため、ほとんど被害がない、という状況を想定している。

例えば、滑走路で離陸を待っている飛行機が、既に管制から離陸の許可が出ているなかで、誘導路には他の出発機や到着機があり、乗客が搭乗中の機材もある。こういったシチュエーションを設けて、管制・航空会社・グランドハンドリング会社で、図上の検証という形で訓練を行った。

津波が来ることを想定すると、まずは「1 機 100 億円以上する非常に高価な航空機を飛ばせられないか」との意見が出たが、震度 4 以上の地震の場合、空港会社が滑走路を点検するルールになっている。そこで、「点検は 15 分ぐらいで終わるから、すぐやればよい」という意見が出る。しかし、東日本大震災の経験者から、「一度点検しても、また震度 4 程度の余震があれば、再度滑走路の点検をしなければならなくなる。実際にはそういう点検をして、安全だから飛ばすということはできないのではないか」という意見が出た。あるいは航空会社も、飛ばす・飛ばさないは機長判断であり、ここは今飛ばしてしまおうという判断をする機長もいれば、リスクは取れないと判断する機長もいる。仮に滑走路に亀裂があるかもしれないから、戻るという話が出たとする。航空機がスポットに戻ってきたとき、旅客をターミナル内にすぐ誘導できるかというと、航空機がスポットインする際にはグランドハンドリングの方の地上作業がなければ、PBB を移動することもできない。旅客を安全に避難させることもできない。大津波警報が出たら、それぞれの会社のルールに沿って避難するので、ある程度時間が経ってから、やはり戻りたいとなっても対応できない。であれば、航空機から脱出シューターを使って、旅客を空港に降ろして逃がすしかない、との意見も出る。では、地上に降り立った旅客が、建物内にどこから入ればいいのか。空港会社が地上の扉をパニックオープンさせることはできた

としても、方々に散らばった旅客をどう誘導するのか。このような形で次々と具体的な問題が噴出して、結局このときの訓練では、方針決定には全く至らなかった。これを踏まえて、同年8月までは、管制やエアライン、地上ハンドリングなどそれぞれの当事者のなか（分科会）で、まずどういう動きにするか議論して決めて、それを同年9月に持ち寄るという形で終わっている。つまり、ある会社や機関だけではまったく解決しないという典型であり、主体間の連携をどう取るかというところが重要である。エアラインにしても、ANAやJALのように1日何便も運航している会社や、1便だけ折り返すような外航など、各社事業は様々である。外航によっては、空港業務を他社に委託し、自社職員を配置しない場合があり、連携の取り方が課題である。なかなか容易ではないということを再認識した事例であった。

　次に、空港会社独自の取組みとして、特にプロパーを中心に、自然災害の経験がない部分をどう補うか、というものがある。具体的には、避難所運営ゲーム（HUG：ハグ）がある。避難所の受付事務局という立場で、多くの旅客をどのように避難所の中に配置割し待機させるかというゲームである。ゲームでは、イベントカードといって旅客からの様々なリクエストや苦情がくる。例えば、スマートフォンの充電、トイレが詰まった、隣の人が咳込んでいて不衛生だからどうにかしろ、などである。こういう苦情やリクエストを5分おきに、次々と事務局に提示する。そうすると、最初はゲームだと軽い気持ちで行っているものが、だんだん表情が強張ってきて、20〜30分ぐらい経つと、もう泣き出しそうになってしまう。そこでゲームエンドとなるが、その振り返りが大事なのである。問題に対処するためには、例えば施設・設備のことを熟知して、ここのトイレが詰まっていたらどこに誘導するとか、備蓄品に簡易トイレはあったか、といった確認を行う。そうして実際の発災に対応していこうというものである。このHUGを、新入社員を対象に行っている。空港会社に就職したからには、指定公共機関として、こうしたことが発生し、具体的にこんな旅客対応が求められる、ということを研修カリキュラムに取り込み、ゲーム形式で学んでもらいながら、防災意識を高めている。また、中堅以上の社員には防災担当は空港運用部門であるという考え方があるため、この意識をどう変えていくか、非常に苦心しているところである。

② 訓　　練

　訓練については、見せるための訓練になっていないかという問題意識があっ

た。対処策として、実働訓練の前にしっかりと図面上で駒を動かしてみること
に力を入れている。例えば、航空機事故が起きたときには消防車で駆けつける
が、様々なスキルを持った人を色分けした駒にして、実際の時系列で次々に起
こることに対応して、駒を動かす。すると必ず途中で、人が足りない、また
は、人はいても、例えばタワーと交信できるスキルを持った人でないと解決で
きないということが、具体的に明らかになる。そこに実際に起こるような困り
ごとを状況付与という形で与えて、発災したときに起こり得る事態をイメージ
できるような形での訓練としている。2022年5月に実際に訓練を行った。初
動から30分間をシミュレーションするということで始めたが、このときは1
時間かけて初動から5分程度までしか進められなかった。ワーカブルという観
点でいえば、まだまだスタートしたばかりである。

　③　DXの活用

　最後に、DXの活用によって、空港外から何ができるかということである。
このテーマはひとえに、人的資源不足という問題である。例えば本部の事務局
にプロパーの職員が4人いるが、3〜4年程度で定期的なローテーションがあ
り、実際の災害対応の経験者はほとんどいない。平常時でさえ、あまり災害の
経験がある人はいない上に、まして夜間や休日のシフトで6人しかいない時間
帯に発災した場合に対応できるのか。オンラインを活用することで、不足する
人的資源を補おうという取組みを行っている。例えば早朝、保安検査上の
ちょっとした事案が起こったときにオンラインで事務局を立ち上げ、経験豊富
な役席クラスも集め、少し冷静ないわば外野席から的確なアドバイスをするこ
とで、現場の人手不足・経験不足を補おうというものである。

　2022年1月、トンガの海底火山が噴火し、津波注意報が日本全国に出た。
午前0時過ぎの深夜時間帯であったので、当然夜中のシフト6人（2023年4
月より5人）しかいない。そのうち半分ぐらいは仮眠中という状況で、非常に
人が少ない時間であった。その際、総合安全推進室の事務局4人がオンライン
で集まり、これが警報に切り替わったら、こういう本部の立ち上げだとか、そ
れまでにこういった連絡展開をしよう、といった協議をしていた。結果的に注
意報止まりであったのでそれ以上の対処は必要なかったのであるが、オンライ
ンを活用することによって、次の一手をしっかりと見極めることができた事例
であった。

（中部国際空港　橘　啓介）

第3部

空港の競争力の強化を図るために

第12章　空港アクセス鉄道の充実による空港の機能向上

12.1　空港アクセス鉄道による地域経済への影響

（1）交通政策審議会での都市鉄道に関する議論

　東京圏の都市鉄道に関する議論とともに、空港アクセス鉄道の動向や空港と都市との関係について紹介する。

　①　交通政策審議会

　国土交通省による交通政策審議会に鉄道部会がある。この鉄道部会には、2016年まで「東京圏における今後の都市鉄道のあり方に関する小委員会」が設置されていた。この小委員会は、東京圏における都市鉄道のマスタープランを作ることを目的としており、国土交通省鉄道局を事務局として議論が進められた。ゴールは2030年の東京圏の都市鉄道のあり方について考えることで、2014年4月に国土交通大臣から審議会へ諮問があり、2016年4月に答申が出るまでの間、かなりの回数をかけて、様々な観点から議論がなされた。筆者は主に需要評価・分析・推計手法ワーキンググループ（WG）に参加するとともに、全体の小委員会にも参加していた。

　②　東京圏の都市鉄道の抱える課題と交通政策審議会の答申内容

　東京圏の都市鉄道ネットワークは、審議会答申で出された方針に沿う形で、様々な投資が計画的に行われてきた長い歴史がある。都市交通審議会答申の10号、15号、運輸政策審議会になってからは、1985年に第7号、2000年に第18号と答申が出され、それぞれ具体的な新線への投資が提案され、その後実際に整備されてきた。こうした実績から見ても、この答申は東京圏の鉄道に大きな意味を持つといって差し支えない。

　今回の小委員会では議題のひとつとして、首都圏空港の機能強化が取り上げられた。東京の国際競争力強化や訪日外国人旅行者数（当時は2,000万人を目標としていた）の目標達成のためには、首都圏空港の機能強化が必要であるとされ、首都圏空港へのアクセスの改善が必要であるという議論がなされた。鉄道だけでなく、「鉄道や道路等、他モードとも連携し、利用者の視点でアクセス改善に向けて検討すべきである」とされた。

　最終の答申では、「東京圏の都市鉄道が目指すべき姿」として6つの方向性

が示され、また、この方向性に沿って具体的な整備路線が提示された。この 6
つの方向性の冒頭で、「国際競争力の強化に資する都市鉄道」、さらにそのなか
でも「空港・新幹線駅とのアクセスを強化」が取り上げられ、車内混雑緩和よ
りも上に位置付けられることになった。東京もいよいよ国際競争に真剣に取り
組み始めたのだ。同様に、具体的な計画路線図でも、「国際競争力の強化に資
する鉄道ネットワークのプロジェクト」だけは、色が異なるなどその重要性が
強調されることになった。

(2) 空港アクセス鉄道の動向と意義

　最新の鉄道計画では、空港アクセス鉄道が強調されたが、その背景には都市
の国際競争力強化がクローズアップされるようになってきたことがある。空港
アクセス鉄道は、決して日本国内だけの問題ではなく、世界各国でその重要性
が認識されているテーマである。実際多くの都市で、空港アクセス鉄道のため
の巨額の投資が進められてきている。

　図 12.1 は、2016 年時点のものであるが、2012 年の空港ターミナル利用客数
トップ 100 の空港について、その空港所在都市（全部で 82 都市）に空港アク
セス鉄道の有無を調べ、あるものに網掛け（アクセス鉄道がない場合は白）を
施したものである。円の大きさは利用客数の規模を表している。ヨーロッパは

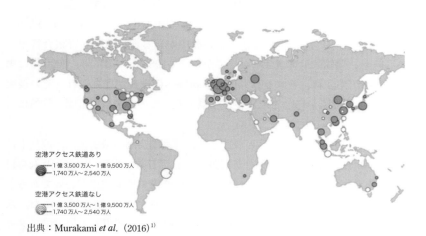

空港アクセス鉄道あり
●―1 億 3,500 万人～1 億 9,500 万人
●―1,740 万人～2,540 万人

空港アクセス鉄道なし
○―1 億 3,500 万人～1 億 9,500 万人
○―1,740 万人～2,540 万人

出典：Murakami *et al.* (2016)[1]

図 12.1　空港アクセス鉄道整備の世界動向
円の大きさはその都市の空港ターミナル利用旅客数を示す。

ほとんどの都市で空港アクセス鉄道があるが、アジアは場所によっては白いところがある。アメリカはまばらで、利用客数規模は大きいが鉄道のない都市がある。こうした空港はビジネスチャンスがあるのかもしれない。実際、世界各国で多くの空港アクセス鉄道の整備計画がある。パリの Grand Paris Express におけるシャルル・ド・ゴール空港へのアクセス鉄道整備計画やワシントンDC のダラス国際空港へのアクセス鉄道などがその例である。

① 事例研究

筆者の研究の注目点は、空港アクセス鉄道によってどのような社会経済的な効果が見込めるのかというところにある。当然、空港に早く行けるという時間短縮の効果は見込めるが、それよりも、都市内の経済活動や立地に対してどのような影響があるのかという点に着目している。空港から早くアクセスできることによって、企業やビジネスパーソンが、空港アクセスに便利な地域に集まる可能性がある。するとどういうことが起きるのか。「集積の効果」としてしばしば経済学者により指摘されているのは、知識のある人達が集まることにより、知識や技能のシェアリングが生じることである。また、空港や空港アクセス鉄道駅の近くに会議場などを造ると、そこでの人の交流がイノベーションを誘発する可能性も高まる。また、優秀な人材とこれを求める企業とがマッチングしやすくなることで、地域経済生産性向上に寄与することも期待できる。

こうした研究の必要性を鑑み、まずはラフな分析を試みた。図 12.1 で示した空港アクセス鉄道の有無に関する調査で対象としていた、空港利用者トップ100 空港が所在する 82 都市について、横軸を公共交通機関による空港アクセス時間、縦軸に 1 人あたり GMP をとってプロットした散布図を作成した。計量経済学的分析をしたところ、空港アクセスがよいほど経済生産性といわれる1 人あたり GMP の水準は高いという関係が得られた（図 12.2)[1]。ただし、こうした分析は、都市単位での集計のため、かなり荒っぽいので、都市内を対象にもう少し緻密な分析がしたいと考えた。例えば、東京圏は非常に広域で、多くの自治体が含まれるが、自治体によっては空港までのアクセス利便性が相違している。アクセス利便性の良し悪しが、その自治体の経済生産性にどれだけ寄与しているのかを分析したい。さらに、空港アクセスの便利な場所に企業が集まってきているかを調査することを狙いとして東京圏のデータで分析してみた[2]。

具体的には、次の3つのリサーチクエスチョンを掲げた。第一は特別行政区

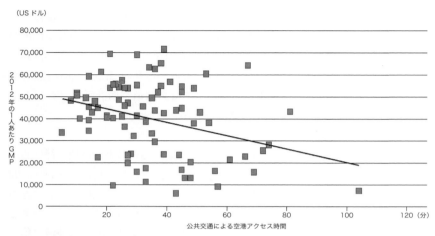

出典：Murakami *et al.*（2016）¹⁾

図 12.2　82 都市における 2012 年の 1 人あたり GMP と公共交通による空港アクセス時間の関係性

　や経済特区といった、政府の施策が重点的に行われている地域で、戦略的に空港アクセスが強化されてきたという、過去の鉄道整備の傾向に関するものである。第二は、「産業集積」が空港アクセスのよい地域において顕著なのか、すなわち空港アクセスのよい自治体に企業等は集まっているのかという疑問である。第三は、結果的に空港アクセスが便利で産業集積の高い地域において、相対的に高い経済生産性が認められるのかというものである。これらの 3 つの疑問に対して、データを集めて分析・検証を試みた。ただし、現実の東京圏の状況を鑑みると、空港アクセスとしては鉄道だけではなく他交通機関も含めて考慮する必要がある。そこで交通政策審議会の検討で実際に使用された交通需要予測モデル³⁾を用いて、複数交通機関によるアクセス利便性を総合的に評価する指標である「一般化費用」を定式化した。これに基づき東京圏内の各自治体のアクセス利便性に関するデータを整備した。

　　まず、羽田空港へのアクセス利便性について、先ほどの一般化費用を地図上に示してみたところ、空港に近いところの利便性が高く、遠くなるほど不便という当たり前の結果が確認できた。先ほどの第一のクエスチョンに答えるために、23 区や政令指定都市、都市再生特区といった政府にとって戦略性の高い地域ほど、この一般化費用が低いのかということを、統計的に検証してみた。

結論としては、業務目的で東京以外から東京圏を訪問した人が復路羽田空港まで帰る際のアクセス交通の利便性が、23区、政令指定都市、都市再生特区において、いずれも顕著に高いことがわかった。その他の移動目的でも同じ傾向は見られるが、特に復路の空港アクセスで顕著にこの傾向が見られるということになる。これは、出張族にとって利便性が高くなるよう空港アクセス整備が進められてきたことを示唆している。

　次に産業集積についてである。勤務地における従業人口の密度を産業集積の代理指標として用いる一方で、アクセス利便性の指標として、様々なデータを収集して相関関係を分析してみた。ところが、アクセス利便性と産業集積との間には、統計的に有意な相関関係は認められなかった。産業別に分けても分析してみたが、結論は同じであった。

　最後に一番の関心事だった経済生産性であるが、これは従業者1人あたり年間付加価値額を代理指標にした。分析の結果、都市の集積は経済生産性にプラスに効くことがわかった。また、業務目的で居住者（東京圏に住んでいる人）が羽田空港に行き来するとき、すなわちアクセスとイグレスの利便性の高い場所ほど、経済生産性が高いこともわかった。経済生産性にアクセス利便性はプラスに効くのである。同様に、観光目的で居住者（東京圏に住んでいる人）、さらに東京圏以外から観光目的で来る人についても、羽田空港へのアクセス・イグレス利便性が高いところほど、経済生産性が高いという分析結果になった。訪問者に関しては、ホテルや土産物屋が儲かるということであろうか。大まかにいえば、アクセスのよいところほど、経済生産性は高いという結果になった。これらは経済学者の主張が正しいことを示しているといえる。

　まとめると、第一の結論は、空港へのアクセス交通インフラは、政府が都市開発を戦略的に推進しているところに重点的に投資・整備されてきたようだ。第二の結論は、空港アクセス利便性がよく、企業が集積しているところほど企業が集積しているわけではない。第三の結論は、空港

図12.3　羽田空港にアクセスする東京モノレール

アクセス利便性がよく、企業が集積しているところほど、経済生産性は高くなる。

　以上の結果から、空港アクセス鉄道を整備し空港に行きやすくすることは、都市の経済生産性向上に寄与する可能性があるといえそうである。しかし、空港アクセスの改善と産業集積との関係は、統計的に有意ではなかった。空港アクセスが改善することで、企業は放っておいて集まるものではないが、集めることで生産性がさらに高まる可能性がある。つまり、政策的に空港アクセスのよいところに、企業が集積するように誘導することが、実は生産性向上を高めることにつながるかもしれない、という示唆が得られる。空港アクセス鉄道を建設するときには、沿線にグローバル企業でも地元企業でもよいが、企業が集まるような施策、例えば土地利用の誘導を土地利用計画として取り込むことが考えられる。それが都市の生産性向上を高めることに寄与しそうである。

② 経済発展における空港の位置付け

　かつては、空港は都市の玄関口だといわれており、鉄道は単に両者をつなぐ手段だという見方がなされていた。空港を計画する人、鉄道を計画する人、都市を計画する人はバラバラだった印象がある。

　今回の審議会答申も含めて、近年少しずつ雰囲気が変わってきた。それが図12.4 の中央に表した状態であろう。つまり、空港アクセス鉄道を都市開発のために建設するという見方であり、都市が経済発展するために、空港アクセス鉄道は寄与できるはずである。それは国際競争力強化につながるはずだ、というロジックに変わってきたという印象である。しかし、近年提唱されているAerotropolis という計画論では、さらに先を進んでいる。空港は都市の一部と見ており、空港を中心とした都市づくりまで行ってしまおうという考えであ

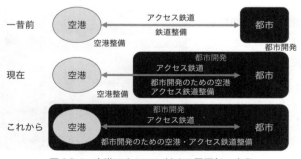

図12.4　空港アクセスに対する雰囲気の変化

る。空港アクセス鉄道はその機能のひとつとして必要なのかもしれない。

　このように、空港の位置付け、都市に対する役割・機能が徐々に変わってきているのではないかと考えている。日本に限らずアジアの諸都市でも空港アクセスに対する関心は高まってきている[4]。今後は、この辺りをもっと踏み込んでさらに研究を発展させていきたい。　　　　　　　　（東京大学　加藤　浩徳）

12.2　阪急電鉄の関西圏での新たな挑戦

(1) 阪急沿線の現状

　阪急電鉄の営業路線は大阪から神戸・宝塚・京都と3つの都市を結ぶ全長140 km ほどで、京成電鉄（約150 km）と同程度である。沿線は鎌倉・横浜から千葉県の柏までとほぼ同じで、かなり広域である。近年、沿線人口は関西全体では減少しているが、阪急沿線では増加している。とはいえ、大阪府の将来人口はかなり減少すると予測されており、経営の課題としてとらえている。

　創業者の小林一三は、鉄道と都市開発の先駆である。創業時の関西は、阪神・京阪・大軌（＝近鉄）などの会社が神戸・京都・奈良と大阪間に鉄道を整備したが、北摂は何もない農耕地帯だった。開業前に沿線の住宅予定地を先行買収して理想的な郊外生活をPRし、都心住居者を郊外に移住誘導して鉄道需要をつくった。沿線の梅田の百貨店は、ターミナルデパートの先駆けとなった。その後、宝塚に温泉施設をつくり、室内プールを設けた。温水プールでなかったことで失敗したが、このプールの水を抜いて観客席に、脱衣場をステージにして、「どんぶらこ」という女性だけの演劇をしたのが宝塚歌劇の始まりである。

　他社が需要追随型経営であったのに対し、小林一三は需要創造型経営であり、これが阪急電鉄のDNAとして残っている。人口減少の趨勢のなかにあっても、駅周辺や沿線の魅力を増すことで、沿線への移住等を含めた定住人口の維持、海外旅行客やビジネス需要の増加により、沿線価値の維持・向上は可能である。

(2) 訪日外国人旅行者から見た関西

　大阪の訪日客数は人口の2.5倍もあり、人口あたりでは東京を上回る。2016年には訪日外国人旅行者が2,400万人を超え、同旅行の消費額は2017年に4兆4,000億円を超えている。大阪は全国に比べ、訪日外国人旅行者数の伸びが高

く、関西国際空港の外国人入国者数も増えており、なかでも中国、台湾、韓国、香港が特に多い。関西エアポート株式会社の山谷佳之社長によると、入国外国人は若者が多く、出国する日本人はリタイア層が多いとのことだ。森記念財団の都市ランキングによる外国人の大阪の評価では、上海や東京と比べ、都心から空港までのアクセス時間が特に低評価である。したがって、空港と都心のアクセス改善により、関西エアリアの価値向上を図ることが重要であると考える。

(3) 関西 3 空港とリニア中央新幹線

　2018 年 4 月、関西エアポートによる関西 3 空港一体運営が始まった。伊丹空港も神戸空港も利用制限があり、増加する需要に対し供給能力が頭打ちであることが課題である。リニア中央新幹線は、2037 年の大阪開業が実現すると、スーパーメガリージョンと呼ばれる巨大都市圏が形成される。北陸新幹線が大阪に延びれば、新大阪がリニアと合わせて西のハブになる。また、地方創生回廊中央駅構想というものがある。北陸新幹線・リニア・長崎新幹線を含む九州新幹線も入り一体化すれば、新大阪の価値が上がるのではないか。なにわ筋線等の民鉄路線とのアクセスも進めていかなければならない。

(4) 阪急電鉄の長期戦略

　2017 年 5 月に、親会社の阪急阪神ホールディングスは、「長期ビジョン2025」を発表した。スローガンである「深める沿線広げるフィールド」を推進する戦略のひとつとして、「関西で圧倒的No.1 の沿線の実現」として、梅田と沿線地域を強い沿線にしていくことが掲げられた。

　長期的にありたい姿に向け、3 つの重点施策を掲げている。梅田エリアの価値向上として、「うめきた」ほか再開発が進められており、同地区は建設ラッシュである。また、鉄道新線による交通ネットワーク（インフラ）整備も、重点施策としている。建設中の北大阪急行線延伸と新大阪連絡線という 2 つを掲げ、インバウンド・大阪万博・IR を目指すことを挙げた。

　新大阪連絡線は、新大阪と京都線・神戸線・宝塚線の結節点である要の十三（図 12.5）を結ぶ新線で、北梅田まで、なにわ筋連絡線を経て南海・JR で関西国際空港に直結するという構想である。また、大阪空港線は、宝塚線中間駅の曽根駅から分岐して空港に直結させ、梅田から直通運転する構想である。そのほか、神戸市交通局との相互直通運転（相直）の構想もあり、これに絡めて神

戸空港とのアクセスの改善を考えている。グループの大きな戦略のなかに、空港アクセスの高速化も具体の施策として位置付けた。

　まず、なにわ筋線であるが、JRと南海が大阪都心梅田と関西国際空港をつなぐルートで、1980年頃から構想があった。2004年の近畿地方交通審議会第8号で位置付けられたが、大阪駅北側の貨物ヤード再開発である「うめきた」で、東海道支線に新設予定だった北梅田駅（2023年3月、大阪駅として開業）への乗入れに関し、JRと南海電気鉄道の調整は難航していた。2014年の夏頃、阪急電鉄が両社の調整に参画してなにわ筋連絡線を構想し、もともと駅構内で折り返していた列車を阪急線に直通することが可能になった。その結果、北梅田駅の容量が向上し、南海もスムーズに入って来られるようになった。最終的には2015年の5月、JR、南海、阪急、大阪府、大阪市の5者で、なにわ筋線を実現することと、なにわ筋連絡線を検討することを合意し、対外発表した。

　当社が参画する意義であるが、まず北梅田駅の容量が拡大し、制約があった南海の本数の問題が解決できることである。次に、十三との結節により、阪急沿線から関西国際空港へのアクセスが大幅に向上するということである。

　また、1961年に免許取得済みの新大阪連絡線の活用が可能になる。以前から大阪～新大阪間の複数ルートの議論はあったが、リダンダンシーの観点から、トンネルと橋梁の複数ルートは必要ということで、今回構想している。

　さらに、十三や新大阪駅周辺の街づくりが促進され、特に新大阪駅周辺での都市再生が求められると考えている。また、まずは狭軌で鉄道を整備をするが、標準軌では複数社の相互直通運転によって、私鉄だけでも既に姫路から名古屋までのネットワークができており、JR西日本・南海とつながることで、標準軌と狭軌のネットワークが十三で重なる。民鉄とJRが共同でネットワーク拡大する大変意義深い事業である。最後は、当社が保有する阪急マルーン色の列車が関西国際空港に乗り入れることが決め手になった。

　続いて大阪空港線である。もともと伊丹空港は2016年に関西エアポートが運営権を取得し、40年以上にわたって同社が運営にあたることになったこともあり、宝塚線曽根

図12.5　阪急電鉄・十三駅

駅から路線を分岐させ、梅田駅から直通列車を走らせようと考えた。曽根駅は連続立体交差事業による高架駅であるが、幸い2面4線という広い駅で、かつ未利用の折返線が1本ある。また、昭和40年代に曽根から分岐して神崎川を経由し新大阪に至る構想があり、その際の用地が豊中・曽根間に残っており、用地買収を最小限にできる。しかし、国土交通省の需要調査では25,000人と、採算が厳しいことが課題である。

　大阪空港線の意義に、大阪梅田駅から直通で伊丹空港にアクセスできること、利用客の多いリムジンバスから鉄道への転換が図れ、道路渋滞による遅延リスクを回避できること、京都・神戸方面からも十三で乗り換えて空港に行けることがある。さらに災害時・事故時のバックアップである。2018年6月の大阪府北部地震で、阪急はすぐに復旧できたが、モノレールは車両の一部が破損したため、1週間ほど運休した。逆に同年7月の台風7号による西日本豪雨では当社は運休したが、モノレールは大丈夫だった。複数ルートによるリダンダンシーは重要である。

　最後に、空港周辺には20ヘクタール超の低未利用地があるが、都心に近いところでまとまった土地の活用を行う手もある。

　以上が阪急電鉄としての空港アクセス改善プロジェクトである。リニア新幹線と北陸新幹線が通る新大阪がキーとなり、伊丹・関西・神戸の3空港のアクセス鉄道の要を十三が担っていく。京阪神において各空港と新大阪を結ぶ鉄道ネットワークとして、今後十分に機能を果たすだろう。

(5) 構想実現に向けての課題

　リニア・北陸新幹線・長崎新幹線を含む九州新幹線と新大阪連絡線が結ばれることで、新大阪をどう再生するかがこれからの課題である。また、乗り換えの十三駅も重要な拠点であり、十三・新大阪を中心として交通結節点機能を強化しながら、周辺の街づくりをどう進めるかも検討すべきである。

　構想実現の課題について、昨年度末に報告された国土交通省の「近畿圏における空港アクセス鉄道ネットワークに関する調査」では、なにわ筋連絡線、新大阪連絡線、大阪空港線と西梅田・十三連絡線の効果比較を行っている。

　注目すべきは、大阪空港線整備により、大阪空港の60分圏域内人口が122万人増えるという点である。1本路線を引くだけで便利になる圏域が拡大する。1回乗換えが必要だったところが、乗換えなしになることもその効果であ

る。

　同調査の事業評価では、各路線の建設費、輸送人員、B/C、経営主体の投資回収期間を整理しているが、いずれも B/C が 1.4 を超えている。なにわ筋連絡線も新大阪連絡線も、単独だと回収に 20 年以上を要するが、同時整備では 13 〜 16 年で回収可能とされている。地下高速鉄道整備事業費補助を使った前提だが、多くの鉄道整備プロジェクトの収支予測では回収期間 30 〜 40 年が多いなか、これは驚異的に採算のよいプロジェクトであり、早急に取り組むべきである。ただし、大阪空港線は需要が少なく、B/C は 1.4 ではあるものの 40 年でもペイしないという結果だった。これは、先ほどの曽根〜空港区間だけを対象としており、実際には京都方面などトリップ長の長い方もいるわけで、そこも含めて評価すれば採算性は改善する。

　課題はこの整備手法であり、現在は都市鉄道利便増進事業費補助、地下高速鉄道整備事業費補助、空港アクセス鉄道等整備事業費補助しかない。都市鉄道は 3 分の 1 の補助なので 33.3 ％、地下鉄は 31 ％、空港アクセスは 42.2 ％と、いずれも 3 割を超える水準の借入金である。大阪空港線が 40 年でペイしなかったのは、この地下高速鉄道整備事業費補助を前提として計算した結果である。制度的に今後どのようにするか、という検討課題が残されている。

　鉄道は本来、鉄道利用者の受益者負担で事業が成立するのが基本である。しかし、新線整備の場合、直接便益を受ける利用者から運賃収受するという観点から、新線加算運賃により負担の公平性を保つことになっている。とはいえ、実際の便益は沿線地域や、鉄道を利用しない方にも広く及ぶ。土地所有者は地価上昇、駅前商業者は収益増加、居住者は住宅価値の向上などの効果が見込める。しかし残念ながら、これらの方々に鉄道事業に対して受益者負担をする仕組みはなく、フリーライダー化していた。

　これを上下分離すると、ある意味内部化でき、合理的である。第二種鉄道事業者の運賃収入のなかから、第三種鉄道事業者に線路使用料という形で収入があるだけでなく、フリーライダー化してきた便益に課税という形で受益分を内部化し、公的助成として入る仕組みとなる。線路使用料は建設費償還が前提か、会計分離し受益範囲での負担とするか、などの議論があるが、沿線の様々なステークホルダーの便益の内部化が、新線整備では重要であろう。

　ここで、都市鉄道の新線整備について、便益範囲によるパターンを考えてみた。まず単純延伸の場合、便益地域が限定されるため、当該地元自治体が負担

するのがよい。北大阪急行の千里から箕面までの延伸では、社会資本総合交付金を活用して、主に箕面市がリスクを背負っている。これは千里中央からの乗客は座れなくなるという負の便益が生じるが、ある意味、合理的だろう。

次に、短絡線・連絡線タイプである。阪神なんば線がこれに当たるが、償還型上下分離方式で地下高速鉄道整備事業費補助により整備されている。これは、阪神と近鉄両方の沿線に広く便益がもたらされているので、沿線自治体だけでなく、広域の沿線自治体にも負担を求めないと、公平な負担にはならない。

最後に、新幹線アクセスタイプと空港アクセスタイプである。前者は新大阪連絡線のイメージであるが、新幹線につながる場合、便益は既存線の沿線に広くもたらされるので、これも広域で負担することが望ましい。後者は大阪空港線のイメージで、当然便益は広域にもたらされる。地元の豊中市は人口 40 万人規模とはいえ、同線の利用は限定的であり、大阪市・兵庫県・京都府の方が需要は大きいことから、地元市がほとんどを負担する新線スキームではだめだということが、ひとつの課題になってくる。

一方、国の財源問題であるが、社会資本インフラ関連予算約 6 兆円のなかで、都市鉄道の新線整備予算は 161 億円（0.27 ％）に過ぎない。鉄道全体で 1,000 億円、うち新幹線 755 億円で都市鉄道 247 億円と少額であり、整備には幅広いステークホルダーの負担と公的助成が必要である。さらに、2025 年までの万国博覧会関連、2031 年までのなにわ筋線 3,300 億円、2037 年までのリニア新幹線関連の新大阪駅整備など、関西には多くのプロジェクトがあるが、地方負担は困難といわれている。そのため、まずは地方自治体負担を民間資金で立替払いして、後払いとする。便益は見込めるのだから新しい財源確保はできないか、街づくり・都市再生手段として鉄道整備を位置付け、検討していくべきではないだろうか。

(6) 関西の可能性

2025 年の大阪・関西万博では、夢洲が会場になる予定である。さらに統合型リゾート IR を整備すべく、大阪メトロ中央線をコスモスクエア駅から延伸する計画を検討している。また、JR 桜島線や京阪中之島線延伸の計画もある。さらに、十三からの船舶でのアクセスや水上飛行機を飛ばすなど、陸海空すべてのネットワークを使うことを検討している。関西では 2019 年の G20 とラグビーワールドカップ開催以降、毎年のように大きなイベントが予定されてい

る。厳しい経済環境にはあるが夢を持って取り組んでいきたい。

　関西はスーパーメガリージョンの一角として、新大阪駅を中心に、この発展にどう対応していくかということを考えている。ここから西日本の中四国・九州へのアクセス、そしてアジアに向けたアクセス、国内外2つのアクセスを担うのが関西の役割であろう。LOOKWEST、東ではなく西を向こう、ということで、東京と競うのではなく独自の道を歩もうというキャッチフレーズのもと、関西経済連合会を中心に精力的な取組みを行っていきたい。

（阪急電鉄　上村　正美）

第 13 章　大那覇空港計画と沖縄物流大改造計画

13.1　那覇空港中長期構想の補足と観光立県沖縄のポテンシャル

　那覇空港は、1933 年に海軍小禄飛行場として供用が開始され、1936 年に那覇飛行場となった。1972 年 5 月 15 日の沖縄の本土復帰に伴い、運輸省（当時）所管の第二種空港「那覇空港」として運用が開始された。

（1）飛行経路および管制運用方式

　「那覇空港中長期構想」は、2017 年に沖縄県の経済界関係者らで作る那覇空港拡張整備促進連盟によってまとめられた。これは、2 本の滑走路間に旅客ターミナルを移転・新築して航空機の受け入れ容量を拡大することを軸にして、ホテルや商業施設、コンベンション施設などを一体的に整備する構想である。

　那覇空港の第二滑走路は、2020 年 3 月 26 日に供用開始された滑走路間間隔 1,310 m のオープンパラレルである。何の制約もなければ発着容量は 2 倍になるが、滑走路の横断、誘導路の混雑、ターミナル位置が手前にあることなどから、第二滑走路との間にある第一滑走路の横断、駐機場不足、嘉手納基地との飛行経路干渉など様々な制約があり、容量は 11 ％しか増えない。しかし、訪日旅客が急増しており、容量アップのニーズは非常に高かった。

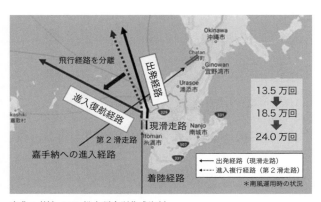

出典：（株）ANA 総合研究所作成資料

図 13.1　現行課題の解決策（飛行経路および管制運用方式の変更）

制約要因で一番問題だった飛行経路は、飛び方を工夫して対応することとなった。2つの地方空港で実証実験を行い、第二滑走路をオープンする段階で30度広げて進入復航経路を作るという新しいルールとして適用することができた。これにより、発着回数18.5万回が24.0万回にまで増大した（図13.1）。

出典：那覇商工会議所資料

図13.2　滑走路間の埋立拡張の完成図（イメージ）

（2）滑走路間の埋立案

　地上施設は（当初計画の）発着回数18.5万回を前提とするものであり、スポットやターミナルの数・キャパシティが完全に不足する。これを解消するため、滑走路間の埋立案で用地を確保し、中長期的視点から世界最高水準のリゾート・ビジネス空港を目指すという構想とした（図13.2）。

（3）観光立県沖縄のポテンシャル

　観光立県沖縄のポテンシャルについて、同じ島であるハワイと比較した。那覇空港を中心に航空機で3時間と5時間の圏内にアジアが入り、このなかには中国を含めアジア20億人が住んでいる。沖縄の背後圏には大きなマーケットがある。2019年の沖縄の入域観光客数は、外国人観光客の増加によって1,000万人を超えてハワイとほぼ同水準に並んでいる。

　しかしながら、表13.1に示すように、観光消費額、1人あたりの消費額、平均滞在日数は大きく劣後している。入域者の国・地域別行動を比較しても、沖縄でもより多くの時間を楽しめるようにすれば、平均滞在日数のハワイとの差は縮めることができるはずであり、1人あたりの消費額の差も縮まると考える。具体策としては、高価格ホテルやコンドミニアムなどの整備、オフ期の平準化による需要の安定確保が課題である。

（4）沖縄観光への期待と空港の重要性

　沖縄は観光の伸びしろが大きく、巨大な20億人というアジアの背後圏市場

表 13.1　沖縄とハワイの観光比較（2019 年）

	沖縄（年度）	ハワイ（暦年）
入域観光客数	947 万人	1,042 万人
観光消費額	7,047 億円	1 兆 9,361 億円
1 人あたり消費額	74,425 円	185,700 円
平均滞在日数	3.70 日	8.72 日
1 人 1 日あたり消費額	20,115 円	21,300 円

出典：沖縄県観光要覧に（株）ANA 総合研究所にて追記

表 13.2　沖縄とハワイの入域者の国・地域別行動比較（2019 年）

沖　縄	2019 年度の統計値を使用				
		日本	台湾	韓国	中国	香港
航空利用者数合計	万人	693(83 %)	61	25	21	22
リピート率	%	86.2	35.6	21.3	15.3	40.9
平均滞在日数*	日	3.77	5.08	4.18	5.83	5.60
他島訪問**	%	17	13	0	12	14
個人旅行率（FIT）	%	57.9	81.3	79.4	75.3	91.5
1 人あたり消費額	円	76,987	88,146	79,441	150,898	110,788

＊　外国人観光客平均泊数の統計値に 1 日を加えた値
＊＊国籍別八重山入域観光客数が県入域者に占める比率
出典：沖縄県観光要覧、八重山入域観光統計

ハワイ					
Arrival by Air		日本	台湾	韓国	中国	米国
航空利用者合計	万人	158	2	23	9	687(67 %)
リピート率	%	68.3	30.0	26.3	22.3	68.2
平均滞在日数	日	5.90	9.0	7.62	8.01	8.99
他島訪問	%	14.0	40.0	24.8	49.0	63.1
個人旅行率（FIT）	%	37.7	59.4	58.7	49.8	82.6
1 人あたり消費額	円	155,500	246,300	237,000	287,500	185,000

（参考）2019 年に香港からハワイを空路で訪れた旅行者数は 3,459 人

出典：沖縄県観光要覧、八重山入域観光統計、2019 Annual Visitor Report, The Hawaii Tourism
　　　Authority に（株）ANA 総合研究所にて追記

があり、美しい海という貴重な観光資源に恵まれている。これらのポテンシャルを活かすためには、世界最高水準のリゾート・ビジネス空港が必要である。

（ANA 総合研究所　　岡田　晃）

13.2　那覇空港拡張整備促進連盟の活動と今後の展開

(1)　那覇空港の歴史

2020年3月に沖縄県民の悲願である、那覇空港の第二滑走路が供用された。2019年度の沖縄県の観光入込客数は1,000万人を達成したが、残念ながら新型コロナウイルス流行の影響で、3月には国際線のすべてが運休するという状況での供用となった。コロナ禍の収束後は、沖縄観光産業のV字回復に大きく寄与するものと期待している。ここでは、長年第二滑走路の早期実現に向け活動を展開してきた那覇空港拡張整備促進連盟の活動と今後の展開について説明する。

まず那覇空港の歴史であるが、那覇空港は1933年に、旧日本海軍の小禄飛行場として設置された。第二次世界大戦後は米軍の管理となり、1947年にはパン・アメリカン航空による乗入れが開始され、東京〜那覇〜香港〜マニラ線が就航した。1973年の本土復帰後は、第二種空港として運用開始、自衛隊との共用も始まり、1999年に現在の国内線旅客ターミナルが供用開始、2003年にモノレールが開通している。2014年に第二滑走路が着工、2020年3月に供用開始された。

(2)　那覇空港拡張整備促進連盟

那覇空港拡張整備促進連盟は、平行滑走路の早期実現を目的に設立されたが、着工後は会則の目的を改訂し、拠点空港として必要な機能の拡充強化を目的に、構成団体は沖縄県、那覇市をはじめ自治体と、県内主要経済団体が加盟し、官民一体となって活動を展開している。

当時の記録を見ると、第二滑走路は、本土復帰で想定される経済問題を議論することを目的に、沖縄の経済界と本土側の日本商工会議所・経団連等で構成される沖縄経済振興懇談会で初めて議論された。本土復帰後初年度で、沖縄への来訪者数は2.2倍の44万人になる等、今後の増加が予想されるため、初めて第二滑走路が提案されたが、当時の政府から期待した回答は得られなかったことから、政府に強く働きかけていくことを目的に、那覇空港整備促進協議会が設立された。

那覇空港拡張整備促進連盟の前身である那覇空港整備促進協議会であるが、1965年に設立され、初代会頭は國場幸太郎氏（那覇商工会議所会頭）が就任

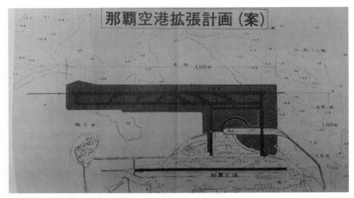

図13.3　那覇空港拡張計画（案）

した。國場幸太郎氏は、沖縄最大手の建設会社である國場組創業者で、沖縄の
戦後復興を支えるとともに那覇商工会議所会頭を21年にわたり務めるなど、
沖縄経済界の重鎮であった。現滑走路の西側を埋め立て、4,000mの新滑走路
を整備する拡張計画を独自に作成したのは、本格ターミナルを両滑走路の間に
建設し、臨空産業を立地させ沖縄の自立経済を目指すことを目的としていた。

　1965年当時の拡張計画構想図には、1,500m沖合に4,000mの滑走路と、滑
走路の間に円形の新ターミナルビルが描かれているが、この構想図を見た時
に、45年前の計画と今の計画がほぼ変わらないことに驚きを感じた。

（3）熱い想いを持った歴代会長

　空港のような大規模プロジェクトを推進するには、トップの熱い思いとその
熱量を多くの人に伝えるリーダーシップが欠かせない。第二滑走路が実現でき
たのも、熱い思いを持ったリーダーたちが、長年にわたりつなぐことができた
からだと確信している。那覇商工会議所の歴代会長を紹介する。

　國場幸太郎氏は図13.3の構想図を持ち歩き、会う人に早期建設を主張して
いた。仲井眞弘多氏も、知事就任前は会議所会頭・促進連盟の会長を務め、就
任後は、選挙公約に基づき、観光客1,000万人の目標を掲げ、那覇空港の第二
滑走路も観光客を増加させるうえで、最も重要なインフラであると話していた。

　2007年当時、観光入込客数は約570万人程度であったので、1,000万人の目
標は大風呂敷を広げすぎだとの声もあったが、仲井眞知事は目標に向かって皆

で知恵を絞れば頑張ってできると、語気を強めて話していたことを思い出す。

　國場幸一氏は、当時の野田佳彦内閣総理大臣の来県に合わせ、3週間という短い期間にも関わらず、約4,500名を集めて県民総決起大会を開催し、第二滑走路の着工を力強く後押しした。着工後は促進連盟の目的を「第二滑走路の早期整備」から「交流拠点としての拡張整備」へと変更、新ターミナル移転を含む中長期構想の策定に着手した。また、石嶺伝一郎氏もシンガポールの国父リー・クアンユーの言葉通り、島しょ県における空港の重要性を常に訴えており、中長期構想策定の際には多くの海外空港を視察している。

(4) 那覇空港拡張整備促進連盟の活動

　那覇空港拡張整備促進連盟は、図13.4のとおり、国・県への要請活動を長年継続して実施している。また、公共事業を構想、計画、事業の立案段階から実施に至るまで、事業の進め方、経緯、内容等の情報を広く公開して意見を聞きながら事業を進めるPI（パブリックインボルブメント）に全面協力している。県内のイベントでブースを構え、多くの県民に調査への協力をお願いした。PIは3回開催されたが、特に3回目のPIは、滑走路間隔について3つの案を提示し意見を求めるものであった。経済界および連盟としては、同時離着陸ができる1,310m案を推進すべく、ステッカーやポスターを作成し、県民の理解を求める活動を展開した。

　また、県民参加型シンポジウムも継続的に行っており、2019年度は750名と多くの方に参加いただいた。総決起大会には約4,500人が参加し、県民の長年の悲願である第二滑走路着工に向けて後押しした。

　第二滑走路の現場視察も、内閣府沖縄総合事務局の協力のもと、毎年行ってきたが、その際には報道機関を帯同して県民への情報発信をするとともに、会長自ら空港の重要性についてメディアを通して訴えてきた。

　他空港の視察も行っている。空港の様々な機能を実際に見るため、世界のMRO（Maintenance、Repair、Overhaul）施設や貨物ターミナルの施設を視察してきた。トップ・役員が実際に先進空港を見てイメージを持ったうえで語る言葉は、説得力・発信力が違うと考えており、マルタのMRO施設にはANA総研の岡田晃社長にも同行いただいた。

　今後の連盟の展開としては、まず、県民参加型のシンポジウムを継続し、全国に沖縄の動きを理解いただけるよう、全国の航空・空港関係者に参加を募っ

① 国・県への要請活動

② PI への全面協力

③ 県民参加型のシンポジウム開催

④ 第二滑走路の早期着工の総決起大会の開催

図 13.4　那覇空港拡張整備促進連盟の活動内容

ていきたい。

　第二は、中長期構想のブラッシュアップである。国道 58 号から那覇空港に向かう途中、右側にある那覇軍港は、浦添に移設し返還されることが決まったが、受け入れ先である浦添市の具体的な場所について合意ができていない状況であった。しかし、政府の強い働きかけもあり、中長期構想も那覇空港と隣接する那覇軍港の跡地利用と連携した計画を策定し、より経済効果の大きな空港・軍港・浦添西海岸地区キャンプ・キンザーの跡地利用が一体となった構想にする必要があると考えている。

　第三は、次世代が空港の重要性を理解するための活動である。シンガポールのチャンギ国際空港にヒントを得たが、シンガポールでは小・中学生の空港見学・視察会を積極的に行い、国策としての空港整備について、理解促進・啓蒙活動を行っていると聞いている。我々も、小・中学生を対象とした見学会や那覇空港の未来をテーマとした絵画コンテストなど実施していきたい。

　第四は、先進空港の視察も継続する。さらに、新たな沖縄振興計画への明記と政府の骨太方針への記載である。2021 年に、10 年にわたる現在の沖縄振興計画が期限を迎える。県では新たな振興計画を策定中であり、同計画中に、世界最高水準のリゾート・ビジネス空港の実現を明記するようお願いしていきたい。那覇空港を沖縄におけるアジアのゲートウェイとして認めていただき、その拡張整備について政府の骨太方針に記載していただけるよう、今後も活動を展開していきたいと考えている。(編者追記：沖縄県は 2022 年 5 月に「沖縄 21 世紀ビジョン基本計画（沖縄振興計画）」を公表したが、このなかで那覇空港は「世界に開かれた我が国の南の玄関口」として、「世界最高水準を見据えた拠点空港の整備」を促進するとされている)　　　　　　　　　　　　（那覇商工会議所　福地 敦士）

13.3　グレーター那覇・人流物流大改造計画

(1) 計画へのアプローチ

　那覇港港湾計画の前身の「那覇港長期構想」は 2001 年度に策定された後、約 20 年が経過した。この長期構想は、当時華やかだったシンガポールや釜山のトランシップの伸びを参考に沖縄の地勢的優位性を活かして、トランシップ貨物の取込みによる取扱貨物増大を見込み、浦添（牧港補給庫前面）へコンテナバースを大展開する計画が立てられたものである。しかし残念ながら、その思惑どおりには進まなかったという実態がある。

　まず管見の限りではあるが、沖縄・那覇港を取り巻く環境など研究の背景について整理する。データが2018年までにとどまるが、図13.5のとおり、入域観光客（観光入込客）数は増加しており、なかでも外国人観光客数が顕著に増加している。2018年に過去最高の数値となったが、2019年も同様の傾向であった。同様に、空港利用者も増えているが、クルーズ船による入込客数の伸びも顕著であり、図13.6のように沖縄県へのクルーズ船寄港数は、2015年以降急激に伸びている。図中の2019年見込値は実績を大きく上回るが、同年の那覇港のクルーズ船寄港数は260回で、国内では最も寄港数の多い港となった。ちなみに、県内他港では、石垣港148回、平良港147回でいずれも国内10位以内である。

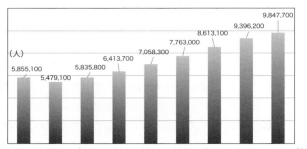

出典：沖縄県資料

図13.5　沖縄県の観光入込客数の推移

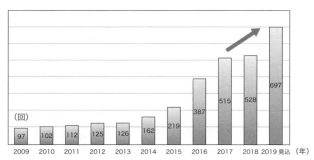

出典：内閣府沖縄総合事務局HP

図13.6　沖縄県内に寄港したクルーズ船数の推移

出典：那覇港管理組合ウェブサイト

図13.7　那覇港の国際線クルーズ船

　このような背景から、ハワイやカリブ海との比較（来訪者の利便性等）もあったが、沖縄県では「東洋のカリブ構想」として策定された。

　一方、那覇港のトランシップ構想に関しては、18〜9年前に策定された。しかしここ10年程のコンテナの取扱量は、8万TEU程度の水準で伸びておらず、取扱量を大きく伸ばしたシンガポールや釜山のようにはいかなかったと考えられる。したがって同構想をそのまま踏襲し目標を目指すのは厳しいといわざるを得ない。

（2）計画の概要

　那覇港や那覇空港を取り巻く環境を踏まえ、将来（およそ30年後）の夢として、「グレーター那覇・人流物流大改造計画」の策定に挑戦してみた。

　この計画の主要なポイントとして、30年後を想定した空港と港湾の開発の一体化、広域的な港湾機能の再編をあげることができる。これをエリア別にみると、那覇空港・那覇港エリアに人流を中心にした施設を展開、中城湾港エリアに物流機能を集積する。そして、各エリアを結ぶ高規格道路網の展開、大規模MICE施設の誘致といった広域圏としての那覇圏域の改造を構想した。構想の主要ポイント（機能）を、ゾーニング案として図13.8に示す。

（3）各ゾーン

①　大那覇空港構想ゾーン

　第一滑走路と第二滑走路の間を埋め立て、ターミナルビルを移設し、旅客のフライ＆クルーズと貨物のシーアンドエアーの拠点として機能充実を図ること

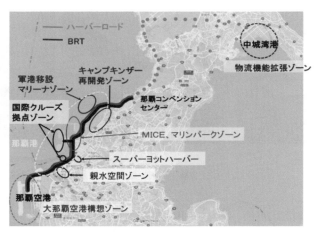

出典：（一財）みなと総合研究財団作成

図 13.8　グレーター那覇・人流物流大改造計画ゾーニング案

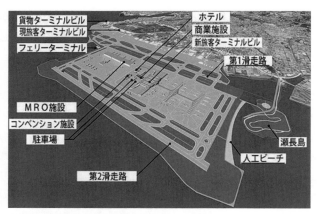

出典：那覇空港拡張整備促進連盟資料

図 13.9　那覇空港の拡張整備計画案

を考えたゾーンである。

　②　国際クルーズ拠点ゾーン

　クルーズ船への対応として連続バースを整備し、複数のクルーズ船が並ぶ景観を演出、さらに高級感溢れる旅客ターミナルを整備する構想である。

　シンガポールの事例では、古いコンテナターミナル（タンジュンパガール・

ケッペル・ブラニ、パシルパンジャン）をチュアスへ移転集約し、空いた街の中心部に近いエリア（ハーバーフロント）に、都市的施設やクルーズターミナルを整備する計画を進めている。ハーバーフロントには、広大な敷地に南洋植物の公園やカジノを配置、街の中心部でも再開発を行っている。

③　マリンパークゾーン

訪日外国人旅行者の増加と新たなサービス産業の創出を目指した MICE・マリンパークゾーンの計画である。クルーズ拠点と一体に配置し、多彩なラグジュアリー空間を創出することを構想している。

マカオでは、中心的な位置にカジノを持つ超大型リゾートホテルが林立し、その周囲を新交通システムがぐるりと巡る配置となっている。さらに香港空港へのアクセス路として、世界最長の海上橋（港珠澳大橋）が整備されている。

1）ＢＲＴ

マカオの事例を参考に、空港と那覇港の間に新たな公共交通機関であるBRT（連結バス）を、空港ゾーンと交流ゾーンを結ぶように整備し連携強化を図るものである。

2）スーパーヨットハーバー等

スーパーヨット寄港基地あるいはヘリポート（空間が許すならプライベートジェット対応）の整備を行い、世界の富裕層を呼び込もうというプランである。

③　物流機能

物流機能については、那覇港区と大那覇空港が一体的に人流中心の発展をしていくと志向し、那覇港区の港湾物流関連施設を中城湾港区に徐々に移転し、物流機能を集約していくことがよいだろう。

将来的には、中城湾の新港地区の地先をさらに拡大し、大那覇圏域の物流機能を担う中心地区とする構想である。

これらの構想により、将来的には空港および港湾機能の分担により、那覇全体の活性化を図ることが望ましいと考える。これをひとつの題材として、地元の経済界でも議論していただければ幸いである。

（みなと総合研究財団　水野　正博）

第14章 航空機整備事業の現状とこれから

14.1 航空機整備事業を巡る東南アジアの概況と日本への期待

　本節では、東南アジア主要国（シンガポール、マレーシア、インドネシア、タイ）の航空機整備事業（MRO：Maintenance、Repair、Overhaul）の現状および日本の現状や将来への期待について記載する。なお、意見を記載した箇所は、個人の見解である。

(1) MRO の概要

　MRO は、運航整備、機体整備、エンジン整備など様々な整備を対象としている。その産業規模は複数の調査会社が公表しているが、その一例では、「航空機 MRO の市場規模は、2020 年 498 億 US ドルから、2028 年には 683 億 5000 万 US ドルに達する」[1]となっている。

　国際航空運送協会（IATA）、国際民間航空機関（ICAO）、AIRBUS などの予測でも新型コロナウイルス感染症（以下、新型コロナ）の世界的流行などの影響から航空需要が一旦大きく落ち込んだものの、徐々に回復し、2024 年頃から流行前の需要を超えて伸びるとしているものが多い。そのため、流行以前ほど強気ではないものの、MRO 市場規模は引き続き拡大するとの予測が多くみられ、一般には MRO 市場は引き続き伸びる産業としてとらえられている。

(2) 東南アジア主要国の MRO 概況

　東南アジア主要国の MRO について解説する。各項の政府に対する課題は、運輸総合研究所アセアン・インド地域事務所（AIRO）で 2021 年度の MRO に関する調査のヒアリングなどで得た情報による。

① シンガポールの MRO

　シンガポールは MRO をリードする世界の先進地のひとつである。アジアの MRO 市場で 25 ％程度のシェアを占め、アジアで最も大きな拠点といわれている。世界の MRO 市場全体においては 10 ％程度となっている[2]。

　MRO 政策をリードするのは、規制面では民間航空庁（CAAS）であるが、産業投資面では経済開発委員会（EDB）になる。後者は MRO を同国産業の重

要な柱のひとつに位置付け、海外投資の促進に取り組んでいる[3]。

　シンガポールの MRO 企業の代表格は、シンガポール航空 100 ％子会社の SIA Engineering Company であるが、それ以外にも多くの MRO 企業が存在している。それらの MRO 企業は、チャンギ空港のチャンギロードやチャンギノースといった整備地区、セレター空港（不定期の小型機や MRO の対象航空機が使用）の「エアースペースパーク」と呼ばれる地域に多くが集積している。

　シンガポール政府の MRO に関する法制度や規則、租税制度はわかりやすく整備されていて、課題は特にないとされている。しかし、業界には次々と出てくる新しい航空機やエンジンへの対応やメンテナンスの少ない先進機材の導入、オイルやスペア部品の価格上昇、新型コロナの流行やウクライナ情勢の影響による MRO 需要の急減、という課題がある。その他にもシンガポール独自の課題として、チャンギ空港とセレター空港の MRO 関連施設の拡張性の欠如、全般に人件費が高いシンガポールでさらに高額な技術者の人件費、技術者のスキル不足や高齢化、若年層に魅力的な就業先となっていない MRO の現状などといった課題がある。

　②　マレーシアの MRO

　マレーシアの航空産業は、東南アジアで第 2 位の市場規模である。2018 年の同国の航空関係企業の収入 36 億 US ドルのうち 46 ％が MRO 関連事業であり、航空関係企業 230 社中 48 ％が MRO 企業となっている[4]。このように MRO は、同国航空産業の中で大きなシェアを占める重要な産業である。

　MRO 政策をリードするのは、規制面では主に民間航空庁（CAAM）で、産業投資面では投資開発庁（MIDA）が主体的な役割を果たしている。

　同国では、Aerospace Industry Blueprint 2030 という政策を打ち出しており、MRO を重要分野のひとつとして掲げ、2030 年までに東南アジアの MRO 市場の 50 ％、世界 MRO 市場の 5 ％程度を獲得する目標を掲げている[5]。

　MRO 企業の代表格は、マレーシア航空系の MAB Engineering であるが、それ以外に AIRBUS 関連企業の Sepang Aircraft Engineering など多くの MRO 企業があり、それらは主にスバン空港とセパン空港に集積している。

　政府に対しての課題としては、MRO に関する税制優遇の面でシンガポールに劣後していること、証明書発行に手間がかかり過ぎていることなどの指摘がある。また、業界では、シンガポール同様、空港における MRO スペース不足や将来の人材確保やその育成などが課題とされている。

③　インドネシアの MRO

インドネシアの MRO 需要額は 1 億 US ドル程度とされている。そのうち国内シェアが 45 ％で、残りが海外に流出していることから、海外流出部分にどう対応するのかが課題とされている[6]。MRO 政策をリードするのは、規制面では主に民間航空総局（DGCA）で、産業投資面では経済調整庁や運輸省などで構成する経済特別区協議会（KEK（NCSEZ））が重要な役割を果たしている。同協議会は同国で初めてとなる MRO 経済特別区の設置（バタム島 2021年 6 月）など、MRO を国内の重要産業に位置付けて取り組んでいる[7]。

MRO 企業の代表格は、ガルーダ航空の技術部門からスタートした GMF Aero Asia であり、バタム島には Batam Aero Technic というライオン・エア・グループ系の MRO 企業がある。多様な MRO 企業の集積する主な拠点は、ジャカルタにあるスカルノ・ハッタ空港などの 3 空港、バタム島のハン・ナディム空港、そして東部にあるスラバヤのジュアンダ空港である。

業界からは、新型コロナの流行による収益の急激な落込みのほか、欧州航空安全機関（EASA）や米国連邦航空局（FAA）の承認企業が極めて限定的なことが課題とされている。また、技術者確保も課題であり、加えてシンガポールに比べサプライ・チェーンに問題があるとされている。例えば、スラバヤでは新型コロナ流行前でもパーツを取寄せるのに 2 〜 3 日を要していたが、新型コロナの影響で 1 週間ぐらいパーツが届かない状況になっているとのことである。

④　タイの MRO

2017 年に約 9 億 8,000 万 US ドルであったタイの MRO 需要は、2037 年には2017 年の 3 倍の需要になると予測されている[8]。

タイで MRO 政策をリードするのは、規制面では民間航空庁（CAAT）であるが、産業投資面では投資委員会（BOI）が主体的な役割を果たしている。後者は東京・大阪にも事務所があり、タイへの投資を呼びかけている組織である。

タイの MRO 企業代表格は、タイ国際航空整備部門 Technical Department である。MRO 企業の主拠点は、スワンナプーム空港とドンムアン空港である。

このほか、将来の MRO 拠点としてウタパオ空港の整備が進められている。同空港の整備は、政府の東部経済回廊開発の重要プロジェクトのひとつに位置付けられており、MRO 推進のための施設整備などが進められている。

政府の課題は、ウタパオ空港の整備が遅れていることである。しかも、ウタ

パオ空港の整備に強く関与していたタイ国際航空が破綻し、現在、再生過程にあるためウタパオ空港整備どころではないという状況である。業界としては、新型コロナ流行による MRO 需要の急減、スワンナプーム空港とドンムアン空港の MRO 施設の拡張性の欠如、慢性的な技術者不足や人材の確保・育成を課題として挙げている。

（3）日本の MRO の概況
①　ANA の MRO

ANA では、本社と ANA ベースメンテナンステクニクスや ANA エンジンテクニクスといった MRO グループ会社の5社で構成する e. TEAM ANA がグループとして認可を受けて整備を実施しており、他では例を見ない体制となっている。e. TEAM ANA（総勢4,300人）は ANA グループの機体やエンジンを対象とした整備のほか、政府専用機などの受託整備も手掛けている。また、MRO Japan（14.2参照）などとも連携して MRO 事業を充実させたいとしている。一方で、e. TEAM ANA のみで同グループ保有機材のすべてに対応することが難しいため、中国、台湾、シンガポールなどの海外 MRO 企業に機体整備やエンジン整備などを一部委託している。

②　JAL の MRO

JAL では、100％子会社の株式会社日本航空エンジニアリング（約4,000人）で MRO を実施している。しかし、JAL も同グループで保有する機体やエンジンのすべてを行っているわけではなく、例えば機体整備では一部を資本関係のあるシンガポールや中国の海外 MRO 企業で行っている。また、他の航空会社の受託整備や自衛隊機のエンジンや部品の整備なども行っている。

同社は「壊れたら直す」から「壊れない飛行機を創る」整備に方針転換しており、新世代航空機への更新、故障予測技術実用化、予防整備の徹底などの機材品質向上や、直接行う整備作業の品質改善、モバイル化・電子化による書類作成などの間接作業時間や費用削減といった、作業品質向上に取り組んでいる。

③　LCC における MRO

LCC は自ら MRO を行わず、外部の MRO 企業への整備委託によりコストを抑えるビジネス・モデルとなっている。そのため、日本の LCC でも自社で MRO を実施する企業はほとんどなく、その多くが海外の MRO 企業に委託し

ている。

④　MRO Japan の動向

海外では航空会社やエンジンメーカーから独立した MRO 専門の企業が存在するが、日本ではそのような MRO 企業は近年まで存在していなかった。しかし、2015 年 6 月に MRO 専門企業として MRO Japan が設立され、2019 年 1 月から那覇空港で運用を開始している。ANA ホールディングスが出資しているため、完全な独立系 MRO 企業とは言いにくいが、運営の独自性が高く、スカイマークエアラインズ、ソラシドエア、スターフライヤーといった航空会社の MRO を受託している。また、2022 年 10 月には欧州航空安全庁（EASA）の事業場認定を取得し、国際認証のもと、海外の航空会社の国際線の運航整備やビジネスジェットの機体整備も受託している[9]。

(4) MRO に関する課題と日本への期待

前述のとおり、各国の MRO に関する課題としては、概ね航空機の進展に伴う技術革新への対応、MRO 関連施設の増設スペースの欠如、慢性的な技術者の不足・高齢化・育成の困難性、MRO 職種の魅力や人気の欠如などの共通した課題が挙げられている。中でも新世代航空機などの技術革新への対応と技術者に関する課題が大きいとみられる。

前者についていえば、MRO は大きな手間と労力が必要だった B767 や B777 などの前世代航空機から、それらが大幅に減少する B787 や A350 などの新世代航空機へと環境が変化している。図 14.1 の左側のデータ（a）は航空機材の世代交代を如実に物語っており、右側のデータ（b）は前世代航空機に比較し

出典：AIRBUS の公表情報をもとに JTTRI–AIRO で作成

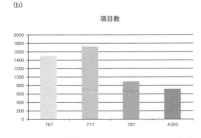

出典：JAL 提供情報をもとに JTTRI–AIRO で作成

図 14.1　（a）航空機の世代交代、（b）MRO 作業項目数

新世代航空機は MRO の作業項目数が大きく減少していることがわかる。新世代航空機の増大による MRO 環境変化への適応は、既に関係者で検討が始まっているが、将来の MRO のあり方に大きな影響を与えるものと想定される。

　後者は喫緊の課題となっており、MRO 環境の変化も加わり技術者の確保・育成は益々大きな課題となってくると思われる。

　いずれにせよ、新型コロナの流行等で急速に落ち込んだ航空需要が徐々に回復すれば、使用航空機数も増大することになる。新世代航空機の増大により作業項目や整備箇所の減少など質的な変化を伴いながらも、使用航空機数の増大予測を背景に MRO の需要は引き続き見込まれるところである。

　東南アジア主要国では、MRO を国家の有望な成長産業としてとらえ、新型コロナの流行などで厳しい環境に晒されながらも、引き続き、国を挙げて MRO の振興に取り組んでいる。一方、日本では MRO は航空交通を支える大前提とされ、存在自体が脚光を浴びることもほぼない状況になっており、残念ながら MRO を国家産業の柱とする政策はとられていない。もちろん、日本でも MRO 施設整備支援や技術者確保の取組みなど、国や地方公共団体で部分的な取組みは行われている。しかし、必ずしも国を挙げての取組みとはなっていない。

　MRO を巡る他国の動向や環境変化を踏まえると、顕在化している技術者の確保や育成はもとより、安全・安心な航空交通の確保、航空産業の振興と航空雇用の創出、経済安全保障の観点から、わが国 MRO 企業が有する高い整備能力やその技術を基に、国を挙げた MRO の振興政策に取り組むべきである。

（運輸総合研究所アセアン・インド地域事務所　山下　幸男）

14.2　MRO 事業への挑戦

(1) 旅客機の長期需要予測

　今後、旅客機がどのくらい必要とされるのかという見通しについて、2021年にボーイング社が予測を行っている。これは、機材更新分と市場拡大に対応した新規導入分を含んだものだが、2029 年までは機材数の伸びが鈍化する見込みである。2039 年までに幅を持たせると、新型コロナウイルス（以下、新型コロナ）流行前のデータと変わらない機数が製造・納入されると予測している。航空機は着々と製造されており、整備の必要性は確実に増大するものと考える。また、増加する機材のなかでも Single-aisle（単通路／小型機）が 75 %

を占めるとされており、この部分が MRO Japan 社がターゲットとする市場である。

　MRO ビジネスを世界の全市場をターゲットにできるかというと、そうではない。やはり地域別の市場を対象とした方が整備のために空輸する距離も短くなる。アジアで勝負する場合、中国および東アジアは大きな市場である。コロナ禍でも、エアラインは飛行機を所有している以上、飛ばなくても決められた整備をしなければ耐空性は維持できない。つまり、運用しなくても整備需要は存在する。一方で、コロナ禍における貨物需要は旺盛で、貨物専用機を持っているエアラインは、盛んに運用している。さらに、旅客機にもベリー（腹部）に貨物を積むスペースがあるため、No Pax On Cargo という状態で、旅客が乗っていなくても、貨物は運搬している状況である。このため、海外 MRO には旅客機を貨物機に改修するオーダーが急増している。

　ANA は、これまで海外 MRO も活用していたが、各国におけるロックダウンをはじめとするコロナ対応におけるリスク等を考慮し、2020 年度と 2021 年度は、海外 MRO に委託することなくすべての整備作業を内製化した。再び旅客需要が回復すれば、国内で整備できる作業量を超える可能性があり、2022 年度からは、海外 MRO への委託を再開する予定である。海外 MRO の状況は、前述の貨物機に改修するニーズも含め、コロナ禍においても堅調に受注が伸びている。今後、海外 MRO に委託する上では中期的にスロット（委託枠）を確保する必要があると考えている。

　また、新興航空会社の使用機材はリースが多い。例えば 8 年契約をしたとすると、8 年後には航空機を返却しなければならない。このリース返却時の整備は、契約上しっかりとした整備が義務付けられていることが多い。こういった要因も含め、アジアにおける MRO ビジネスの市場は、10 年 20 年先に萎んでしまうことはないと見ている。

（2）MRO 事業設立

　なぜ ANA として MRO 事業を立ち上げたのか。様々なイベントリスクで航空需要が変動し、2011 年に ANA グループは、生き残りをかけて各部門が構造改革を断行しなければならない状況に置かれた。整備部門も、安全な運航体制を大前提としたうえで、固定費の削減や人員効率化、機材効率を上げるなど、様々な施策の検討を行った。そのときに、コスト削減や効率化だけでなく、こ

れまで培ってきた技術力やノウハウを活かし外部収入を確保するなど、もっと元気が出るような施策として、MRO 事業という発想が生まれている。飛行機は、自動車の車検のように約 2 年ごとに格納庫に入れて、点検・整備しなければならない。その他にもライン整備という日常の整備や、エンジン・装備品の整備もあるが、今回設立する MRO 事業は、格納庫で定期的に行う点検／整備／改修を事業とするものである。

　事業には、大きな格納庫を建てる用地が必要である。ANA のドック整備拠点は、羽田・成田・伊丹の 3 つの空港であったが、伊丹空港の格納庫は 50 年以上使っており建て替えの必要性があった。また成田においても格納庫の維持費が必要となるので、新たな費用負担をできるだけ回避するため、3 拠点を 1 拠点に集約することでコスト削減を図った。

　それまで、MRO 事業に挑戦しなかった理由は、航空会社の整備部門は自社の機材整備に集中する役割を担っており、他社の機材整備を受託するという考えがなかったからである。また、土地の確保や高額な格納庫建設費等の課題が多く、日本でビジネスとして成立させるのは難しいと考えられていた。

　伊丹の拠点をなくすことで、中小型機の整備や、「ポケモン」「鬼滅の刃」等の人気コンテンツの塗装という、得意な領域におけるナレッジを失ってしまうことは惜しく、活かす方法はないか検討された。大義は日本の航空機産業の発展や地域の産業振興への貢献であり、ANA グループの収益性やプレゼンスの向上も目指すことである。

　当初から、ANA 単独ではなく、オールジャパン体制で、MRO ビジネスに参入することも前提に様々な検討を進めてきた。最終的には、沖縄県に格納庫を建設していただくとともに、ジャムコ・三菱重工・沖縄県内企業 5 社からの出資も整い、MRO Japan を設立することとなった。

　沖縄県は観光業が主要産業であるが、理系の就職先が少ないといわれていた。当時「沖縄 21 世紀ビジョン」を掲げ、技術系人材の雇用と地域経済の活性化を目指していたが、そこでこの事業を提案、用地や格納庫の提供を受けた。一方、国としては ANA 一社だけに投資することはできないため、ジャムコと三菱重工と提携することとなった。ジャムコは、海上保安庁や自衛隊等、官公庁のノウハウを豊富に有している。三菱重工は、当時開発中の MRJ をアジア各国へ販売するうえで、納入後の整備やアフターサービスの拠点を確保する必要があると考えていた。その役割をこの MRO が担うということで提携に

至った。

　事業戦略としてまずは国内市場を攻めようと考えた。10 年前は LCC が次々と増えてきた時期であるが、LCC は整備部門を自社として最低限しか持たないため、重整備は外部に委託するしかない。海外 MRO に委託する際には、整備の領収検査員の派遣や、部品の輸送等々、整備作業費用の他に多額の費用がかかる。国内を拠点とする ANA は、総整備費用を低減するために貢献できる。さらに、自衛隊も利用する空港である那覇空港を拠点としている特徴を活かし、最終的には自衛隊を顧客にできたらと考えた。

　また、リース返却整備を行うには海外の認証の取得が必要である。EASA もしくは、FAA の認定事業所資格が必要である。ANA のターゲットは、Peach を含めエアバス A320 が使用機材として多いので、まず EASA の認定事業所資格を取ろうという発想である。また、航空機はしっかりと整備すればリセールバリューも確保されるため、通常時からリース返却時の整備まで一気通貫で受けることで、リース会社にもメリットがある関係を構築していこうと考えた。

　機材の改修については、エアラインはファーストクラスやビジネスクラス等、個社の特徴を出した快適な空間の提供を「売り」にするための客室改修を頻繁に行っている。新型コロナウイルス流行の影響でこうした改修ニーズはなくなっているが、前述の貨物機改修ニーズを含めて確実に機材の改修ニーズは高まってくると予測している。

　最後は夢に近いが、那覇空港は滑走路間の埋め立て等による拡張が不可能ではないので、将来的に産業クラスターが形成されたら素晴らしいと考えている。

(3) 那覇空港での事業展開

　沖縄は東アジアの中心に位置しており、様々なビジネスチャンスのある立地である。国内では、2019 年以降、国内 LCC の使用機材のリース返却が年 5 機以上のペースで発生するが、ピークは 2025 〜 2027 年に来るとされている。また、自衛隊に関するビジネスチャンスとして、空中給油機（KC46A）が既に配置されたが、この整備体制先に ANA ホールディングスが選定され、MRO Japan に委託されることとなった。

　まずは早期事業の安定化が第一である。次に今後、整備士が不足されると予測されているなかで、10 年先を見据えた人材の確保と育成に取り組むべきとした。若者に向けて、航空専門学校を中心に産官学がタッグを組んで行おうと

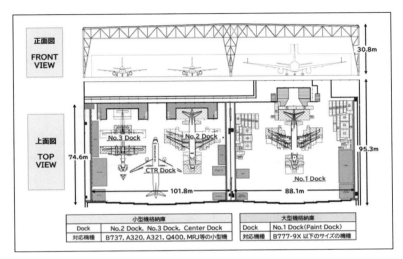

図 14.2 那覇空港での格納庫平面図

している。こうした経緯で、2015 年に大阪で会社を設立した。当時は従業員130 名であったが、2022 年 1 月 1 日時点で従業員は 357 名である。

那覇空港で使用する格納庫は国内最大級であり、羽田の格納庫と同規模である。横約 200 m、縦約 100 m、大型機が右側に 1 機、小型機が 2 機（プラス 1機）、図 14.2 のように配置される。また、整備作業と並行してペイントもできるように、ペイントハンガーも作っている。

那覇での施設建設は遅れたが、その間、伊丹の整備拠点をそのまま使わせてもらい、那覇の施設ができるまで待ちながら、従業員の育成は ANA グループのベテラン社員が行った。そして、2019 年に那覇に移転し、現在に至っている。

(4) MRO Japan の強みと対応

強みは技術力と品質、そして顧客ファーストの精神である。顧客はエアラインである。自社機体の整備をずっと行うだけでは、顧客ファーストには十分とはいえない。

対応機種は図 14.3 に示すとおりである。塗装は全機種対応しており、ポケモン等のペイントも行っている。わが国の LCC のみならず、スターラックスといった外航 LCC からも、ライン補助整備作業等を受託している。今後、実

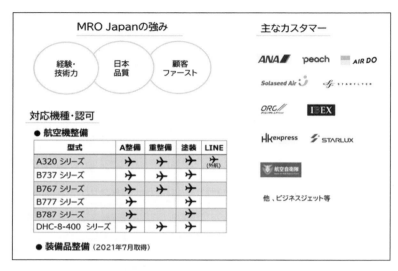

図 14.3　MRO Japan の強み・対象機種・主なカスタマー

績や経験を積み上げ、航空自衛隊については、2023 年の KC46A 初回 C 整備受託に向けて準備をしている。政府専用機は、2025 年度にペイントを受託予定である。その他、ユニバーサルエンターテインメント社のビジネスジェットからも受注する予定となっている。

　また、2022 年 10 月には EASA 航空機整備事業場認定を取得した。

(5) アジアを代表する MRO へ

　設立の構想段階（10 年前）から目標としてきたが、あらためてアジアを代表する MRO になっていきたい。図 14.4 の●印はアジア圏の海外 MRO を表しており、まだこれからも増える可能性がある。新型コロナの影響を受けたが、中国をはじめ各国とも MRO ビジネスの商機はあるとして、MRO 拠点を作ろうとしている。確かに民間機市場では競争は激しいが、官庁需要に関しては他国との競争はないので、そこでしっかりと足固めをして、海外との競争に挑戦できる体力をつけることを目指していきたい。

　シンガポールはじめ MRO の産業クラスター化を目指している国は、海外も含め、企業を誘致することを考えている。日本でも、そういう考え方があってよいと思う。ただ様々なハードルがあり、一企業では、絶対にできないであろ

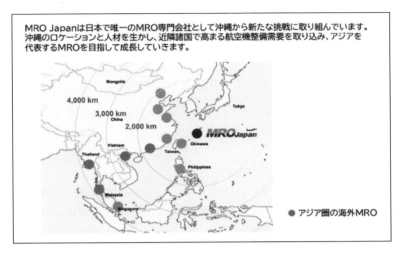

図 14.4　アジア圏の海外 MRO

う。国や自治体を巻き込んで、可能性があればこのようなクラスターの一翼を担えればよい。

　また、MRO ビジネスは、空港の近くでなければ物流の点で成り立たないため、用地の拡充が必要である。国内他社だけでなく海外からの進出も歓迎である。航空の整備に関わるプレーヤーは、世界でもそれほど多くはない。

　人財の育成については、沖縄高等専門学校との連携は進めているが、それだけでは足りない。人財育成および確保は、どの企業も同様に課題としているが、一等航空整備士の資格を取得するのに、最短でも 5 年はかかる。仕事をしながら勉強し、飛行機の隅々までシステムを覚えるわけである。1 機種だけではなく、いくつも覚えてその知識を維持しなければならない。

　また、格納庫の中は全く空調施設などない、いわゆる 3K の就業環境である。それでもなお人財を惹きつける要素が必要であるし、待っているだけではリクルートできないので、企業側からアクションする必要がある。

　2015 年の設立から 7 年目を迎える MRO Japan に、筆者自身沖縄に赴任することが決まっている。チャレンジングであるが、沖縄のため、日本の航空整備産業発展のために自ら先頭に立ってクラスターの核となる MRO 事業をさらに拡大していきたいと考えている。　　　　　　　　　　（全日本空輸　高橋　隆司）

第 15 章　国内・国際航空貨物の動向

15.1　コンビネーションキャリアとして物流を守る

　ANA グループは 2022 年で創立 70 周年、貨物専用機を持って 20 年である。民間の航空会社として、コロナ禍における貨物の取組みを紹介する。

(1) ANA グループ貨物事業の概要

　ANA グループは、1952 年に日本ヘリコプター輸送株式会社として設立し、国際定期便の運航は 1986 年のグアム線より開始した。2002 年に中型貨物専用機（B767）を導入して貨物事業に本格参入し、2009 年に那覇空港の沖縄貨物ハブをスタートした。2014 年、2016 年にはそれぞれ、ルフトハンザ航空、ユナイテッド航空とジョイントベンチャーを開始し、新しいスキームでビジネスを始めた。2018 年には、大型貨物専用機（B777）を導入し、貨物事業を拡大した。2019 年におけるグループ全体での旅客は 5,000 万人強、貨物は 133 万トンの輸送量であり、国内海外合わせて 93 都市に就航している。

　ANA グループは旅客運送事業の他、商社やビルメンテナンスなど、幅広く航空を軸に事業を行っている。その中のひとつとして ANA Cargo があり、貨物専用機（フレーター）のネットワーク、セールスやオペレーションを担う、社員数約 1,000 名の貨物事業子会社である。

　2019 年度の収入実績は連結営業収入で 2 兆円弱、そのうち航空事業収入が旅客・貨物合わせ 1.7 兆円で、その約 8 ％が貨物の収入であった。しかし、新型コロナウイルスの影響が旅客事業を直撃し、2021 年度の連結営業収入はほぼ半減した。一方、物流は止まらないということで、貨物の収入は 3,600 億円となり、グループ全体の収入に占めるシェアは 8 ％から 41 ％にまで上昇した。どこの航空会社も危機的な状況であったが、貨物がグループ全体の事業の下支えになった。

　ANA の特徴は、貨物専用機（フレーター）と旅客機の両方を保有する、わが国唯一のコンビネーションキャリアであることである。NCA はフレーターのみ、JAL は旅客機による貨物事業であるが、ANA は機材の特性や旅客便ネットワークを上手く活用し、組み合わせながら事業を展開している。フレーター

については、搭載可能重量が約100トンで長距離運航用のB777が2機、そして、同じく約50トンで中距離用のB767が9機運用している。これに加えて、約10〜20トン搭載可能な旅客機を組み合わせている。

　旅客機とフレーターでは特性の違いがある。旅客機は多地点・多頻度運航が可能であるため、生鮮や医薬品等、小口貨物に向いている。一方、フレーターは大量あるいは大型特殊貨物対応が可能である。貨物全体の約2〜3割はフレーターでないと運べない荷物であるが、残りは旅客機でも運べる。コンビネーションキャリアとして考えていることは、ひとつはネットワークのバランスである。ANAの国際線ネットワークはアジア・中国が中心で、この区間の旅客便貨物スペースのキャパシティは非常に大きい。ただし、全体の貨物需要はアジア・中国〜欧米間が多いため、日本〜欧米間の旅客機のキャパシティをフレーターで補いながら、物流を支えていく戦略である。そうすることで、毛細血管のように張り巡らされた旅客機のスペースを使いながら、大きなマーケットの欧米へ輸送する。そして国内ネットワークは、トラックによる陸送だけではなく、全国の地方空港から羽田・成田に航空貨物で集荷していく。

　もうひとつの特徴として、世界のキャリアの中ではかなり品質が高いと自負している。例えば、Sensitiveという面では、半導体製造装置や医療品、完成車、生鮮食品の温度コントロールなどについて、顧客ニーズに合った柔軟なサービスを提供するとともに、インハウスのフォワーダー（自ら輸送手段を持たず、荷主と直接契約して貨物輸送を行う事業者）として、グループ内に株式会社OCSというフォワーダー機能を担う会社も有している。2021年の輸送量は内際あわせて世界13位であり、この規模を維持している。

(2) コロナ禍における航空貨物事業の環境とANAの取組み

　国際物流のメインは海上輸送であり、航空輸送は2番目、3番目の選択肢であるが、航空は輸送時間が短縮できることと、BCP対応で従前から利用されており、コロナ禍において求められるシーンが非常に増えた。

　航空貨物の全体のキャパシティにおいて、フレーターが占める割合は3〜4割といわれている。コロナ禍による旅客便の大幅減で貨物機の需要が増加し、航空貨物スペースは2割ほど少ない状況が続いている。感染拡大が始まった直後は需要が減少したが、2020年夏以降には既に2019年度水準に回復している。これに加えて、海運において混雑が発生し、いわゆる「船落ち」に伴い、貨物

出典：ANA Cargo

図 15.1　北米西海岸で沖待ちする船舶

が大量に航空の方に回ったために、航空貨物需要の増加に拍車がかかった。これに対して、供給がなかなか伸びず、需給のミスマッチが起こった（図 15.1）。

また、コロナ禍において輸送する商材も変わってきている。まず半導体関連では、工場は自動化されており、ロックダウンの影響は自動車製造と比べるとまだ小さく、非常に堅調な輸送ニーズがある。加えて、リモートワークで、PC 本体やデータセンターへの投資が拡大しているため、非常に伸びている。医薬品関係では、ワクチンから治療薬にはじまり、一定の割合が航空で運ばれてくる。こうしたベース需要に加えて、医療関係者向けのマスクや防護服など、非常に伸びた商品もある。

　一方、自動車関係は、工場停止や半導体の供給不足対応など、緊急を要する輸送があり、かなり混乱していたため、海運からの船落ちがあったことと、BCP の観点での輸送が非常に多く、今なお一部残っている。これらの変化に対して、ANA では以下の 5 つの打ち手を講じている。

　①　フレーターを成田へ集約し運航効率を向上

　所有の 11 機のフレーターを最大活用するため、成田に集約し、運航効率を高めた。コロナ禍前は、沖縄ハブをはじめ、北九州、関空、成田を中心に、貨物便はこれらの空港を経由していた。それを一旦、沖縄ハブの貨物便を運休させ、他社を含めた旅客便のスペースを活用する「沖縄国際物流ハブの新モデル」に置き換えつつ、成田にフレーターを集約させたのである。稼働を高めることが、キャパシティを維持することにつながるため、フレーターの 1 日あたりの稼働時間をほぼ 2 倍に引き上げ、供給量を 2 倍にした。

　沖縄発の貨物取扱量は、沖縄ハブを始めて 12 年経って、120 倍に増えている。現在は沖縄からの国際旅客便は飛んでいないが、羽田を経由し海外に運んでいる。

　②　フレーターの運航基地を拡大

　北京、杭州、ハノイ、マニラ、ホーチミン、ホノルルには、中型機 B767 フレーターが飛んでいなかったため、急ピッチに基地をつくって飛ばす判断をし

た。また、大型機B777フレーターも、それまでは基本的にシカゴと上海だけだったが、シアトル、ロサンゼルス、青島、台北、バンコク、フランクフルトにも飛ばすこととした。サプライチェーンの変化は激しく、顧客ニーズに即していくには、就航可能地点を増やし、タイムリーに応えることが重要である。上海でロックダウンがあったが、そうすると他の空港から、ということになる。上海の近くの杭州に基地をつくっておけば、物を運ぶことができる。そのような観点で就航地を増やし、ロックダウン等の突発的な需要への対応を図った。

③　旅客機を活用した貨物便の運航

　旅客機を活用した貨物便（ノンパックス便）の運航である。コロナ禍で旅客定期便が飛ばなくなったため、ノンパックス便をかなり増やした。最近は旅客需要が回復しつつあるため、徐々に減少しているが、コロナ禍の頃は旅客定期便よりもノンパックス便の方が多かった。一時期は、客室に貨物を積みながら、限られたスペースを有効に活用する工夫もした。

④　旅客便の一部発着を成田に集約し、輸送ニーズに対応

　もともとヒューストンやワシントンは、羽田との間に定期便を運航していた。入国制限に伴い旅客需要は減少したが、一方でトランジット旅客が増えた。また、貨物需要は成田の方が多いことから、羽田から成田に旅客定期便を移動させながら、貨物もトランジット旅客需要も取り込む工夫をしている。

⑤　顧客ニーズに対応した輸送

　顧客ニーズに対応した例として、新型コロナウイルスのワクチン輸送がある。荷主のファイザー社からの、「ベルギーから約2億回分を、マイナス70度の温度管理をして、成田に午前中に到着させる」というニーズに対し、運休中のブリュッセル線を復便させた。また、ドライアイスが大量で積みきれないため、梱包内の昇華率などを計算し、規定も変更した。こういったニーズにしっかり応えながら、特殊な商材の物流も守ってきた。

　他に何を運んでいるか、トピックス的なところを挙げる。企業を支える視点では、自動車生産量は抑制気味ではあるが、航空で運ぶことが多い展示車や試験車の輸送ニーズはある。半導体は特に米国西海岸で大規模工場建設の動きがあり、日本メーカーの半導体製造装置の輸送ニーズがあった。

　社会を支える視点では、ティモシーキューブという牛の飼料があり、船便が混乱してこの牧草が運べないため、急遽大量に空輸したことがあった。また、マクドナルドのポテトも足りなくなり、これも空輸した。巣ごもり需要でPC

等の需要増加にも対応した。

　以上のような、5つの打ち手でこれまでの期待に応えてきた。

(3) ポストコロナに向けて

　IATA（国際航空運送協会）が予測している旅客需要では、2024年から2025年にかけ、ようやくコロナ前の水準にも戻るという見通しである。

　シンクタンクの予測では、少し景気が冷え込んできた懸念もあるが、中期的に見れば、アジア〜欧米、アジア域内を軸に貨物需要は伸びると見込んでいる。一方、供給力の戻りは予想以上に遅く、需給バランスは締まった状態が続く。そういう意味では、旅客便の回復を見ながら、先ほどの5つの打ち手を継続し、物流を守っていきたい。さらに、航空物流の発展・サプライチェーンの変化に寄与していくことについて、少し紹介したい。

① 航空物流におけるDX推進

　1つ目は、DX推進である。物流業界としては、取り組みやすいタイミングである。フォワーダーをはじめ、リモートワークが進み、これまでは紙の書類中心のやり取りであったものが、かなりオンラインでできるようになった。業界全体としても、DXを推進していこうという雰囲気がある。

　既存プロセスを見直しながら、最新のシステムを積極的に導入し、社員の働き方改革とともに、プロセスからビジネスモデルまで変えていきたい。そのためには、業界の慣習や規制も変革していかなければならない。紙が1枚でも残ると、それに対して担当人員を配置しなくてはならない。例えば、危険品の申告書や安全確認書等は紙で求められているため、こういったところをひとつひとつ、各所の理解を得ながら消し込んでいく手順を行っていきたい。

② SDGs達成に向けた取組み

　2つ目は、SDGsである。ペーパーレス化もあるが、運送備品として大量のビニールシート等が出るため、リサイクルも重要である。車両・施設の省エネ化も、もちろん大切である。

　一番大きいのは、SAF（Sustainable Aviation Fuel）の使い方である。10.2で述べられているとおり、SAFは、バイオマス等の燃料でCO_2排出量を削減するため、この生産量を増やすことと、これを活用することの2つが大きなテーマである。

　貨物部門は、カーボンオフセットの仕組みを航空物流にも入れていきたいと

いうことで、SAF Flight Initiative というプログラムを立ち上げた。SAF の購入に関わるコストの一部をフォワーダーや荷主に負担してもらう代わりに、CO_2 削減証書を発行して、受け取った者がスコープ3のオフセットに使う仕組みをアジアで先導して創ってきており、これを普及させていきたい。これによって、SAF 利用への理解を進めて、業界としてその活用を拡大していければと考えている。

③　大型貨物専用機（フレーター）の導入

もうひとつは、独自の取組みになるが、SDGs の観点から、燃費のよい機材である B777-8F という最新鋭の飛行機を導入し、増大する貨物需要と SDGs 両方に対応していくことだ。

④　GDP ／顧客ニーズに沿った輸送サービスの提供

最後になるが、顧客のニーズは高度化している。半導体を中心とした輸送需要も増えることが予想される。自動車部品についても、例えばバッテリー輸送が増えると、危険品の取扱いについての一層の高度化が求められるようになる。また、農水産品は政府を含め、アグレッシブな目標を立てて輸出を推進しているが、地方からの内際接続やコールドチェーンで輸送を支えていきたい。医薬品もコールドチェーンであるが、生鮮と比べかなり高度化されたクールチェーンが求められ、今後さらに強くなってくるため、医薬品業界とも連携しながら、輸送モードの質を上げていきたい。

今後の大きな課題として、DX、SDGs、そして顧客のニーズにあった輸送サービスをどう提供していくかが大きなテーマになっている。引き続き挑戦を続けていきたい。　　　　　　　　　　　　　　　　　（ANA Cargo　湯浅　大）

15.2　貨物ハブ化に向けて　空港の機能強化と運用の効率化

貨物ハブについて、実際に北九州空港建設プロジェクトや航空会社（ギャラクシーエアラインズ）を立ち上げたことなど、空港・航空オペレーションに携わった経験をもとに、現場レベルでの話をしたい。

(1) 貨物ハブ空港としての必要な条件

空港機能としては、24 時間運用でき、自由に飛べる発着枠があることや、メンテナンスのために複数の滑走路があることが必要である。また、スポット数や、貨物上屋等の施設、輸出入貨物の取扱いでは CIQ 機能も重要な条件と

なる。

　航空貨物輸送ネットワークにおいて、路線別バランスや、地域間の貨物量バランスをとることは、非常に難しい。海外に比べて、国内空港では空港関連施設使用料が高い。加えて、グランドハンドリングなど、地上支援業務の費用がボディーブローのように効いてくる。就航する時間と貨物の搬入から出発までの時間についても、過去に大きな課題があった。海上空港の場合、横持ちの問題、あるいは連絡橋等の費用（トラックや従業員の出勤も含めたもの）がある。さらに、空港背後圏の貨物需要などの要因がある。ハブ空港の機能は、ハードとソフトの両面から、貨物ハブ空港に必要な条件として総合的に認識する必要がある。

（2）ACI 空港ランキング

　国際空港評議会（ACI）による、2021 年空港別貨物取扱量ランキング（表15.1）において、上位 10 位以内に大きな変動はない。この中で、総貨物量と国際貨物量を比較すると、フェデックスや UPS 等のインテグレーターが利用している空港は、国際貨物量と国内貨物量のバランスがよい。国際貨物量だけでみると、航空貨物のスーパーハブであるメンフィス国際空港やルイビル国際空港は 10 位以内に入っていないことがわかる。

　一方、香港や上海、仁川、あるいはヨーロッパの各空港では、周辺の貨物をトラックや飛行機で集めており、貨物ハブとして周辺諸国・地域との連携が進んでいる。

（3）貨物ハブ空港

　貨物ハブ空港の事例として、フェデックスや UPS が展開する、メンフィスやルイビルを視察した。以下に紹介する。

①　メンフィス国際空港

　テネシー州メンフィスにある国際空港でフェデックスのハブ空港である。トラックターミナルにトラックが並んでいるのと同様に、多くのフレーターが並んでいる。深夜も含めて、従業員が空港の制限区域に

表 15.1　2021 年空港別貨物取扱量

総貨物量		
順位	空港	取扱量（トン）
1	香港	5,025,495
2	メンフィス	4,480,465
3	上海・浦東	3,982,616
4	アンカレジ	3,555,160
5	仁川	3,329,292
6	ルイビル	3,052,269
7	台北	2,812,065
8	ロサンゼルス	2,691,830
9	成田	2,644,074
10	ドーハ	2,620,095

1,000 人単位で入っていくことや、地上管制を民間が行っていることなど、日本の空港とはまったく違うオペレーションであった。

②　ルイビル国際空港

ケンタッキー州ルイビルにある国際空港で、UPS のハブ空港である。旅客ターミナルよりも貨物ターミナルが大きく、滑走路の中央を全部使っていた。カーゴローダーでの貨物の積卸作業とともに、飛行機が貨物ターミナルに直接ノーズインして、そのままフラットな状態で、コンテナや ULD を搭降載するものもあった。また、コンテナや ULD のローダー等運搬用の機器については、現在、ロボット化や自動化した GSA などの地上支援業務用機材の開発や検討が進んでおり、UPS の中にこれらを研究する部門があった。例えば、コンテナを運ぶローダーのローラーの大きさについても、音が小さく滑りがよいといったところまで研究し、貨物の積卸のオペレーションの時間短縮や作業環境の改善にも力を入れていた。

③　シンシナティ・ノーザンケンタッキー国際空港

Amazon が貨物ハブとして開設した空港である。Amazon は自らで飛行機の運航はせず、エアトランスポート・サービス・グループ（ATSG）やアトラスエアワールド、最近では LCC のサンカントリー航空等に運航を委託している。同空港では、駐機場や駐車場、貨物ターミナル、仕分けセンターなど大型の施設は Amazon が設備投資している。駐機場には 100 機以上駐機でき、1 日あたり 200 便分の貨物を取り扱える。Amazon は EC 商品の迅速な配送で有名であるが、日本の場合、EC の物流量は全体の 10 ％以下であり、欧米は日本の 3 〜 4 倍以上である。リードタイムの短縮や越境 EC も含めると、Amazon の動きは当然なのかもしれない。

③　鄂州 花湖空港

中国湖北省と物流大手の順豊控股が共同で出資し、整備した空港である。旅客用としては地方空港の位置付けであり、2050 年においても旅客数 100 万人規模の計画に過ぎず、貨物のために造った空港である。面積約 70 万 m^2 の貨物仕分けセンターと、15,000 m^2 の貨物ターミナルビル、124 の駐機スポットが整備されており、メンフィス国際空港に匹敵する規模である。滑走路は3,600 m が 2 本、将来はもう 1 本追加される計画がある。アメリカのハブ空港と同様に、上海や北京、広州、成都、重慶まで約1.5時間で飛べる距離であり、国内貨物も含めたハブ空港を目指している。

(4) ギャラクシーエアラインズ

2006 年 10 月に就航したギャラクシーエアラインズは、大手航空会社と佐川急便、商社などからの 50 億円の出資金で発足した。1 号機はエアバス A300 の旅客改造機で、2 号機は新造フレーターであった。国内貨物としては、羽田〜北九州と羽田〜新千歳間、つまりトラックでは 1 日以上かかる区間はこの大きさの機材でも十分採算が合うという目論見であった。

就航先は 24 時間利用するため、羽田、北九州、新千歳、関西、那覇とし、AAX コンテナを 18 台、LD-9 を 2 台、LD-3 を 22 台で、50 トン前後で運ぶこととした。羽田〜北九州、北九州〜沖縄間が 1 号機のスタートとなり、その後、関西〜新千歳間に路線数を増やしたが、オペレーション体制の整備やコストを考えると、就航当初から一気に路線を増やすことは負担が大きかった。

(5) 運航上の空港の諸課題

ここでは国内における貨物ハブ空港化の難しさを考察する。

①　新千歳空港

新千歳空港には滑走路が 2 本あるが、当時は自衛隊管理の滑走路は利用できなかったため、基本的には 1 本しか使えなかった。24 時間運用といっても、当時の深夜・早朝時間帯の発着枠は 0 時〜 6 時までは 6 枠に限定されており、2007 年の就航当時は、国内貨物便が 2 枠、同旅客便が 4 枠で、既存のエアラインとの調整が入り、地元調整もあったため、0 時以降飛ばすことは大変であった。現在も 0 時〜 6 時までは 6 枠であるが、22 時〜 0 時と 6 時〜 7 時までは 24 枠に広がっている。

特に苦労したのが、デアイシング（除氷作業）である。貨物上屋と駐機場が離れていたため、冬期に駐機場から滑走路末端まで地上走行する間に、デアイシングした薬剤の効果時間が切れ、またスポットに戻ってこないといけないという事案が相当な頻度で発生していた。そもそもこのデアイシングの薬剤が非常に高価であり、大きなコスト負担となった。

貨物エリアと滑走路間の距離も長いため、現在は CO_2 排出量削減問題から様々な取組みをしているが、当時もこの航空機の地上走行時の燃油コスト削減は重要課題であった。また、貨物便の到着時間帯は旅客便とは異なり、これに特化した地上支援業務の体制を作っているが、新千歳の場合は深夜の人員体制を作ることが難しいこと、さらにハンドリングコストは 1 便あたり約 50 万円

（当時）と、他の空港に比べて2倍以上であった。

②　那覇空港

当時は3,000 m滑走路が1本の24時間運用空港であり、羽田〜那覇間を就航していた。羽田の離着陸が夜間優先のダイヤであったため、那覇空港では旅客便と変わらない時間帯に離着陸していた。羽田から沖縄への貨物は多かったが、沖縄ではベースカーゴが少ないために片荷となってしまい、空コンテナの扱いやコンテナ回しなどで困難な面があった。農産品については、花卉など季節品が急に増える時期もあるが、航空貨物のコストに見合わない状況もあり、なかなか那覇をベースにするのは難しかった。

貨物用の駐機スポットは空港エリアの一番端に設置され、その後、貨物ビルも建設された。海が近いため、長期間駐機すると機材が目に見えて錆びるなど、塩害の影響は非常に大きかった。また、深夜便のためダイバート空港の設定が関西国際空港になると搭載燃料はほぼ満載になってしまい、当時の羽田〜北九州間に比べ、燃料費だけでも2倍近いコストがかかった。また、台風の影響により欠航した場合には、鹿児島からフェリーとトラック輸送に代替したため、オペレーションコストも非常に高かった。

③　北九州空港

北九州空港は、滑走路は2,500 mが1本、24時間運用であるが、当時、国の方針として「深夜利用者（航空会社）が就航しないと24時間にする必要がない」とのことであったため、スターフライヤーが就航していない午前1時〜5時の間、ギャラクシーエアラインズに飛んで欲しいとの思いがあった。同空港ではその時間に滑走路メンテナンスを行っていたが、この間に就航便があれば、メンテナンス時間を変更・調整していただいた。

また、同空港での大きな課題は、福岡空港の周辺に物流事業者が集積しているために、横持ちのコストが大きく、輸送効率が低下することであった。同空港の貨物エプロンも現在は2つあるが、当時は1つで、荷捌きスペースも小さかった。

同空港には大韓航空が週4便運航しているが、当時は、ロサンゼルスから北九州を経由し、仁川着という1便であった。現在は輸出入両方可能な往復の運航になっており、北九州圏域の貨物が関西経由で輸出されていたものが、仁川経由で出ていくという、フィーダーとしての使われ方が起こっている。

同空港の国際航空貨物動態調査のデータによれば、アメリカからの成田・羽

田・関西経由での輸入は約 9 割で、3 空港経由での輸出は約 8 割である。福岡経由での輸出入は約 2 割である。欧州からの輸入については、3 空港経由は約 5 割であるが、福岡からも約 5 割である。輸出は 3 空港経由で約 8 割である。

　路線を誘致する際、当時、フェデックスから「フィーダー路線としてでも定期便を誘致するなら、最低でも 1 日約 30 トンの集荷（ベースカーゴ）が必要だ」と言われ、集荷するための荷主連絡会の開催など貨物需要創出のため様々な取組みを行った。当時、大分キヤノン（九州）からデジカメや半導体製造装置の一部など年間約 3 〜 4 万トン近くの航空貨物が輸出されていたが、運賃ベースでは 4 割近くを航空で運んでいた。大分からシカゴまでの輸送費は成田経由が一番安価であり、福岡経由の場合、国内輸送費は安いが、シカゴまでとなるとはるかに高い金額になっていた。関西利用の場合は、大分港から大阪南港等まで横持ちした上で輸送していた。当時の地元の荷主は、地域から安く出したいということで、発着可能時間の拡大、空港利用料の引き下げ、貨物便発着便数の増加、空港アクセスの強化等、空港ハブ機能の条件に当たるような様々な要求をしていた。

　ハブ空港になるためには、背後圏の輸出入貨物の需要をしっかりと確保することが重要であるが、日本の空港は、それが実現できない。

④　関西国際空港

　貨物エリアも広く、2 本の滑走路も整備されており 24 時間空港でスポットもたくさんあり、貨物空港としては国内で最も使いやすい。空港機能は十分であるが、コスト水準が高い。横持ちもアクセスコストも大きく、深夜帯に飛ばす際は従業員の出勤に伴う連絡橋の通行料が非常に高いため、成田に運んだ方がトータルでは安くなる。特に地上支援業務は、当時、エアライン系の会社に委託していたが、受入れ時間は全国共通の 120 分前である。これでは深夜便を飛ばす意味がないため、委託先をキャセイ関西に変更せざるを得なかった。この業界では異例ともいえることだったが、結果としてハンドリング事業者の入れ替えを決断した。

⑤　東京国際空港（羽田空港）

　貨物便の発着枠は 23 時〜 6 時となっている。2006 年 10 月以降、D 滑走路工事のために閉鎖時間帯もあり、これを避けて運航するというのは至難の業であった。駐機スポットの確保も難しく、貨物上屋も不足している。

(6) 共通課題

ハブ空港として機能するための条件である、貨物施設や駐機スポット、上屋や荷揚げ施設、背後地の貨物需要について、候補となる空港それぞれに足りないところがあり、空港機能だけでみると、現状では関西が一番条件に合っているが、アクセスや地上支援業務などのコストや効率面から、なかなか貨物ハブ空港としては難しい。

貨物あるいは航空機のオペレーションの中で、コストの大きな部分を占めている地上支援業務については、当時からコスト構造は変わっていない。国交省も現在、地上支援業務の効率化に積極的に取り組んでいるが、ハブ空港化の機能のひとつとして、地上支援の資機材の共通化・共有化等による生産性向上も必要である。民営化した空港運営会社では、地上支援業務の資機材はインフラとして保有する考え方もある。

アジアのハブ空港との競争を考えると、ハード面では、滑走路の複数本化、スポットや貨物施設の充実が必要である。ソフト面では、自由に使える24時間発着枠、国際化の問題、地上支援業務等が非常に重要である。

グランドハンドリング会社を貨物という視点でみると、空港系の事業者としては、関西や羽田のCKTS、新千歳のキャストがある。独立系では西鉄エアサービスがあるが、同社が展開する北九州空港の航空貨物ハンドリングや路線誘致が上手く回っており、貨物空港化を目指す同空港の機能のひとつとなっている。スイスポートなども中部等で展開しているが、路線数に合わせて規模は小さい。

このように空港のインフラ側、オペレーション側の両面において、機能の高度化、効率化を考えていくことが、貨物ハブ空港としては必要であるが、それぞれ事業者が異なり、一体的に解決できていない。空港だけでなく、製造業を含めた地域経済活性化のためにも、国策としての、貨物ハブ空港化への取組みに期待している。

（日本経済大学 内田 浩幸）

第4部

航空の多様性が空港にチャンスをもたらす

第16章　ビジネスジェットで日本の空を変える

16.1　空の道の駅

　本田技研工業の子会社であるホンダ エアクラフト カンパニー（HACI）が研究開発、製造販売をするホンダジェットは、小型ジェット機カテゴリーの出荷数で 2017 年から 5 年連続で世界一を達成している。

　航空機の性能はエンジンによるところが大きいが、ホンダジェットの特色はゼネラル・エレクトリック社（GE）の助けを借りながらも、エンジンを自社で開発し、商業化したところにある。自動車メーカーとしては常識なのだろうが、それまで日本の航空会社の使用する航空機のエンジンはすべて外国製であったことを考えると、ホンダジェットに賛辞を送りたい。

　本節では以下の 2 つに絞って述べる。まず、わが国には「道の駅」のような空港が必要だということである。そうすれば、国際会議などに参加する訪日外国人が「ひょいと来てひょいと帰れる」といった感覚の移動が実現できる。もうひとつは、筆者自身の経験に基づき、わが国と海外とのビジネスジェット（BJ）に対する感覚の差異を指摘しておきたい。

（1）道の駅のような空港

　高知県の四万十を観光した際に「道の駅」が競い合うように存在していたことを思い出す。いつ行っても駐車ができる、燃料も補給できる、食事も休憩もとれる。わが国の「道の駅」は、世界に類を見ない素晴らしいインフラだ。これに比べ、空港には必ず時刻表がつきものであり、時刻表がすべてを支配しているといっても過言ではない。整備はもちろん、キャビンアテンダント（CA）、乗員、CIQ など、すべて飛行機がいつ到着していつ出発するか、その時刻が重要であり、まさに時刻表がマスターとなっている。

　時刻表の必要条件を満たす空港が設計され、従業員が集まり働いている。日本にはこのように時刻表に縛られた空港しか存在せず、地方空港はもちろん、成田空港、羽田空港も同じである。そこに、時刻表に縛られたくない、BJ という「お客様」が入ってくるため、「邪魔者」のように扱われてしまう。

　日本ビジネス航空協会（JBAA）は 20 年以上の歴史があり、BJ 活性化に向

けて努力を重ねてきた。BJ の扱いはややもするとマイノリティに位置付けられる。「なぜ、貴重な空港スロットを BJ のために使うのか」「定期航空会社が嫌がる」「一般市民が使う飛行機の邪魔をするな」「どうして富裕層のために夜中に叩き起こされなければならないのか」といった具合である。

　日本での BJ の受け止めが世界と異なるのは何故か。繰り返しになるが、日本では空港の概念そのものが、時刻表をマスターとしているからなのである。日本の空港は、東京駅、横浜駅、新宿駅など鉄道駅と同様、時刻表を軸として運営されている。一方、道路沿いの道の駅には時刻表はなく自由にいつでも乗り入れられる。残念ながら日本の空港では「道の駅」のような空港はない。

　筆者がまず提案したいのは、「空の道の駅」を作ることである。24 時間 365日いつ来ても使えて、予約が要らず、到着が遅れたといって怒られることもなく、燃料の補給、トイレや食事もできる。BJ が日本に来ない理由は、施設が狭いことや容量が不足しているといった側面だけではなく、国民の理解の問題もあるのではないだろうか。

　鉄道網が稠密でないアメリカや山地が卓越するカナダでは、飛行機で移動することが普通であり、それは中南米や欧州も同様である。やがて徐々に定期便が増え、路線網が充実するなかで空港は巨大になりターミナル化し、ヒースローやフランクフルトのような形になっていった。バスターミナルと同じである。日本では、多くの空港のなかから、定期便を主に扱う空港が新宿駅や東京駅のように発展していった。国土の狭いわが国ではあるが、道路には「道の駅」が完備しておりその数は非常に多い。民間の力を活かして競い合っている。

　「空の道の駅」、海外ではこれを「FBO（Fixed Based Operator）」という。わかりにくい英語ではなく「空の道の駅」を合言葉に、BJ の「おもてなし」を充実していきたい。

(2)　ダボス会議で感じたこと

　筆者は ANA 勤務時代に世界経済フォーラムの年次総会であるダボス会議に2 度出席した。そのときの会議案内には、最上段に BJ での来訪者、次にヘリコプターでの来訪者、その次に定期航空便でチューリッヒ空港を訪れ、そこからダボスまでヘリコプターや車に乗り換えて来る来訪者といった順で表示がされていた。つまり、車でアクセスする人向けの案内は一番下にある。ダボスに

チューリッヒ空港経由、直接空路で入る洒落た人たちがいる一方、空港で車に乗り換えて列をなしてダボスに乗り入れる人たちがいた。その違いは鮮明で対照的、強く印象に残った。世界の要人たちは時間価値を優先し、BJ に乗ってピンポイントの目的地を目指し、仕事をこなして、すぐに帰途につく。

(3) Ｔ Ｓ Ｍ

　BJ が生み出す「時間」という価値に対する国民的な理解の差異がある。端的に言えば、T（Time）と S（Security/Secrecy）と M（Message/Mind/Meet）と言い換えることができよう。Time とはタイミングが重要であり、大事な時を外さないためには、それと運賃を天秤にかけないということである。例えば、我々がゴルフの飛距離を伸ばすために高価なドライバーを購入するのと少し似たメンタリティかもしれない。飛距離が伸びたからといってアンダーパーでラウンドできるわけではないが、そこに大いなる価値を見出している。単純な会計的計算では説明がつかないことだが、得られた結果との天秤にかけて納得している。

　日本からアメリカまでは航空機で 13 時間程度かかるが、今の世界では、その間にも様々な変化が起きている。定期便に乗れば 13 時間拘束され、途中で行先を変えることもできない。飛行中の時間をも大切にするビジネスパーソンには BJ の活用が必要である。飛行機の中で思案したり、スタッフと打ち合わせたり、行先を途中で変えたり、「貴方に会うために BJ で急いで来た」とアピールすることもできる。

　M の頭文字で連想されるのは、Message/Mind/Meet である。「自分は日頃 BJ を使っている」というメッセージ性を重視し、ビジネスチャンスを逃さない。「BJ で飛んで来た」というメッセージはとても大きく、そういう気持ち（Mind）で仕事している人なら会ってみよう（Meet）と流れが変わる。Time と Mind は密接に関係している。世界でビジネスパーソンとして戦略的に動こうと思うなら、BJ は必須のツールである。目まぐるしく世界が変化する今、定期便に乗っているだけでは業績は上げられない。これまでは現場の社員に支えられ業績を上げてきた会社も、やがて世界の競争に負け始めるのは、タイミングをとらえ損ねる結果かもしれない。

　S は Security/Secrecy で、秘匿性の担保という意味である。定期便で帰国するトップアスリートを日本ではよく見かけるが、BJ 利用ならプライバシーが

守られ、リラックスできる。世界のトップクラスにふさわしい空の旅ではなかろうか。

　このように、TとSとMは、定期便では手に入らない価値であり、これを重視するビジネスパーソンが使うのがBJである。ところが、BJのパンフレットは、豪華な内装の機内写真を載せており、それが一部の「リッチな人」「会社役員」が乗るのだろうと誤解させている。本来、BJ機内は機能本位で十分であるが、やはり豪華な内装やシャンパンなどのイメージが先行するようだ。

（4）BJの活用に向けて

　例えば、上海でBJのサミットがあると、上海を中心にした同心円を描いた地図上で、性能のよいガルフストリームやグローバルなどのBJでどこまで飛べるかが示される。日本は地理的によい位置にあり、日本〜中国間は約460マイル（740 km）、日本〜韓国間は約110マイル（177 km）、日本〜ロシア間は約180マイル（290 km）と距離はあるが、東京を中心に同心円を描くと、BJでマイアミにもパナマにも南米にも欧州にも行くことができる。

　イギリスと欧州大陸は22マイル（34 km）しか離れておらず、自動車に乗れば、カーナビでも海外の道路が出てくる。国同士が陸続きの欧州では普通だが、島国の日本では、カーナビに海外の道路が出てくることはない。遠い外国であっても、いつでも行きたいときに行ける人類の素敵な発明が航空機である。BJを活用すれば、日本でも「いつでもどこでも」は可能なはずだが、わが国はそれを十分に使える環境に至っていない。

　「Financial Times」には、月に1、2回はBJの利用を促すためのウェブサイト広告が出ている。BJの使い方には「Empty Leg」の活用という方法がある。これは、機材回しなどで飛行機を回送として空荷で飛ばす、すなわち飛行機が乗客なしで飛行する区間のことをいうが、「Empty Leg」は航空会社としては無駄に飛んでいる区間でもあるので、その分「安く乗りませんか」というセールスである。例えば、地中海に面するコートダジュールからハンブルクまで、定員5〜6人のセスナ社「Citation」の利用では、日本円にして100万円を下回る廉価な例がある。BJは超高額でとても総務や経理に説明できないと思いがちであるが、世界的に見ると既にUberのように移動手段として認知された時代になっている。世界的に動いている飛行機の空き状況を見ながら安く利用できる仕組みが、既に普及しているのだ。

　世界の航空、特に BJ の活用については、わが国の空港にも「道の駅」のような空港を作り、海外から気軽に訪日できるような体制、さらに国内からも気軽に海外に飛び出せる体制の整備が必要である。何よりも BJ に対する海外との感覚の違いが BJ を遠ざけている現状があり、まずはそれ自体の修正が必要である。

　いずれ、日本を往来するビジネスパーソンが日常的に自由に BJ を活用し、さらに世界で活躍する日が来ることを期待するばかりである。

（日本ビジネス航空協会　岡田　圭介）

16.2　ビジネスジェットは先進国の象徴

　ANA 総合研究所の機関誌『ていくおふ』では、ビジネスジェット（BJ、プライベートジェット（PJ）も含む）の調査・研究について「ビジネスジェットは先進国の象徴！」と題し、3 回の連載をした[1]。本節では、昨今のインバウンドの盛り上がりから観光立国を目指す日本、金融都市を目指す東京で、ラグジュアリー層の足となっている BJ の受入れ環境や観光のあり方を考えたい。

(1) 主要国の現地調査

　結論から述べると、どの国も航空サービスの一分野として当たり前のように BJ サービスを提供している。アジアの開発途上国も BJ が日本を上回る発展を見せている現状に照らせば、かつて機関誌に連載したタイトルは妥当ではなかった。どの国にもエアラインターミナルとは別に出入国施設が備わった BJ 専用ターミナルとサービスが提供され、市場ニーズに対応している。その中心的役割を担うのが FBO（Fixed Base Operator、運航支援事業者）である。FBO は、利用者にプライベートな空間、安心セキュリティを提供する施設を運営し、BJ の出発、到着業務をハンドリングしている。主要空港では複数の FBO がサービスを競い合っている。

　BJ は一般的に数名～ 19 名乗りのジェット機が利用され、自家用機とチャーター機に大別される。家族、友人、仕事仲間などの単位で利用し、見知らぬ利用者との混乗は基本的にはない。利用者は出発時間の 10 分前に専用施設に到着、受付した後、施設内動線を通って目の前に待機する BJ に乗り込んでゆく。到着空港では到着後 5 分で空港を後にする。時間価値を最大限に高める手段として BJ が利用されているのである。

① ロンドン

2017年1月に筆者ら5人は、6名乗りセスナ Citation CJ3 をチャーターし、BJ の機体管理事業者エア・チャーター・スコットランド社とのインタビューでグラスゴーに約4時間滞在した。チャーター価格は、片道1時間の食事付き往復フライトで 8,131 ポンド（当時のレートで約 120 万円）であった。

ロンドン近郊には、図 16.1 に示すように 11 の主要空港がある。都心部から一番遠いオックスフォード空港までは 96 km である。BJ が発着している主な空港は、スタンステッド、サウスエンド、ルートン、ロンドンシティ、ヒースロー、ガトウィックとファンボローの7空港である。ファンボローを除く6空港の BJ 発着実績について、2010 〜 2015 年までの推移を図 16.2 に示す。6空港合計で年間約 35 万回の発着数で、うち、年間約 19 万回で推移しているルートン空港の発着数が最も多い。ヒースロー空港は 2014 年以降 BJ 発着がないが、これは 2012 年のロンドンオリンピック以降、人の流動が増えたため、優先的に定期便にスロットを割り当てる政策を採った結果である。同様の理由で、市街地に最も近いシティ空港も BJ の発着数を減らしている。この減少分をスタンステッド空港とファンボロー空港が補完している。

スタンステッド空港は、ロンドンの北東 48 km に位置し、ライアンエアーなどの格安航空会社と共同で使用する空港である。一方、ファンボロー空港

図 16.1　ロンドン近郊の空港位置

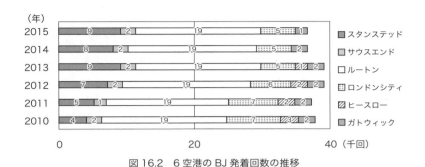

図 16.2　6 空港の BJ 発着回数の推移

は、ロンドンの南西 57 km に位置する BJ 専用空港である。時計メーカーのタ
グ・ホイヤーがモエ ヘネシー・ルイ ヴィトンに身売りをした資金で設立した、
タグアビエーションが運営する。軍用空港を 99 年間の賃貸契約とし、機体整
備や格納庫を備えた本格的な BJ 専用空港で、年間発着回数は 2.7 万回である。
このようにロンドンでは、複数の空港を上手く活用して航空サービスを提供し
ている。

　②　オーストラリア

　オーストラリアは国土が広大なため、シドニー、メルボルン、ブリスベン、
パース、アデレードなどの主要都市では航空サービス機能が充実している。二
次空港（大手航空会社の利用空港とは別に設置された空港で、混雑が少なく発
着枠に余裕があり、空港使用料が安い）の利用が可能である。メルボルンで
は、二次空港のエッセンドン空港が都心から約 10 km の距離にあり、BJ とゼ
ネラル・アビエーション専用の非常に便利な空港となっている。シドニーで
は、定期便が発着するシドニー（キングスフォード・スミス）国際空港とバン
クスタウン空港で BJ が利用できる。いずれも複数の FBO がサービスを提供
している。同国では近年、BJ 用環境が急速に整っているが、その背景には、
空港民営化による BJ への理解の高まりや、騒音問題について新鋭機の技術革
新を合理的に認め、規制緩和がされたことなどが挙げられる。

　③　シンガポール

　シンガポールは早くから航空産業に力を入れ、金融都市を支える原動力に
なっている。シンガポール航空の航空機整備子会社 SIA エンジニアリングは、
航空機整備施設としても一流の評価を受けており、アジアにおける最大規模の
航空機整備拠点である。エアバスやガルフストリームなどの航空機整備

（MRO）事業誘致にも成功を収めている。

　航空産業全体への力の傾注が BJ への対応策にも表れており、2017 年現在、同国ではチャンギ国際空港、セレター空港で 24 時間 BJ の就航が可能となっている。セレター空港をベースにする FBO のジェット・アビエーション社（本部所在地スイス）は、1995 年にセレター空港に拠点を開設し、2016 年には FBO として同空港の発着数の約 30 ％を占め、約 4,000 回の発着便を扱っている。その他、空港に 3 つの格納庫を有し、アジアの拠点空港として位置付けている。

　④　アジア

　香港、上海、台北、ソウルにはまだ BJ 専用空港はないが、いずれの空港にも立派な BJ 専用施設が存在する。香港国際空港には 20 年前から専用ターミナルが整備され、Jet Aviation Hong Kong Ltd. などが FBO のサービスを提供している。上海虹橋国際空港では、2010 年に地元上海資本との合弁会社の Shanghai Hawker Pacific 社が FBO を開始している。また、台湾では、2012 年にエバー航空が EVE SKY JET という部門を立ち上げ、松山空港を拠点に BJ の運航と FBO をスタートさせている。さらに、韓国の金浦国際空港では、2016 年に「ソウル金浦ビジネスセンター」がオープン、専用ターミナルのほか、ガルフストリーム G650 が 8 機駐機できる格納庫も整備され、AVJET 社がサービスを提供している。虹橋空港（浦東空港含む）、松山空港、金浦空港のそれぞれの 2016 年発着回数は、6,600 回、1,642 回、605 回と決して多くはないが、グローバル企業などの VIP に、迅速で差別化された出入国施設を提供しており、筆者は国益と創造経済に取り組もうとする姿勢を実感した。

(2) データで見る日本のビジネスマーケットの現状

①　国別の発着回数

　国土交通省の発表では、わが国の BJ 発着回数は、2017 年 15,351 回である。そのうち、約 3 分の 2 が国内便、国際便は 5,190 回にとどまっている。国際便で最も多いのが羽田空港で 2,329 回、全体の約 45 ％である。次に成田空港 778 回、関西圏空港（関西、大阪、神戸、八尾空港）694 回、名古屋圏（中部、小牧空港）400 回、地方空港の乗入れは 989 回となっている。

　アメリカの年間発着回数は 275 万回、フランス 128 万回、ドイツ、イギリスがそれぞれ 98 万回、イタリア 63 万回、香港 7,500 回（国土交通省資料、いず

れの国も 2017 年国内・国際線発着便合計値）であるから、いかに日本での BJ が普及しておらず、海外からの乗入れが少ないかがわかる。ちなみに香港国際空港は、定期便を優先しているため発着枠に余裕のあるマカオを利用するケースが増えているとのことである。

② 路線別の発着数

次に、国際便 BJ の目的地データを見ると、アメリカからアジア太平洋への 2017 年の路線別発着回数は 9,846 回、そのうち、日本はオーストラリアに次いで 2 位の 2,255 回、3 位は中国の 1,116 回である。欧州からアジアへは 4,152 回で、1 位がインドの 1,083 回、中国 860 回、モルディブ 474 回、香港 378 回、日本は 5 位の 318 回である（WING X 社データ）。アジア域内路線実績では、北京〜上海の輸送実績が最大で、次にマカオ〜マニラ、香港〜シンガポール、香港〜北京、マカオ〜クアラルンプールと続き、6 番目に香港〜羽田が登場する。なお、同区間の往復料金は約 710 〜 830 万円が相場である。

③ 富裕層の定義

BJ を語るには、富裕層マーケットの話をせねばならない。クレディースイス社では、100 万ドル以上の資産保有者を富裕層と定義し、5,000 万ドル以上を超富裕層と定義している。同社の「Global Wealth Report 2017」によると、世界に富裕層は約 3,600 万人いると推計され、日本はアメリカの 1,535 万人に次いで 269 万人と推計されている。以下、イギリス 219 万人、ドイツ 196 万人、中国 195 万人となっている。BJ ユーザーとされる超富裕層は約 14 万 8,000 人とされている。この階層で 1 位はアメリカで、中国、ドイツ、イギリス、フランス、オーストラリア、カナダ、スイス、イタリア、韓国が上位 10 カ国であり、日本は約 3,000 人で 17 位である。

BJ を自家用機として所有しているオーナーの平均資産額は 150 億ドル、平均年齢は 65 歳というデータがある。こうした特別な富裕層（ビリオネア）は、BJ やスーパーヨットだけではなく、慈善活動やアーティストの育成を意識しながらアートコレクションを行うなどの社会的活動にも関心を寄せている。また、富裕層の旅行消費金額は、海外旅行全体の消費額の 3 分の 1 に相当するとの推計データもあるなど、富裕層マーケットの影響力がうかがえる。

(4) 羽田に FBO を

少し唐突かと思われるが、羽田空港に FBO（Fixed Base Operator）を誘致

することを提案したい。前述のように、富裕層の消費活動、社会活動による経済効果に注目する必要がある。わが国は、戦後の華族制度の廃止、財閥解体、農地改革などの政策により、世界的に注目されるほど経済的格差が小さい国となっている。また、質素倹約、質実剛健を美徳とする国民性から、国内では富裕層を意識した行動、マーケティング活動は大変慎重である。そうした背景もあるのか、現状の羽田空港には、BJ 専用の施設はない。辛うじて「専用動線」なるものが 2012 年に整備されたが、BJ が駐機するところまでは、相変わらず車を利用し 10 分程度かかることなど、世界標準サービスには程遠い状態である。（編者追記：羽田空港の BJ 専用施設は 2021 年 7 月に第 3 ターミナル隣接地にオープンした）

　そこで提案するのが、羽田空港の B 滑走路南端近くにある格納庫の有効活用である。この格納庫は、民間会社が所有する B747 が置ける広い格納庫で、現在一部を除いて利用されていない。格納庫近くには BJ の駐機場があり、格納庫内に BJ ターミナルを設置すれば、世界水準に近い施設とハンドリングサービスの提供が可能となる。また、格納庫スペースに BJ を駐機させることも是非実現したいことのひとつである。羽田空港での定置場ニーズは高く、仮に、アメリカ東海岸、ヨーロッパまで飛べるガルフストリーム 550、650 などの機材に定置場として貸し出す場合、その年間使用料は、おそらく 1,000 万円近くになると思われる（香港 700 万円、成田 500 万円、中部 400 万円が相場）。数機契約するだけで十分 BJ ターミナルの投資回収ができるのである。

　しかし、実現に向けては以下のような多くの課題がある。

① 　国管理空港の羽田空港では、格納庫は航空機を整備するもので、それ以外の用途変更は認められない可能性があること。

② 　羽田空港には指定空港機能施設事業者制度があり、この格納庫所有者には BJ ターミナル施設を整備、運営する資格が現状ないこと。

③ 　CIQ スタッフのエアラインターミナルからの移動が困難であること。

　これらのように、国の規制、省庁間の調整を乗り越えないと実現は困難である。その他にも、羽田空港には BJ ターミナル施設を管理、運営しながら出発、到着業務のハンドリングを一元的に行う FBO が不在である。現在羽田空港では、施設の設置、管理、運営者事業者と、BJ の出発、到着業務のハンドリング事業者が別々に存在しサービスを提供している。そのため、利用者が望む施設、機能の提供が反映しにくいことや、ハンドリング事業者のパフォーマンス

発揮などに弊害がでているので、FBO の育成などソフト面の課題も検討しなければならない。

　羽田空港は、ロンドンのヒースロー空港、ニューヨークの JFK 空港などと並んで世界屈指の混雑空港である。しかし、首都圏には、ロンドン、ニューヨークのように二次空港がない。羽田空港に割り当てられた1日16枠のスロットを活用する以外に方法はない。その貴重な枠を使って飛来する海外のビジネスパーソンや富裕層に満足を与えられる世界標準のサービスをワンストップで提供することが、新たな富裕層市場の創造につながるのではないだろうか。

（ANA 総合研究所　稲岡 研士）

16.3　ホンダジェットのアジア市場への挑戦

（1）ビジネスジェットとの関わり

　日本でなかなか普及しないビジネスジェット（BJ）に対し、数年前から、日本やアジアでの BJ を活用する世界の実現について頻繁に議題になってきた。筆者らは、日本にとどまるより、まずはアジアに進出して普及を図った方が早いのではないかとの結論に至り、バンコクで「Thai Aerospace Services Co., Ltd.（TAS）」を設立、アメリカで発売されたばかりのホンダジェット（図16.3）のアジア代理店権を申請した。小型機を所有していなかったガルフストリームチームの現地での協力を得ることができ、遂に 2017 年に代理店権を獲得した。

　バンコクやシンガポールを選んだ理由は、日本国内に比べ BJ を使う環境が合理的で進んでいたからである。とはいえ、現在の日本では BJ 利用について規制が強いものの、近い将来その先にスカイカーの時代が世界に先駆けて到来すると確信していたからでもある。

（2）スカイカーについて

　今注目しているのは、アメリカのテラフージア・トランジションというスカイカーのメーカーであ

写真提供：Art Box Corp

図 16.3　ホンダジェット

Terrafugia TF-X™

写真提供：Art Box Corp

図 16.4　スカイカー

る（図 16.4。中国で最も力を持つ自動車メーカーでありボルボやロータスカーズのオーナーでもある吉利汽車が、2017 年に買収した）。日本のトヨタ自動車や本田技研工業も「空飛ぶクルマ」といわれるスカイカーを発表するが、吉利汽車は、筆者が子どもの頃に描いた、1960 年代の劇画のなかの「空飛ぶクルマ」に最も近いものを開発している。2018 年 10 月には世界初の量産型空飛ぶクルマとして注文受付を開始した。幼い頃の夢が実現化に向け、すぐそこまで来ているということにロマンを感じている。

　テラフージアのスカイカーは、トヨタのアルファードと同程度の大きさである。普通の車線幅に納まる幅で、自動車として公道を走ることを想定している。駐車場など少し広い場所から離陸でき、垂直上昇できることが大きなアドバンテージである。格納されていたプロペラを脇から出してトランスフォーム（変形）すると、軍用機のオスプレイと同様の形になる。今から約 60 年前に放送された SF アニメ「スーパージェッター」の流星号と似た空飛ぶクルマを目指しているわけである。モーターで駆動するドローンの変形ともいえる。発動機としてエクステンダーのエンジン（距離を伸ばすための小さなエンジン）も付くことで、音は静かで航続距離が伸び、計画では約 800 km 巡行可能である。速度は約 300 km/h といわれているが、まだ試作段階なので数々の改良が必要であろう。しかし、最終形状を車に近づけて開発しているところを評価している。それ程広くない空間で着陸可能で、プロペラを格納するとワゴン車と同じサイズになる。着陸後は車として自走して目的地へ向かうことができる。

　近い将来、こうしたスカイカーが普及する世界が来ると考えられるが、その際には「道の駅」が空港になるだろう。東京や横浜など首都圏には少ないが、日本全国には約 1,200 カ所の「道の駅」があり、スカイカーの離着陸を実現するインフラになるだろう。Uber のスカイカーも、プラットフォームを「道の駅」などの 2 階に作ろうと考えているようである。そこからスロープで 1 階に

降りてくると、普通の駐車場にも入れるというものだ。Uber は飛行部分が脱着式である。「道の駅」から離陸して「道の駅」へ飛行する。航行はナビゲーションを押したら自動操縦で人間は触らず、駅から駅に飛んで着陸したら翼を格納し、スロープを降りて自動車として国道を走っていく。日本の「道の駅」のインフラというのは、スカイカーのシステムにも対応できると、まだ仮説の状態ながら数年前から考えている。そこで、まずは小型 BJ の普及をアジアで展開し、必要事項を学ぼうというのが TAS の初期の戦略である。

(3) ホンダジェット

　翻って BJ の現在のアジア展開であるが、正にいばらの道である。我々が扱うホンダジェットは、エンジンだけでも 50 年かけて開発され、機体も 30 年かけて開発された。Honda Aircraft Inc.（HACI）は、ホンダジェットを年産 60 機製造できるプロダクトラインを、アメリカのノースカロライナ州グリーンズボロに持っている。翼の上にエンジンを置く形状は、鬼才藤野道格社長の設計で 2015 年に FAA の型式認定を取り、16 年からデリバリーを北米にて開始した。60 機というと、エンジンは両翼ひとつずつ、年間 120 個しか売れない。そう考えると、50 年間の開発コストは到底回収することはできない。そこで一旦ホンダは GE にパテントごとエンジンのすべてを売却し、GE ホンダという会社でエンジンを製造販売、120 個だけを毎年買い取る方法で、エンジンの製造コストを下げている。ホンダジェットはアメリカでは 500 万ドル程度の価格である。オプションを入れても 530 万ドルぐらいである。2018 年 4 月に新しくラインアップされた「エリート」という機体は、これまでのスタンダードな機体の航続距離が約 2,150 km だったのに対し、2,500 km 航続可能である。HACI はホンダノースアメリカの 100 ％子会社で、ホンダノースアメリカは本田技研工業の 100 ％子会社である。

(4) ビジネスジェットマーケットについて

　TAS は 2017 年にノースカロライナの HACI にプレゼンテーションして、ASEAN7 カ国の販売代理店権を取得した。日本地域では、2018 年 6 月に丸紅エアロスペース社が代理店契約したことが発表された。TAS はそれより 1 年早く ASEAN で販売開始したが、ホンダジェットを実際に活用できるようになるのは、規制の強い日本よりもアジアの方が近道だと考えたからである。

　ホンダジェットはシンガポールのセレター空港を整備拠点にしている。セレター空港は、アジアのなかで一番使いやすいプライベートジェット（PJ）専用空港のひとつだろう。大空港のなかに FBO を作っても、発着スロットが限られていると使いにくい。羽田空港のようにスロットが1日16枠確保されていたとしても、自由な時間に離着陸ができず、飛行申請に数日前の予約が必要だとなると、ユーザーの利便性には欠ける。

　TAS が本社を置くバンコクには、現在、日本人が10万人以上住んでいる。製造業の進出企業が多く、1日で ASEAN3 カ所の工場を回りたいというニーズもあり、彼らがユーザーとなる可能性がある。シンガポール在住の日本人は投資家など金融関係者が多く、500万 US ドルぐらいの機体なら投資してみようという機運がある。そのように BJ のユーザビリティーは投資環境と利用環境が双方存在し、日本よりはるかに高いのではないかと考えている。

　HACI の本社があるグリーンズボロの工場は、年産最大80機まで製造できるキャパシティがあり、隣接地には（現工場と）同程度の面積が確保されている。最終的にはおおよそ倍程度（160機）の増産の対応を見込んでいるようである。工場と反対側にグリーンズボロ空港の一般ターミナルもあり、利便性は高くなっている。

　ASEAN における TAS のテリトリーは7カ国に跨る。そのなかでも面白いのがベトナムである。シンガポールとベトナムの距離は意外と近く、シンガポールからはバンコクよりもホーチミンの方が近いのである。一方、ホーチミン〜ハノイ間は2,000 km もある。ベトナムは新幹線計画を持っているが、ASEAN7カ国のなかで、BJ が最も早く民間で使われるようになるのはベトナムではないかと考えている。

　ハノイとホーチミンの中間にはダナンがあり、ここには高級リゾートも数多くある。1泊4,000 US ドルを気軽に払う人達が世界中からアジアに集まって来ている。定期便を利用すると乗り換えにとても時間がかかるため、ハイエンド市場は BJ に興味を持っている。また ASEAN ではほとんどがオフショアのフライトであるから、ファーストクラスでも搭乗の2時間前には空港に到着しなければならない。ビジネスジェットなら15分前に FBO に着ければよいので移動効率が飛躍的に上がる。しかも超高級ホテルはアジアには多い。日本は GDP 世界3位であるが、5スターホテルの数はタイの3分の1程度しかない。オーバー5スターホテルになるとさらに日本は勝負にならないぐらい少ないの

である。筆者はホスピタリティ産業の出身なので、アジア、ASEAN 諸国の BJ
のマーケットの将来に非常に可能性を感じている。これも、日本に先駆けてア
ジアで BJ の普及を図ってみたいと考えた理由である。

(5) ビジネスジェットの利用環境

　冒頭で紹介したスカイカーは、おそらく 20 年後の世界の主要な産業になる
のではないか。日本に市場があるとも考えているが、普及するには東京に人口
が集中している状況をブレークスルーするインフラが必要だろう。
　アメリカでグリーンズボロからマンハッタンまで旅客を送る機会があったの
だが、当初はニュージャージーのテターボロ空港に着陸する予定であった。と
ころが飛ぶ直前に混雑のため降りられないかもしれない、ということで、マン
ハッタンまで等距離の別の空港に降りた。こうした代替インフラがある国は先
進国の証でもあるが、今の日本の空港では、そのような環境になることは難し
いかもしれない。しかし、日本には「道の駅」がある。香港にも FBO の施設
があるが、羽田空港同様に混雑している。一方でマカオ空港は比較的空いてお
り、マカオ～香港間はヘリで 15 分の距離であるので、すぐ接続する。アジア
において、ニューヨークやパリ、ロンドンのような、複数の BJ 専用空港が同
一地域内にある環境をこれから整備することは、日本だけでなくタイのバンコ
クでも難しい。しかし、目的地までのラストワンマイルにヘリコプターを使い
10 ～ 15 分の乗り換え時間で行けることは重要である。マカオ～香港の例は、
東京において将来厚木や横田、大島空港を視野に入れる参考になるだろう。
　もうひとつ PJ で重要なのは、どの国のナンバーを付けるかである。本当の
プライベート利用とチャーター便との違いを出すためには、カボタージュの問
題も解決しなければならない。日本やアジアは、ここにもハンディキャップが
ある。日本では、アメリカナンバーの PJ がパート 91（米国連邦航空局の運航
規則・運航規程）で飛んで来て国内移動したいといえば例外的に認めることも
あるが、アジアでは非常に厳しい。日本には車や航空機の輸入関税がないので
あまり感じないが、シンガポール以外のアジアの国々には非常に高い輸入関税
がある。ホンダジェットはオプション込みで 530 万 US ドル程度であるが、こ
れは N（アメリカ）ナンバーで買った場合の値段である。タイナンバーにする
と輸入関税が 100 ％かかるので、1,000 万 US ドルを超えてしまう。日本はこ
の点では恵まれていて、ランボルギーニやフェラーリの車が 3,000 万円程度で

買えるが、アジアでは関税込だと1億円近く払わなければならない。バンコク
のFBOであるドンムアン空港では、タイナンバーなら着陸料は800 USドル
程度だが、Nナンバーや他国ナンバーの場合は4,300 USドルである。購入時
に取れなかった税金分を、着陸料で取り戻すということかもしれない。日本で
も着陸料で同様の自国優遇策を取ってもよいのではないかと考える。ハワイで
のゴルフのプレー代が、現地の納税者（カマアイナ）には安く、海外からの旅
行者とで大きく違うのと同じである。

　もうひとつシンガポールにFBOを持ち駐機しているメリットがある。シン
ガポールは国土が狭いため国内運航線がなく、すべてがオフシェアへの運航に
なる。シンガポールナンバーを機体に付けられるのはSQだけと決まってい
て、それ以外はどの国のナンバーも離着陸料は安く、セレター空港は70 USド
ル程度である。バンコクに機体を置いてしまうと離着陸料が高くなるので、シ
ンガポールを運航拠点にしているのである。

　またASEANの高い輸入関税に関してはシンガポール以外の国はいまだにア
ンダーテーブルが横行しており、ベトナムでも「いかなる許認可でも取れる」
と豪語する仲介人がいるが、そういう方々の力をどれだけ活用するかというの
は難しい判断である。BJのアジアへの普及にはまだまだ障害が多くあるが、
日本より普及は早いのではないかと思う。また日本は、スカイカーのような車
社会をベースにした空の移動にアジア諸国のなかでは多くの可能性を持ってい
ると思われる。TASの経験をもとに将来的にはスカイカーの普及に関われれ
ば幸いである。　　　　　　　　　　　（Thai Aerospace Services　森　肇）

16.4　首都圏のビジネスジェット乗入れ拡大への提言

　国内の空港ではビジネスジェット（BJ）の乗入れ実績が少なく、特に首都
圏では様々な制約により極めて厳しい状況にある。ここでは首都圏における
BJの乗入れ拡大のため、3つの提言をしたい。

（1）BJの乗入れ拡大のため提言
　① 　提言1：羽田空港における対応の拡充
　第一の提言は、羽田空港におけるBJ専用枠の設定と受入体制の拡充である。
　航空会社にとって、羽田枠は1枠20億円の価値といわれている。単に発着
枠を増やしてもすぐにBJの枠拡大に直結するとはいえないが、まずは全体容

量を増加させることが必要である。そのための方策として3点が挙げられる。

　まず、東京都心上空通過時間帯の拡大と、昼間帯でのBJ専用枠設定である。現在の計画では、都心上空通過は15〜19時の3時間となっているが、この時間帯を拡大できないか。また、24時間世界を飛び回るBJに対しては、早朝深夜帯を開放することで専用枠の設定ができないか。加えて、管制の新技術・新方式の導入などにより、さらに時間値を増やすことによって発着枠を捻出できないか。また、以前から議論されている「発着枠の取引・オークション」等による発着枠の流動化が認められれば、BJ参入は多少増えるのではないか。いずれもハードルの高い話であるが、前向きな検討が望まれる。

　さらに、受入れのための専用施設（FBO）が必要である。羽田空港の場合、新たな施設用地を確保するためには、既存施設の集約・移転が必要になる。また、BJ専用スポットはカーブサイド・エアサイド両方に近接し、旅客動線を最短化するような位置でなければならない。16.2の（4）でも提案があった、B滑走路南端近くにある格納庫がFBO展開場所としては最適であろう。

　また、機密性が保たれる独立した専用施設と独自のCIQ施設設置や提供サービスのさらなる高質化も必要である。特に海外ではBJの乗員に対し、手厚いサービスを提供する事例が多いことは参考とすべきである。

　②　提言2：首都圏内の軍用空港の活用

　第二の提言は、首都圏の自衛隊空港や米軍空港の活用を行うことである。図16.5は、大都市圏における空港配置状況である。

　まず首都圏では、羽田空港は都心から20km圏内と近いが、国際線空港である成田空港は50km圏外の距離にある。また、東京オリンピック・パラリンピック開催時にBJ乗入れが検討されていた茨城空港や静岡空港は都心から非常に遠く、現実問題としてBJの利用は厳しい。

　さらに首都圏には調布飛行場、ホンダエアポート、竜ヶ崎といったゼネラル・アビエーションの飛行場もあるが、調布以外はかなり遠く、また滑走路長が短いため、離着陸できるのは小型のBJに限られる。これに対し、自衛隊および米軍の飛行場・空港をみると、入間・横田・立川・厚木・木更津・下総はいずれも50km圏内であり、都心に近いことがわかる。

　軍用空港のうち、例えばP3Cの訓練空港である下総飛行場（滑走路延長2,250m）と、第1ヘリコプター団が常駐している木更津飛行場（1,830m）の両飛行場をオリ・パラなどのイベント開催時に一時的にBJを受入れる空港と

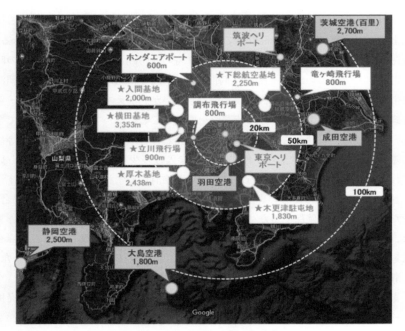

出典：Google マップをもとに（一財）みなと総合研究財団作成

図16.5　首都圏の飛行場位置図

し、その後の恒常的な BJ の受入れ可能性について考えてはどうか。

　こうした利用を行う際には、空港内に BJ 用駐機スポットや簡易な旅客施設を展開するための民間エリアの設定が必要となる。また、利用旅客の送迎車両用のカーブサイドの確保とアクセス交通環境の改善も必要となるだろう。例えば、下総飛行場は都心に近いものの、道路環境が悪いため、BJ 利用者が渋滞に巻き込まれた場合、成田から入ってきた方が早いということもあり得る。

　また、滑走路延長が 3,353 m と長い横田飛行場は、米系 BJ の利用が望まれる。過去に東京都では横田の軍民共用化が議論されたが、このときに検討された民間エリアに一時的な受入れ施設を造り、将来的に米系の航空会社の定期便の乗入れも視野に入れた共用化という方策は考えられないか。

　次に、比較のためにロンドン圏の空港配置状況を図 16.6 に示す。ロンドン圏では定期便が就航する空港として、スタンステッド、サウスエンド、ルートン、ロンドンシティ、ヒースロー、ガトウィックの 6 空港があり、都心から

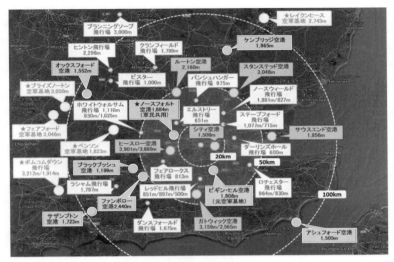

出典：Google マップをもとに（一財）みなと総合研究財団作成

図 16.6　ロンドン圏の飛行場位置図（白枠空港は BJ 乗入れ可能）

50 km 圏内で BJ が乗入れできる空港として、ノースフォルトとビギン・ヒルという空港がある。なお、ノースフォルトは空軍との軍民共用空港であり、ビギン・ヒルは元は軍用空港である。

さらに 50 km 圏外には、ファーンボロ空港やオックスフォード空港など、高頻度で BJ が利用している空港があり、100 km 圏内まで広げると実にたくさんの BJ 乗入れ可能な空港がある。

一方、軍用飛行場をみると、これらはほとんどが 100 km 圏の外の場所に設置されている。つまり、ロンドン圏ではわが国の首都圏とは逆に、軍用飛行場は都心から遠く、民間空港が近くにあるという状況である。

さらにロンドン近郊には非常に多くのゼネラル・アビエーション空港がある。これらのなかにはグラスエアポート（草地の滑走路）やプライベートエアポートも含まれるが、こうした身近に多くの空港が存在する環境はわが国の大都市圏と大きく異なる点である。

わが国の首都圏において、一時的な BJ の受入れのみならず、恒久的な BJ 専用空港は不可欠であるが、こうした海外の状況も俯瞰しつつ、軍用空港の活用について改めて議論すべきだろう。

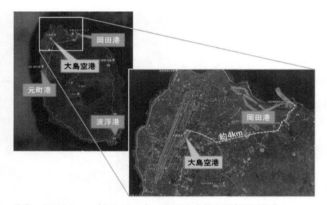

出典：Google マップをもとに（一財）みなと総合研究財団作成

図 16.7　大島空港と港湾の位置

出典：Google マップをもとに（一財）みなと総合研究財団作成

図 16.8　大島空港のエプロン位置図

③　提言３：利用頻度の低い既存空港（大島空港）の活用

　第三の提案は、首都圏の空港配置を踏まえ、利用頻度の低い既存空港で BJ の乗入れを考えるということである。例えば滑走長 1,800 m の大島空港は現在、定期便は１日２往復しか飛んでいない。ここに BJ の受入施設を設け、BJ からヘリコプターに乗換えて、都心の目的地に運ぶ。あるいは羽田に着陸した

BJ をそのまま駐機させずに、大島空港に駐機させることはできないか。

　また、大型船が接岸可能な港が近いことも、大島空港の大きな特徴である。伊豆大島には岡田港、元町港、波浮港と3つの港があるが、岡田港と大島空港の距離は4 km 程度（図16.7）で、岡田港には大型船が停泊できる桟橋がある。例えばここにスーパーヨットやクルーザーが停泊したとき、空港まで渋滞なく移動できることは利用者にとって大きなメリットであり、大島空港が海と空の結節点となる可能性を秘めている。

　大島空港には旧空港のエプロンが使える形で残っているが、定期便の運航頻度が低いため、常に駐機場所が空いている状況である。また、滑走路の片側は計器進入が可能である。このように大島空港には BJ 拠点またはタッチポイントとして活用できるための施設が十分に整っていることは着目すべきである。

（2）一時受入れ事例

　最後に、BJ の一時的な受入れ空港の事例として、フランスのル・マンのアルナージュ空港の例を紹介する。図16.9 に示すように、同空港は世界的に有名なル・マン24時間レースの行われるサルトサーキット場の横にあり、滑走路長は1,420 m しかない。また、芝地の1,000 m の滑走路もある。この空港は

出典：Google マップをもとに（一財）みなと総合研究財団作成

図16.9　ル・マンサーキットと隣接空港

ル・マン24時間レースのときだけ混雑する。レース開催時は世界中から多数のBJやプライベート機が同空港を埋め尽くすが、そのときは芝地一帯も駐機場として利用され、カーブサイドも送迎車が何重にも停車する状況となる。

　今後わが国でのイベント時に多数のBJが飛来した場合には、受入れ空港ではエプロンのみならず、隣接する草地や空地も軽量のBJ用の駐機場所として活用するとともに、カーブサイドでの送迎車の取扱いに留意することが必要であろう。

　以上の提言が、わが国におけるBJ受入れ空港の検討の際に参考となれば幸いである。

（みなと総合研究財団　笹川　明義）

第17章　ヘリコプターの活用による地域振興

17.1　ヘリコプターの利活用の現状と課題

(1) ヘリコプター運航事業の現状

　ヘリコプター運航事業は、① EMS ／ドクターヘリ、②消防・防災等ヘリコプターの運航および維持管理、③物資輸送、④農薬散布、⑤人員輸送、⑥報道取材、⑦航空測量の 7 項目が挙げられる。そのうち、物資輸送や農薬散布や報道取材ヘリが従前からある事業、ドクターヘリや防災ヘリは近年増えてきた事業である。

　EMS ／ドクターヘリ事業の「EMS」とは、Emergency Medical Service の略だが、わが国での活用はほとんどがドクターヘリである（ドクターヘリについては、17.2 参照）。医師による初期医療の早期開始が生存率や予後の改善に寄与しており、全国 52 カ所で運航し、業界の主たる事業に成長している。飛行場以外の場所に頻繁に離着陸するため、物資輸送や農薬散布の技術が活かされている。

　消防・防災ヘリコプター等の運航および維持管理業務とは、官公庁が所有しているヘリに、事業会社の操縦士、整備士、運航管理担当者を派遣し、救助活動、航空救急、空中消火、情報収集等の運航と機体の整備を行う業務である。救助の際の要救助者吊上げについては物資輸送の技術が、空中消火については農薬散布の技術がそれぞれ活かされている。最近では映像伝送も多くなっており、報道取材で培った技術が活用されている。当業務の法律上の運航者はあくまで官公庁であるので、事業用ヘリではなく自家用ヘリという分類になる。

　物資輸送とは、ヘリの場合、機外に荷物を吊下げて運航する業務をいう。道路が整備されていない場所にある送電線、ダム、砂防、反射板、基地局等の建設や撤去における資機材輸送、木材搬出、苗木運搬、災害地緑化等は、古くからヘリコプターの主たる事業と位置付けられ、ヘリ会社を傘下に保有している電力会社もある。

　農業散布は、ヘリコプターから農薬を散布し、水稲防除、松食い虫防除等を行う。これも物資輸送とともに、1963 年から行われていて、古くからの主たる事業であった。最近は環境問題等で大幅に作業量が減っており、一部は無人

写真提供：中日本航空（株）

図17.1　農薬散布ヘリコプター

ヘリによる防除に切り替わっている（図17.1参照）。

　人員輸送については、東京都の島しょ間輸送、他は企業による社内拠点間輸送がほとんどである。頻度は少ないが、国際レース開催時に会場まで選手や観客を輸送するという仕事もある。

　報道取材は、テレビ局が事業会社の機体に放送機器を装備し、ニュース素材を空から収録または伝送する。放送機器が大掛かりであるため、ドクターヘリや防災ヘリコプター同様、他の用途には使用できず、年間を通じての専用機としての運用になる。

　航空測量は、機体に計測機器を装備し測量を行う。ヘリコプターからレーザー照射反射にてデジタルデータを取得することで、道路地図から大縮尺の地形図、コンター図、オルソ画像作成等を行っている。

　以上、主たる業務を述べたが、全業務の内訳は図17.2のとおりである。

(2) 現状の課題

① 操縦士・整備士の不足

　第一に、操縦士・整備士の不足により事業展開が困難になっていることである。その要因は、①なり手不足、②農薬散布事業の減少、③法の適用除外運航、④事業経費の高騰などが挙げられる。

　なり手不足については、土木系のいわゆる「3K」と呼ばれる職場環境が要因として考えられる。ヘリコプターの運航は有視界飛行方式であるため、天気の影響を必ず受ける。したがって、気象状態が安定している早朝からの飛行が非常に多くなる。加えて、飛行計画どおりにいかないことが多く、休日が定まらないということでキツイ職場と評価される。休みの日が定まらないことは、特に若者には人気のない職業となっている。

　第二の「K」は、空港で仕事をすることがほとんどなく、食事やトイレは現場で対応することが多い点である。特に、物資輸送や農薬散布は、日々そのような環境にあり、また、ドクターヘリも傷病者に接せねばならないことなど、

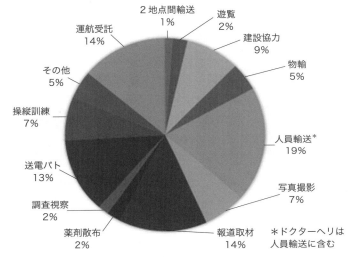

出典：中日本航空（株）作成資料

図17.2　ヘリコプターの業務別年間飛行時間比率

どれも過酷な環境であることが多い。

　第三の「K」は、判断ミスが起こりやすく、それが事故を招き、死亡事故につながる危険性である。どんな乗り物も判断ミスは起こるが、ヘリコプターは、利用者に対し操縦士が近くで直接応対する環境であることが影響する。利用者は当然、目的遂行を要望するのに対し、気象状況などで安全に運航できないと判断される場合は、引き返すことになっている。しかし、想定される利用者からの苦情を考慮し、無理をして雲の中に入ってしまい、空間識失調から墜落や山へ激突、という事故が多い。雲は輪郭がはっきりしているわけではないので、徐々に白くなり、いつの間にか周囲は真っ白になってしまうのだ。この点では、エアラインの機長は利用者と隔離されているので、目的地変更などは躊躇なくできる環境である。迷惑を被った利用者に謝るのは地上スタッフなので、パイロットは躊躇なく安全を優先できる点がヘリコプター運航とは異なっている。このように「キツイ」、「汚い」、「危険」の過酷な環境であり、敬遠される業界といえる。

　②　農薬散布事業の減少とライセンスの問題

　次に、農薬散布事業の減少は図17.3のとおりである。操縦士の技量向上の

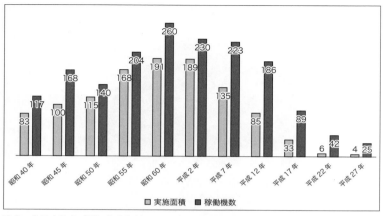

出典：中日本航空（株）作成資料

図17.3　農薬散布実施面積と機体数の推移

機会がなくなったことに等しく、要員不足に拍車をかけている。農薬散布は単発ヘリで飛行する仕事なので、新人がすぐに経験できる。農薬を大量に積んで、機体の限界能力状態で離陸し、かつ地上15ｍ程度の低空を飛行し、狭隘地に離着陸する、新人時代から高度な技術を習得できた事業であった。

　双発ヘリのライセンスを取得させるには、単発ヘリでの相当な訓練を条件としており、農薬散布はよい訓練となっていたが、現在ではほぼ全滅といえる。いろいろな場所に離着陸しなければならないドクターヘリや、ホイスト降下等を行う消防・防災ヘリ、情報収集・撮影のための報道ヘリなどに求められる技術を持つ操縦士の育成が喫緊の課題となっている。

③　適用場外申請の問題

　日本の法律では、ヘリコプターでも空港以外の場所に離着陸することは不可である。空港以外の場所に離着陸する場合は、国土交通大臣に法の適用除外申請を行うことになっている。本来、空港以外に離着陸できるのがヘリコプターの最大のメリットであるはずなのに、日本では基本的にはできない。これは海外でも珍しい。日本国内でヘリコプターを利用しようとする海外の富裕層から、「広い庭があるからそこに着陸して、迎えに来てくれ」と電話でいわれ、「できない」と答えると、「何のためのヘリだ」と驚かれてしまうことがある。

　空港外離着陸のための申請は、離着陸の土地の利用承諾、騒音の承諾、航空

局が定める離着陸場の広さ・周辺障害物の制限などに合致した場所を、飛行場外離着陸場として、運航者が航空局に対して申し入れる。申請後2週間程度で許可が下りる。ビルの屋上にヘリポートがあるが、屋上の場外離着陸場申請も訓練時のみ受け付けられており、他の場合は受け付けられていない。このため、ホテルの上にヘリポートがあるので来てくれ、といわれても、日本ではできない。なお、六本木アークヒルズの屋上にもヘリポートがあるが、これは非公共用ヘリポートであり、法的には「空港等（航空法第79条）」扱いで場外離着陸場ではない。

④ 事業経費の高騰

事業経費では、機体価格と整備費が高騰し、予備機材や訓練機材の調達が困難になっている。メーカーの販売価格部品も含め、毎年5％ずつ上がり続ける状況で、これも操縦士・整備士養成が滞る要因になっている。訓練する場所も機材もない状況で、これでは人も育てられない状況になりつつある。

(3) 今後の乗員養成への取組み

以上、この20年で主要事業が農薬散布から、ドクターヘリと消防・防災ヘリに変わったが、どちらも双発ヘリであり、かつ飛行場以外の場所で離着陸し、ホイストでの救助等、非常に高度な技術が必要である。これまでは、農薬散布や物資輸送の経験者を充当することができたのが、既に経験者が退職時期に入ってきており、事業の現状維持ですら困難な時代になりつつある。

年間1人あたりの飛行時間という視点でも、消防・防災ヘリやドクターヘリは、飛行よりも待機が多く、飛行時間が短いことで、飛行経験を積む機会が減っている。今後は収入を適正化して訓練用機体を購入し、幅広く人材を確保し、十分な訓練体制を構築することが必要である。また、訓練場所については、ドクターヘリや消防・防災ヘリの事業には、空港以外の狭隘な場所での離着陸訓練が必須なので、公的機関による訓練用離着陸場の確保が重要となる。

これまで、農薬散布事業で事業活動を行いながら人材の育成ができたが、これが困難となった。業界としては訓練用機材に投資をするという発想が今までなかった。これからは、適正な訓練に要する投資も可能な企業体質としていかなければならないところである。

（中日本航空　平井　克弥）

17.2　ドクターヘリの現状と課題

　「ドクターヘリ」は、事故などにより緊急に治療が必要な傷病者に対して、最速で医師を派遣するヘリコプターである。機内には初期治療に必要な医療機器や医薬品が搭載してあり、現場に到着すると、傷病者に対しヘリ搭乗の医師・看護師等（以下、医療クルー）が治療を行い、適切な医療機関へ搬送する役割を持っている。昨今の活躍や TV ドラマの影響もあって、ヘリコプター事業のなかでは一般市民にも比較的身近になっている。一方、空港等で大規模災害が起こった際のドクターヘリの運用などについては、まだ十分に議論されていない。以下の内容は特に記載がある場合を除き、2018 年当時のものである。

（1）わが国のドクターヘリの現状

　①　配置と運用状況

　2022 年 4 月現在、ドクターヘリは全国47都道府県に56機が配備されている。京都府は滋賀県と合同で、北海道は 4 カ所、青森県などでは 2 カ所で導入されている。全国の出動総件数は 2016 年度で約 2 万 5,000 件、1 カ所あたり平均 500 件程だが、場所によってかなり差がある。一番多いのは兵庫県但馬で年間 2,000 件、大阪府は最も少なく年間 150 件程度である。

　出動形態は 2 種類に区分される。救急現場出動とは、救急車の出動と連動してドクターヘリが飛ぶ場合で、これは全体の 7 割である。施設間搬送とは医療機関から要請を受けて飛ぶ場合で 2 割弱であるが、この割合は地域や医療事情によってばらつきがある。救急現場出動件数は兵庫県但馬が、施設間搬送は沖縄県が最大である。残りの 1 割程度はキャンセルであり、医療とリンクしている関係上、ヘリが必要かもしれないという時点で要請するので、一定率のキャンセルは受容せざるを得ない状況である。

　ドクターヘリの運営は国と地方自治体が拠出する補助金で賄われているが、補助金基準額を積算したのは 2012 年である。その当時と 2016 年度の出動件数を比較す

図 17.4　ドクターヘリ

ると、約90件（1カ所、年間）
増加し、年間の総飛行時間（1カ
所平均、1ミッション30分弱）
も増加傾向にある。

② ドクターヘリの使用機種

わが国のドクターヘリは5機種
である。一般的なヘリの機体を上
から見た断面では、前方右側が操
縦席である。同乗する整備士は左
側に座り、ナビゲーター的な役割

図17.5　救急搬送後のドクターヘリ

を担う。キャビン（客室）には医師と看護師が乗り、傷病者はストレッチャー
に横たわる。機体内の搭載医療機器は、高規格救急車とほぼ同様である。医師
の席から最も近いところに傷病者の頭部があり、主にケアしなければならない
体幹部までの部分に医師が座ったまま治療に当たれる機能的なレイアウトであ
る。看護師は医師が手の届かない体幹部から下肢側に座るような配置となって
いる。また、傷病者をストレッチャーで搬出入するため、他の用途のヘリとは
違う構造を持っている。機種によって違うが、4機種（BK117、MD902、
EC135、B429）は機体後方から、1機種（AW109）は機体側方から搬出入す
る。ストレッチャーの脚部は折りたため、後方から乗降するタイプが一般的だ
が、AW109（ストレッチャー横入れ）では、救急車をヘリコプターに横付け
してシート状、もしくはプラ製のボードに傷病者を乗せて機内に滑り込ませて
いる。

(2) ドクターヘリ事始め

わが国のドクターヘリの歴史について、日本航空医療学会理事を務められた
滝口雅博先生の研究に基づいて紹介する。

① ヘリコプターによる傷病者搬送

ヘリによる傷病者搬送は1943年、米軍が実用化間もない段階にあるヘリを
使い、負傷兵を運んだのが世界で最初である。1950年からの朝鮮戦争や、
1964年からのベトナム戦争で多用された（いわゆるMEDEVAC）。

軍用以外では、1970年にドイツ自動車連盟ADAC（日本でのJAF）が、ア
ウトバーンでの交通事故死亡数を減らす対策として、医師同乗の医療用ヘリを

導入した。この取組みが日本のドクターヘリの原型であり、医師が事故現場に向かうのが第一目的である。米国では 1972 年デンバーで、民間ヘリを活用した医療サービスが開始された。

　日本では、1960 年に自衛隊ヘリの機外に担架固定装置を付け、傷病者搬送した記録があり、1963 年には特別救難隊が編成され、24 時間待機した。ドクターヘリとは違い、傷病者は機外だったため、運用は大変だった。大きな転換は、1967 年、東京消防庁がアルウェットというヘリで傷病者も機内に乗せたことである。この時点で自衛隊の特別救難隊は解散した。

　②　ドクターヘリ導入

　単なる傷病者搬送からドクターヘリ導入に向かう転換点は、1995 年の阪神・淡路大震災といわれている。震災発生当日にヘリ搬送された傷病者は 1 名だったことが、後々大きなインパクトとなり、国家施策につながった。日本救急医療学会名誉理事長小濱啓次先生の研究によれば、同震災後 3 〜 4 日目にヘリ搬送実績が増加したが、発災後 72 時間で救命率は大きく変わるため、3 日間のうちにヘリ搬送体制が取れなかったことが後に問題視された。阪神・淡路大震災前にも先駆的取組みはなされていたが、震災時の反省を契機として、内閣官房にドクターヘリ調査検討委員会が設置された。国の施策として試行的事業が 1999 年 10 月から開始され、2001 年 4 月から本格事業化されるに至った。

(3)　ドクターヘリの課題と展望

　①　ドクターヘリの課題

　ヘリコプター事業全体の課題でもあるが、収益性改善がドクターヘリの最大の課題である。現在、国の補助金額のうち、運航事業者に支払われる運航関係費は 2 億 2,400 万円が基準で、2012 年度に決定された。一方、2016 年度の実運航経費は約 2 億 7,700 万円であり、現行の補助金では成立しない事業構造である。事業継続のためには、大きな枠組みの変革が必須の状況である。

　安全性は事業の大前提だが、空を飛ぶ上で 100 ％無事故を保証することはできない。大変残念だが、当社は 2016 年 8 月にドクターヘリ初の航空事故を引き起こした。神奈川県内で機体が落着したが、不幸中の幸いで人身事故には至らなかった。講じた再発防止策は、ヘリの運航状況を記録する装置やシミュレーター訓練の導入で、これらの費用は継続的に支出している。

　また、ドクターヘリの夜間運航の要望もあるが、課題は多い。例えば操縦士

の目が暗闇に順応するための時間の確保が必要である。諸外国では、既に夜間暗視装置が消防防災ヘリに導入済みで、医療用ヘリへの導入もスイスでは行われているが、日本では消防防災ヘリで導入検討中の段階である。

　ドクターヘリの普及に伴い、運航の質（特に安全性の担保）や医療の質という点が課題となる。連携する消防機関（特に救急救命士）の質にも関係するが、ドクターヘリ事業全体の質が問われる時代になっている。

　②　今後の展望

　今後、ドクターヘリと他の医療目的のヘリとの関係性の整理が求められる。ドクターヘリは、特措法（救急医療用ヘリコプターを用いた救急医療の確保に関する特別措置法）のなかで要件定義がなされており、日本航空医療学会が「病院等で医師が直ちに、原則として3〜5分内に搭乗できなければならない」などの運用上の要件を追加している。これらに基づく厚労省事業のドクターヘリと、「東京型ドクターヘリ」には違いがある。

　東京型ドクターヘリ（以下、東京型ヘリ）は2007年に開始された、東京消防庁ヘリに医師が搭乗し、傷病者をヘリ搬送する事業である。都の島しょ地域と山間地域が対象となっている。都立広尾病院や国立成育医療研究センターなどの16の協力病院が、同乗する医療クルーの確保や傷病者の受入れを行う。使用するヘリがドクターヘリより大型のため、立川や新木場の基地に常駐待機して広範囲をカバーする。一方、医療クルーとヘリが別の場所で待機しているので、出動時に「ヘリ＋医療クルー」となるまで時間がかかる。各々の特性を踏まえ、ドクターヘリと東京型ヘリ等の消防・防災ヘリを上手く組み合わせれば、熊本県のようにハイブリッドに運用できる。

　東京都にもドクターヘリを導入すべきといわれている（2022年導入済）が、人口過密地域で本当にドクターヘリが運用できるのか、今後議論が必要である。全国の出動実績で、最小は大阪府である。横浜市・川崎市は事実上、神奈川県のドクターヘリ適用の範囲外で、千葉市やさいたま市も同様である。この実態も踏まえつつ、最終的には人口過密な地域の市民に、どのような医療サービスを提供するのかを検討し、答えを出していく過程での判断となる。医師は空を飛ばなくても救急現場に到着できる。夜間・悪天候時や近隣に着陸する場所がない場合には、ドクターカーのように車移動が有効だが、カバー範囲はヘリよりも極端に小さくなる。それであれば、空路と陸路のハイブリッド運用も有効なのではないか。

(4) 今後のヘリ活用拡大

　救命救急のためのドクターヘリ以外にも、ヘリの活用拡大の動きがある。福島県では救命救急に限らず多目的ヘリとして傷病者や医薬品の搬送ヘリを導入している。行政以外でも、沖縄県の僻地・離島で運用されている MESH ヘリは NPO 法人が県民や法人からの寄付で運営している。福岡県と鹿児島県では、民間病院がドクターヘリと同じシステムを独力で導入しようと取り組んでいる。これらが今後、ドクターヘリ未導入の地域を含め全国で広がっていくのか、ドクターヘリとの連携も含めて注視していきたい。

（朝日航洋　横田　英己）

17.3　東京ヘリポートの管理運営とヘリコミューターの情勢

　本節では、東京都港湾局が所管する「東京ヘリポート」の概要と管理運営および東京諸島のヘリコミューター「東京愛らんどシャトル」の情勢について紹介する。

(1) 東京ヘリポート

　東京ヘリポートは江東区の新木場にあり、滑走路の方位は 19–01 で、ほぼ南北の方向である。設置管理者・基本施設・照明施設は図 17.6 と図 17.7 のとおりである。

　　① 管理運営

　管理運営は、東京都東京港管理事務所港務課ヘリポート担当の 5 名のうち、事務 3 名、電気 1 名、派遣 1 名で行っている。勤務時間は 8：30 ～ 17：15 で、週休 2 日の交代で年中無休で対応している。運用前点検は 7：30 から実施しており、主に基本施設や航空灯火、標識について点検を行っているが、これについては航空機安全運航支援センターに委託している。

　運用時間は、8：30 ～ 16：30 で、江東フライトサービスが航空機に対する情報提供サービスを実施し、実際の提供業務は点検と同じく支援センターに委託している。また、気象観測業務については日本気象協会に委託している。運用時間外の使用については、日の出から日没までの時間帯は使用を許可し、日没から日の出までの夜間については、警視庁航空隊、東京消防庁航空隊、川崎市消防航空隊および報道機関などに許可している。また、20：30 まで遊覧飛行のための離着陸を、1 日あたり 10 回に限って許可している。

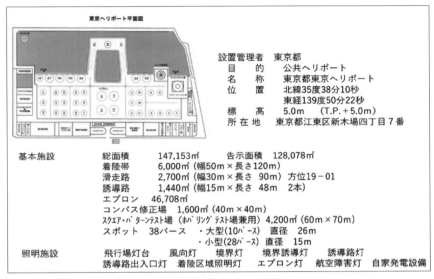

基本施設　　　総面積　　　147,153㎡　　　告示面積　128,078㎡
　　　　　　　着陸帯　　　6,000㎡（幅50m×長さ120m）
　　　　　　　滑走路　　　2,700㎡（幅30m×長さ 90m）方位19-01
　　　　　　　誘導路　　　1,440㎡（幅15m×長さ 48m　2本）
　　　　　　　エプロン　　46,708㎡
　　　　　　　コンパス修正場　1,600㎡（40m×40m）
　　　　　　　スクエア・パターンテスト場（ホバリングテスト場兼用）4,200㎡（60m×70m）
　　　　　　　スポット　38パース　・大型（10パース）直径　26m
　　　　　　　　　　　　　　　　　・小型（28パース）直径　15m
照明施設　　　飛行場灯台　　風向灯　　境界灯　　境界誘導灯　　誘導路灯
　　　　　　　誘導路出入口灯　着陸区域照明灯　エプロン灯　航空障害灯　自家発電設備

図17.6　東京ヘリポートの概要

②　離着陸回数および実績

　過去20年間の離着陸利用実績は、1997年から2001年ぐらいまでは、年間28,000～30,000回で推移していたが、2002年から減少しはじめて、年間24,000回程度、2012年になるとさらに減少し、年間22,000回ほどで推移している。それでも離着陸回数は、全国のヘリポート中で1位である。（編者追記：2019年の年間離着陸回数は約23,000回であり、同水準で推移している）

　また、2007年度から2016年度の10年間の遊覧飛行の実績ではほとんどの年で夜間の方が回数は多いが、2013年度と2015年度は、昼間の方が人数は多くなっている。遊覧飛行の回数や人数は年度によってばらつきがあるものの、外来機が多く、日曜日の利用が多いそうだ。

③　利用者および利用目的

　東京ヘリポート内の利用者は、官公庁は、警視庁航空隊、東京消防庁航空隊、川崎市消防航空隊の3つの隊であり、民間事業者は、格納庫設置事業者が13社と給油会社が2社である。東京諸島のヘリコミューターを運航している東邦航空も格納庫設置事業者の1社である。

　ヘリコプター定置場承認機数は、2018年1月10日現在で64機である。また、

主な使用目的は、報道取材・警察活動・遊覧・社内飛行・消防活動・訓練飛行
などで、2016年度の目的別の離着陸内訳では、報道取材が18％と最も多い。
続いて、遊覧飛行が16％、訓練飛行が13％、警察活動・消防活動はいずれも
11％でこれらが主なものとなっており、常時利用報道機関は、テレビ会社と新
聞会社、合わせて10社となっている。

(2) 東京諸島のヘリコミューター「東京愛らんどシャトル」

① 概要および事業者

「東京愛らんどシャトル」は、伊豆諸島の大離島と呼ばれる大島、三宅島、
八丈島と、小離島と呼ばれる利島、御蔵島、青ヶ島を結ぶヘリコミューターで
ある。ちなみに、伊豆諸島の有人離島のそれ以外の、新島、神津島は小型航空
機（ドルニエ機）による調布飛行場との定期航路が就航している。式根島は新

執務室（管理事務所・気象観測業務など）と管制塔（情報提供業務）

滑走路・誘導路・エプロン・スポットと待合室

図 17.7　東京ヘリポートの各施設

島と非常に近いことから、愛らんどシャトルは就航していない。

　事業者は、東京ヘリポートに格納庫を所有している東邦航空が運航しており、公益財団法人である東京都島しょ振興公社が企画協力している。

　②　運航ルート

　運航ルートは図17.8のとおりで、八丈島を母港としている。八丈島から青ヶ島に飛行し、八丈島へ戻った後、順番に大島まで飛行、大島から利島へ往復して、また大島から八丈島まで順番に飛行するルートで毎日就航している。就航開始は、1993年8月25日で、就航機材は乗客の定員9名（パイロット等を含めると定員11名）のシコルスキーである。

　③　料　　金

　料金は距離が長い八丈島〜御蔵島間で12,570円、短い距離であると御蔵島〜三宅島間で5,770円である（いずれも2018年2月）。（編者追記：2023年1月時点の料金は八丈島〜御蔵島間12,820円、御蔵島〜三宅島間5,870円）

　乗り継ぎもできるが、青ヶ島〜利島で合計39,000円と高額になってしまう。このような乗継需要はほとんどなく、飛行機等への乗り換えが主流である。

　④　東京島しょ振興公社の役割

　東京都島しょ振興公社の役割について説明する。ヘリの運航は東邦航空が

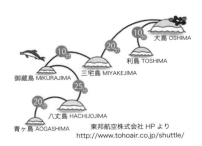

◆事業者

運　　　航　：　東邦航空株式会社
企画協力　：　<u>（公財）東京都島しょ振興協会</u>

◆就航ルート（毎日就航）

八丈島　⇒　青ヶ島　⇒　八丈島　⇒　御蔵島　⇒
三宅島　⇒　大島　⇒　利島　⇒　大島　⇒
三宅島　⇒　御蔵島　⇒　八丈島

◆就航開始　平成5年8月25日

◆就航機材
・シコルスキー S76C＋型（アメリカ製）
　定員：9名（愛らんどシャトル用）
　就航開始：2001年6月
・シコルスキー S76C＋＋型（アメリカ製）
　定員：9名（愛らんどシャトル用）
　就航開始：2009年6月

図17.8　愛らんどシャトルの運航ルート

行っているが、東京都から特定の民間企業に対して補助金を拠出することは難しいので、振興公社に対して東京都から約 5.5 億円程度の補助金を拠出している（2016 年、2017 年の実績）。同財団の設立時も、基本財産は東京都が 18 億円、島しょ町村が 22 億円出捐した。

　この財団は、伊豆・小笠原諸島の活性化を図るため、産業・観光等に関する事業を行うことによって、東京都の島しょ地域の振興と豊かな地域社会の形成に寄与することを目的に設立された。主要事業は人材育成・特産品販売・広報宣伝・災害対策関連などがあるが、そのなかに、「ヘリコミューターによる島しょ間運航の企画及び支援」が位置付けられている。これを根拠に、都から財団に補助金を交付し、財団から運航社に運営費用を支出している。

　振興公社の役員構成と組織は図 17.9 のとおりである。

　⑤　就航空港

　愛らんどシャトルが就航する都営空港であるが、大島については大島空港に離着陸している。伊豆七島はこの他に有人離島が 3 つあり、利島と三宅島の間に新島・式根島・神津島という 3 島がある。新島と神津島はドルニエで調布飛行場から固定翼による運航がなされており、式根島は新島と船で 10 分しか離れておらず行政体も新島と同一なので、ヘリコミューターはいずれも運航していない。母港は八丈島空港で、愛らんどシャトルは八丈島空港の格納庫に毎日

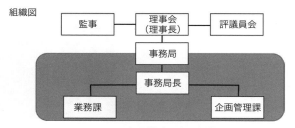

役員構成
　理事長　浜川 謙夫（神津島村長）
　理事　　利島村長、新島村長、八丈町長、東京都総務局多摩島しょ振興担当部長、
　　　　　東京都産業労働局観光部長
　監事　　小笠原村長、東京都島嶼町村議会議長会会長、東京都 4 支庁町会幹事支庁長
　評議員　大島町長、三宅村長、御蔵島村長、青ヶ島村長、東京都産業労働局、
　　　　　農林水産部長、東京都港湾局離島港湾部長、観光関係団体代表者

組織図

図 17.9　役員構成および組織図

(a) 利島村の状況（2018 年 4 月）　　　　(b) 御蔵島村の状況（2018 年 2 月）

図 17.10　整備中のヘリポート

戻ってくる。

⑥　ヘリポート整備に対する支援

　空港がない小離島での村施設であるヘリポート整備に対する支援について、利島村のヘリポートは、現在使用しているヘリポートの上に、大型のヘリコプターも離着陸できる防災用のヘリポートを整備中である（図 17.10（a））。

　御蔵島のヘリポートは、老朽化したヘリポートに代わりヘリコミューターが安全に離着陸できる新たなヘリポートを整備している（図 17.10（b））。

　財政的にも事務作業的にも村単独では対応が難しいので、都の総務局が村と国との調整・事務手続き等を代行している。都はさらに、財政的支援として、村全体の財政を支援するための総合的交付金を支出していて、そのなかから、村の判断でヘリポート整備に支出している。さらに技術的な支援として、港湾局で設計・工事発注・監督という支援を行っている。

(3) 島しょ部ヘリコミューターの意義と役割

　愛らんどシャトルは、島民の足として非常に重要な役割を果たしている。特に、青ヶ島などの小離島で、航路（船）の就航率が悪い路線は、1 カ月前の発売と同時に予約電話がつながらない状況である。島民の利便性を確保するため、チャーター便の運航をすることもある。

　有人国境離島という観点から、日本の国土として居住者がいることが大事という面があり、都としても本事業に年間 5.5 億円程投資している。内湾であればヘリの必要性はないのかもしれないが、太平洋に面している東京都の島は非常に波が荒く、船の就航率は悪い。そうした小さな島と大きな島をつなぐヘリコプター事業は、これからも続けていかねばならないものであろう。

（東京都港湾局　芳賀　竜爾）

第 18 章　水上飛行機の導入と地域振興への活用

18.1　水上飛行機システムの導入と地域振興への活用

(1)　水上空港ネットワーク構想研究会

　東日本大震災を契機に、日本大学理工学部の研究者を中心として「水上空港ネットワーク構想」研究会を立ち上げた。まずはその概要を紹介し、関連する研究活動について述べる。さらに、システム導入に不可欠である地域受容に向けての活動について紹介し、最後に全国の動きを述べたい。

①　水上空港ネットワーク構想

　水上空港ネットワーク構想の始まりは、三陸の田老地区や釜石等の入り江に水上飛行機を降ろせないかを検討したことである。当時現役の教授だった伊澤岬先生をはじめ我々も何度も三陸に支援や調査で訪れていたが、新幹線新花巻駅から車で 2 時間以上かかり、東京からの合計所要時間が 5 ～ 6 時間と大変遠く、これでは支援に支障が出る、との問題意識からスタートした。また、それよりずっと以前、日本大学の木村秀政先生が飛行艇の US–1 という機材を評価しており、「性能がよいものはデザインもよい」と話していた。伊澤先生も、当初より水上飛行機に高い関心を持っていた。

　約 40 年前に伊澤先生の指導で学生が描いた水上空港ネットワーク構想のもとになる絵では、水上に滑走路を整備して、そこからスロープで陸上に上げる案となっている。もともと、こうした考えが日本大学で検討されていたこともあり、また震災後アクセスに時間がかかり復興が進まないという課題を鑑み、水上飛行機を活用できれば東京近郊から 2 時間程度でアクセスでき、復興支援に寄与すると考えて、同構想を提言することとなった。

　東日本復興という冠を付け、「東日本復興水上空港ネットワーク構想研究会」を立ち上げ、研究会では同構想の提案を行っている。「飛行機」という名称にしなかったのは、筆者の専門が空港ということもあるが、ビジネスとしてではなく空港を核とした地域振興という視点を重視したためだ。水上飛行機は、静水域があればどこでも離着水可能である。三陸には津々浦々の入り江があり、それらの場所に離着水できるため、空港の整備費用が大幅に安価である。この考えのもと、日本大学内で交通システム、海洋建築、精密機械といった多分野

のメンバーで、構想の研究会を立ち上げた。2012年1月の設立後、現在は数カ月に1回程度と頻度が少なくなっているが、定期的に研究会を開催している。各回参加者は20名前後だが、会員のリストは100名を超えている。

② 世界のネットワーク事例

研究会設立当時に検討したネットワーク以外にも、離着水できそうな場所はすべて対象と考えている。ネットワークといっても、定期就航便ではなく、チャーター等をイメージしている。

世界的にみると、水上飛行機の運送利用は、バンクーバーやシアトルなど北米の西海岸が保有機数も多く盛んな地域であり、シアトルのケンモアエアは1946年戦後すぐに設立されている。バンクーバーのハーバーエア創業は1982年であり時期的にはだいぶ後である。その後、ハーバーエアの支援で、モルディブでの運航が始まった。2000年以降急速に世界で導入が進み、北米大陸西海岸からアジアへと急速に普及した。アジアでは、スリランカ、タイ、ベトナム、インドネシア等に広がっている。北米の登録社数は1,000社を超えるが、ほとんどが個人営業のタクシーのような1機所有の小規模事業者である。

バンクーバー地域のネットワークについては、バンクーバー島が波静かな沿岸にあり、水上空港は入り江の中にある。シアトルも入り江の奥深くに水上空港があり、バンクーバーと同様に穏やかな水域である。ウィスラーは山の上の湖にある。

バンクーバーのコールハーバーの水上空港では、水上飛行機が5〜10分間隔で飛び立つ。7〜8年前に再開発で整備されたウォーターフロント地区にあり、ハーバーエアの本社もここにある。陸上の空港と異なり、水上空港は市街地に近い位置に整備できるのがメリットである。

バンクーバー国際空港の横を、幅100m程度のフレーザー川が流れており、ここにも桟橋が整備されて水上空港として利用されている。約10〜15分間隔で飛び立つが、イメージとしては、羽田空港の横の多摩川で飛んでいるようなものである。陸上の国際空港のなかに整備工場があり、河岸から格納庫までの間にある道路には信号や踏み切りがあって水上飛行機の陸上移動時には自動車交通を踏切で遮断している。

ビクトリアハーバーは、世界的に有名な観光地であるが、狭い湾内で水上飛行機と船舶が共存、新しい水上空港ターミナルを浮き構造で整備していた。

湖を利用した事例では、バンクーバーからウィスラーまで渓谷沿いに飛んで

いくものがある。

③　日本の水上飛行機

　成田の航空科学博物館にある展示物をみると、パンアメリカン航空も水上飛行機からスタートしている。エンジンが非力なので滑走距離が長く、陸上よりも水上の方が都合よかったことから、機材の大型化の過程で水上飛行機が一時期利用された。

　わが国での水上飛行機の歴史は、50年前までは日東航空など何社かが運航し、大阪を中心に徳島・新居浜・高知などに飛んでいた。これがなくなった理由は、陸上空港が整備されたこと、ジェット化等機材の大型化に対応できなかったことが挙げられる。また、安全性に関して、水上飛行機が山腹に衝突する事故が起きたことがある。水上飛行機は着水のためのフロートを持っているので山を超えるのが難しい。また、パイロットの習熟度不足による水上での転覆のインシデントもあり、危険な乗り物というイメージが付いてしまったようである。ハーバーエアへのヒアリングでは、こうした不安はあまり気にされていなかったが、過去にはいくつかの小さな事故はあったようだ。有視界飛行のため、パイロットの熟練が非常に重要となる。ハーバーエアによると、運航支援システムは必要ないとのことで、パイロットの力量を重視しているようだ。

　国産の飛行艇としてUS–2がある（図18.1）。太平洋をヨットで横断中に遭難したニュースキャスターの辛坊治郎氏を救助したことで注目を浴びた、3 mの波高でも着水できる非常に性能の高い機材で、外洋でも降りられる。もともと軍用機なので高性能なのだが、民間転用はなかなか難しく、そのための費用も何百億もかかるだろうといわれている。製造元の新明和工業にヒアリングしても、この機材を民間転用するなら新しく設計した方が早いとのことであった。また、プライベートのセスナ機が2機国内には存在し、4〜5年前に個人が日本で最初にフロート機を宍道湖に導入した。その後、せとうちSEAPLANES社が運航するようになり、国内でも水上飛行機が増えてきている。

出典：新明和工業（株）

図18.1　飛行艇 US–2

　航空法第79条の規定には、「航

空機は、陸上にあっては空港等以外の場所において、水上にあっては国土交通省令で定める場所において、離陸し、又は着陸してはならない。」とされ、陸上では空港等以外の場所では離着陸できないが、水上の場合は逆で、指定された場所では不可となっている。つまり、水上ならば（一部以外）どこでも着水できる。とはいえ1km程度の距離がある静穏な水域が必要になる。例えば塩竈湾で1kmが取れる範囲となると、港湾と共用できる可能性は高いが、港湾に入る場合、海上保安庁や漁業関係者の理解を得る必要があり、その点が難しい。塩竈でデモフライトをしたいと海上保安庁に事前説明に行ったところ、船舶との衝突や養殖網などを引っ掛けての事故の可能性などが懸念された。法制度に基づいた万全の体制で実施すると説明したが、それでも事故のリスクがあるという理由で海上保安庁が反対し、結局デモフライトは実現しなかった。事故リスクは自動車の場合にもあるはずで、航空機は認められないというのは納得がいかなかったが、非常に残念であった。

(2) 水上空港ネットワークの導入効果と課題

① 導入効果

交流活性化による地域経済の維持活性化が非常に大事で、効果があると考える。観光振興面では、多島海やリアス式海岸といった上空からの景色が非常に美しい観光スポットで、クルーズ船とマッチングさせ、海からも空からも景色が眺められる、といったツアー商品などが面白いだろう。物流でも小さな荷物なら運べるので、鮮魚などの特産品の輸送にも使えると考えている。緊急輸送ネットワークについても、災害が多い日本においては、ぜひ活用したい。

せとうちSEAPLANES社のような事業が起こることで、雇用創出という経済効果が発生し、運航だけでなく航空機整備にかかる雇用等経済効果や、その技術の転用展開という側面もあるだろう。

また、パイロットの育成も大変重要である。日本ではエアラインパイロットが大きく不足しており、裾野を広げる必要がある。そのためにも小さなエアラインや個人所有の飛行機もどんどん飛べるような環境を作ることが重要である。欧米では、大手エアラインパイロットがいわばピラミッドの頂点に位置するエリートであり、その下に小さなエアラインがあり、さらにゼネラル・アビエーションがある階層構造となっている。反対に日本では、エアラインパイロットの数が多く、ゼネラル・アビエーションの個人パイロットはあまり多く

ない。これでは、上の階層への経験豊富な人材の供給がスムーズにいかない。パイロットを志望する若者は多いが、エアラインパイロットになるハードルはとても高い。首都圏では混雑空港ばかりで個人で飛行機を飛ばすことに制約がある。霞ヶ浦などを利用して水上飛行機で自分が操縦して運航できれば、裾野を広げ、習熟したパイロットの供給源を確保することに役立つだろう。

②　交通機関としての期待と課題

　水上飛行機という選択肢が増えた場合の交通機関の選択行動についてシミュレーションを行ってみたところ、水上飛行機の一定のニーズが確認された。しかし、これは選択するかどうかの結果であり、実際には小都市では需要規模を考えると事業性は厳しい。

　バンクーバーでは、船舶の航行に邪魔にならないように、離着水するエリアが決められ、ビルの上に管制塔もある。水上飛行機が降りられるのは、エリアアルファと呼ばれている水域だけで、客船ターミナルの横に位置し、客船の上空を通過することもある。海外の水上空港はこのように、エリアだけを指定するパターンが多い。

　一方、ヴィクトリアではトラフィックスキームというルールがハーバーマスターによって定められている。ランウェイとタキシーウェイを大型船舶の航路と共用し、そこに小型の船舶が入らないようなルールを定めている。また、市街地に近いことから、騒音対策がとられている。飛び立つ際にエンジン全開となり、特に騒音が大きくなるため、離水時は市街地から離れた方のランウェイを使っている。

　日本でもカナダに倣い、国内の水上空港（SPB）の登録数を増やすべきである。カナダでは水上空港だけの航空路誌（AIP）が発刊されており、500ページに及ぶほど登録数が多い。水上飛行機が飛び降りすることを公表し、その区域設定プロセスでは、既存の水面利用者の合意と協力を得ることが大事である。海外はコストの安い簡素な施設・運用形態で行っているが、日本はどうしても過剰投資・サービスになりがちだ。特に地方都市やリゾート地では、コストをかけなくても安全が担保できると考える。

(3)　導入のための啓蒙活動

　啓発活動の一環として、2013年には塩竈でシンポジウムを開催した。森地茂教授をお呼びしたほか、エアレースの室屋義秀選手のエアショーでは、霞ヶ

浦でのイベントに合わせて水上飛行機もデモフライトする予定だったが、前日に霞ヶ浦への途上で八尾の飛行場で機体に不具合が見つかり、中止となってしまった。このときは個人所有の機材を使用予定であったが、やはり事業用に使用されている機材でないと、安定した運航は難しいということがわかった。

日本大学でシンポジウムを開催した際には、東京大学の東昭名誉教授に、「水鳥と陸上の鳥の飛び立ち方の違い」について講演いただいた。また、昭和30年代に新居浜にあった水上空港について愛媛県総合科学博物館の藤本雅之氏から、バンクーバーの事例については阿久根市議の白石純一氏から講演いただき、ウルトラライトプレーンの水上飛行機の運航を行っているピッコロエアワークスの桐島弘之氏からは霞ヶ浦の水上飛行機の歴史についてお話いただいた。その他、航空機の開発製造を目指すグループからは水上飛行機開発組合の櫻井達美氏に、誘致に積極的な茨城県美浦村の中島栄村長にもお話いただき、啓発活動を行ってきた。

このような新しいものを導入して地域振興や地方創生、そして地域を守っていくことを目指す活動が評価され、2016年度ジャパンレジリエンスアワードの表彰を受けた。

（4）全国の動向

沖縄県では波照間空港の活用を目指して、プライベート機を使って水上飛行機の試験飛行を実施しているほか、宮古市でも導入に向けた調査を行っている。また、島根県浜田市では、地元の経済界が日本海側を点々と飛ぶという構想を持ち、協議会を設立、我々もこれに協力している。熊本県上天草市では前市長の熱い思いで水上飛行機の遊覧事業の誘致が進められていたが、現在では検討が止まっている。

広島県尾道市の離島では、モーターボートを使って訪問診療をしている百島診療所の次田展之医師が、レジャー目的利用に限定されている水上ウルトラライトプレーンでの訪問診療を検討、目的外使用にはなるが、ゆくゆくは特例を認めてもらおうと考えておられる。モーターボートは波が高いと航行できないが、水上飛行機は湾内などの波がないところに降りればよい。軽飛行機の水上飛行機は航空法により海岸等砂場に上陸できないので、水上離着陸のできるウルトラライトプレーンを念頭に置いている。看護師と2人搭乗できればよいので、機体能力は充分ということである。

　せとうち SEAPLANES 社とは最初はまったく別々に活動をしてきたが、様々なところで協力、連携して活動した。水上空港ネットワークについては、ゆくゆくは全国に広げていきたいが、まずは東北での震災復興を目的に導入することを念頭においてきた。今後も、水上空港ネットワーク構想を実現すべく活動をしてゆきたい。　　　　　　　　　　　　　　　　　　（日本大学　轟　朝幸）

18.2　せとうち SEAPLANES の取組み

（1）事業の概要

　せとうち SEAPLANES は 2014 年 8 月に準備会社を設立し、同年 11 月に設立された。企業理念は、「せとうちから水陸両用機で新しい価値を創造し、地域の活性化、観光振興、新しい交通手段の構築、災害時の支援など、水陸両用機の活用と普及で社会に貢献する」ことである。親会社であるせとうちホールディングスは、常石グループの 1 社であり、観光を手段に事業と雇用を創出し地元に貢献したいとして設立された。

　筆者は 2014 年 6 月の尾道での事業立ち上げから関わり、設立と同時に副社長に就任、2016 年 8 月 10 日に営業を開始、翌 1 月 1 日に社長に就任した。運輸省当時から技術畑に在籍し、安全に重点を置いて経営にあたっている。

（2）水陸両用機「Kodiak 100」と環境整備

　使用機材は、アメリカのアイダホ州にある Quest Aircraft 社製造の陸上機「Kodiak 100」である。本来付いている固定脚を Aerocet 社が開発したカーボンファイバー製のフロートに替えている。これにより、従来のアルミ製より約200 kg も軽量化された。小型機で 200 kg の軽量化効果は大きい。せとうちホールディングスは、当社設立後、Quest Aircraft 社を買収した。元来、せとうちホールディングスのオーナーは水陸両用機を活用した事業に興味があったのだが、航空の専門家が社内におらず具体化されていなかった。

　使用する水陸両用機「Kodiak 100」は、「脚」を出したまま水面に着水すると、機体が転倒してしまう。そのため、離着水時には脚を格納する。

　利用者の乗降のためには桟橋が必要なため、浮き桟橋を整備した。運航基地は常石グループが所有するマリーナに隣接し、5 ～ 6 機を収容できる。ここはもともとバブル期のリゾート法の適用を受けて第三セクターが水族館を経営していたが、残念ながら経営破綻し、その後長く放置されていた施設の活用を打

出典：(株) せとうち SEAPLANES

図 18.2 Kodiak 100

出典：(一財) みなと総合研究財団

図 18.3 ペンギンハウス

診されたものである。図 18.3 の円筒形の建物は、もとはペンギン小屋であったものを格納庫として使用しており、この施設を「ペンギンハウス」と呼んでいる。ここには 3 ～ 4 機が格納できる。フローティングアイランドは、長さ130 m×幅 40 m であり、簡易的な整備はここで行っている。

　運営の悩みは 2 つあるが、ひとつは、海水による塩害である。腐食を防ぐため、飛行後には毎日、機体とエンジンを丁寧に水洗いしている。もうひとつは、燃料補給である。消防法により海上給油に加え、燃料タンクをフローティングアイランド上に設置することが認められていないため、約 4 キロリットルの燃料タンクを陸地に埋設し、そこからパイプで機体等を洗浄する場所に送油し給油している。このような理由から、フローティングアイランド上に機体を上げなければならない。機体の上げ方の検討過程では、マリーナの出入航路や浅瀬、アサリ養殖場を避けて自走できる 5 度程度の斜路とすると、斜路の距離が長くなり過ぎることがわかった。さらに、斜路の着水箇所は、海面より 2 m 以上低くなければ脚が引っ掛かって上げることができないため、リフトを設置した。機体をフローティングアイランドの横に付け、約 5 m をリフトアップし、トーイングトラクターで移動させている。

　本事業は、国内では約 50 年ぶりの水陸両用機または水上飛行機を使用した事業となる。国内には当社保有機以外の水陸両用機は、セスナ 206 という自家用機材が 2 機あるだけである。当時、伊丹空港から南紀白浜や新居浜などへの路線があった。筆者が水上飛行機を初めて見たのは、1963 年に公開された森繁久彌主演の『社長漫遊記』という喜劇映画のなかで、出張で訪れた南紀白浜に大阪から人を呼ぶ場面である。そこでは「グラマン・マラード」という飛行艇が使われていた。

　日本の空港整備は概成しているが、水陸両用機を使えば、空港から瀬戸内海などの水域に輸送できる。離着水には波高 40 cm 以下が条件となるため、外洋での離着水は難しいが、瀬戸内等は相当風が強くない限り、この条件を満たす。50 年前の事業は、想像するに「足」としての役割のみであったと考えられる。伊丹から南紀への運航も、南紀白浜空港が整備されたことで、その役割を終えたのだろう。コストでは陸上機にはかなわない。

　一方、水上飛行機は単なる移動手段ではなく、見ても乗っても楽しい。フロートが波を切り、それが消え、フワッと浮上する。地方創生や観光立国に協力するため、瀬戸内だけに限らず、日本全国で就航に協力していきたい。また、災害支援や医療支援等の活動による地域社会への貢献も目指している。災害直後の輸送はヘリコプターに優位性があると考えられるが、水上飛行機はヘリに比べ、より多くの貨物を搭載でき、速度が速く航続距離が長い。そのため、災害後に陸上交通が使えない場合、周囲に湖などの静かな水面があれば、輸送に貢献できる。2018 年 3 月には、日本赤十字社の広島県支部と災害時支援協定締結を調印した。

　基本的なことであるが、我々が最優先すべきは「安全」である。約 50 年ぶりとなる水陸両用機の事業、そして、その文化を全国に広める矢先の事故は致命的となる。

(3) パイロットの育成と確保

　会社設立には、まず人集めから始めた。JAL、ANA、航空局 OB のほか、海象や海上交通は海上保安庁の巡視船の元船長などにも協力いただいた。事業開始に先立ち、ANA 総合研究所に事業性調査を依頼し、水陸両用機による事業としてカナダ・バンクーバー、アメリカ・シアトルを視察した。バンクーバーには、世界最大の水上飛行機運航事業者であるハーバーエア、シアトルにはケンモアエアという会社があり、両社の協力を受けている。

　「お客様視点」に立ち、運営では「わくわく感」を重視している。これまでの遊覧飛行の利用者は約 1,000 名（2016 年現在）で、「楽しかった」「また乗りたい」「次は家族や友人を連れて乗りたい」などのコメントと高い評価を得ている。水陸両用機で新しい価値を生み出すためにチャレンジし続けたい。

　2 機を使用しての遊覧飛行からスタートし、現在は 5 機を保有しているが、その一方でパイロットが不足している。当初は大手航空会社 OB で、かつ 65

歳まで操縦していたパイロットに集まってもらった。大手のような待遇とはいかないが、「水上飛行機は面白い」と共感してくれた方に運航に携わってもらっている。現在は、ANA 出身の 3 名と、JAL 出身で訓練中のパイロットが在籍している。水陸両用機は、陸上機に慣れているパイロットからすると操縦が難しいとのことである。陸上機の場合、滑走路の位置は決まっており、タッチダウンの位置がわかれば止まる位置もわかる。また、風向風速等必要な情報は管制官が教えてくれる。

　一方、水陸両用機の場合は、波に正対して離着水する必要があり、波と風、うねりがあって難しい。フロートを支えるところに陸上機のようなダンパーがないため、緩やかに着水せねばならない。離水時は陸上機のように急に引き起こさず、しばらくは低空で飛ぶ。また、使用機材は 40 cm の波高が離着水の限界であるが、これはパイロット自身が目視で判断する。それゆえ、昼間の好天時に有視界飛行しかできないという制約となる。

　事業が継続されていなかったため、現在、日本には水陸両用機の教官がいない。水陸両用機のライセンス保有者もほとんど操縦実績がないため、パイロットをシアトルのケンモアエアに派遣し訓練してもらった。航空局の水上単発機の等級限定免許を取得する必要があり、訓練に時間がかかる。2017 年中には 10 名以上のパイロットを育成予定で、ゼネラル・アビエーション出身の 40 代のパイロットも訓練中である。1 機あたり 2 名のパイロットが在籍すれば、通常のお客様の対応が可能である。

(4) 開業から安定運営へ

　このような制約下で、2016 年 8 月 10 日から広島県尾道市境ガ浜において、遊覧飛行から開業した。いずれ、チャーター便の運航を行う予定である。広島空港から境ガ浜まで、車で 1 時間以上を要するところを 15 分で到着できる。

　その他、高松空港からのチャーターの需要などもある。小豆島は海路が不便であるが、水陸両用機を使えば 30 分でアクセス可能であり、運航を検討している。また、松江市からも熱心な誘致がある。米子空港近くに干拓事業を途中で断念した「中海」という汽水湖があり、干拓用の大量の土砂搬入・堆積のため、漁業に大きな被害が出た。当時の干拓用堤防は道路として利用されており、ここで何回かテストフライトし、2017 年 6 月から週末・祭日限定で運航開始を検討中である。利用者の乗降のための桟橋は、当面、仮桟橋で対応する

予定であるが、地方創生予算でスロープを付けることまでは確定している。

　組織には「水上安全室」という部署があり、海上保安庁の元巡視船船長が室長を務めている。もとは「海上安全室」という名称だったが、茨城県の霞ヶ浦での訓練が決まり、琵琶湖や洞爺湖からも同様の誘致があったため、湖も含めた用語として「水上安全室」に改称した。

　保有機材は長さ 10.4 m、幅 13.7 m と大きくはないが、離着水には地元、特に漁業協同組合の理解が必要である。着水時の騒音は水面で跳ね返されること、推進力はスクリューではなくプロペラであるため、音や振動で水中に影響がないことを丁寧に説明し、理解を得ることが重要である。

　離水時の滑走は約 500 m で、非常に緩やかな角度で離着水する。離水時には 15 m 高の通過までに 710 m 必要となり、着水時は約 900 m とさらに長い距離が必要である。最大離水重量は約 3.3 トンである。

　航続距離は搭乗者を減らせば伸びる。搭乗者 4 名なら、境ガ浜から北海道まで 6 時間 20 分のフライトも計算上は可能であるが、機内は狭くトイレもないので、2 時間以内のフライトが限界ではないかと思われる。図 18.4 は、境ガ浜を起点にした各所への所要時間を記している。

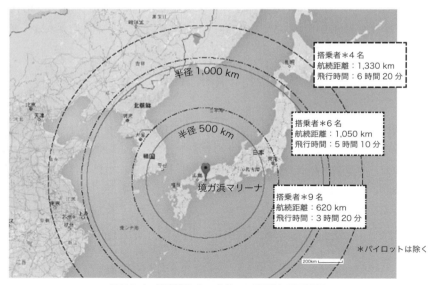

図 18.4　境ガ浜からの各地への距離と所要時間

　関西空港もインバウンド旅客の取り込みという点で運航を検討、神戸や琵琶湖や長崎のハウステンボスなどにも関心を持たれており、徐々に事業を拡大していく予定である。首都圏では東京ディズニーランドの周辺に降りられないかなども検討している。羽田への進入エリアがあるが、高度約200mより下であれば飛べるため、もし、そのようなポイントが使えれば、一定の輸送需要を見込める。例えば中禅寺湖には、かつてイタリア大使館の別荘があり、そこでは、水上飛行機が飛んでいたという歴史があり、北海道でも可能性がある。

　テレビ番組『ガイアの夜明け』など、多くのメディアにも取り上げられて、水陸両用機は徐々に認知されつつある。搭乗者アンケート調査結果からは、3万円という運賃を高いと評価する人が少ない。年代は幅広いがどちらかといえば年配の方や1人ないし2人での利用が多くなっている。中国地方の利用者が中心だが、関東や関西の大都市圏からの利用者も多く、「楽しかった」「思ったほど揺れなかった」「上空からの眺めがこんなにきれいだとは思わなかった」など好意的なコメントをいただいた。高度は約2,500ft（750m）を飛行するため、地元の方々からも普段とは異なる眺めに対する高い評価を得ている。

　営業部隊は2017年からより本格的に活動を展開する。運行を開始するJR西日本の豪華寝台列車「瑞風」が尾道と松江に停車する予定であり、コラボ企画も検討中である。また、伊勢丹・三越グループのラグジュアリー旅行商品への組込みなど、様々な取組みを行っている。

　現時点では3名のパイロットでの運用であるので、積極展開は今しばらく先になる。「安全第一」と戒めて、焦りつつも抑えている状況である。

追記

　これまで記述してきたように、せとうちSEAPLANSは積極的な活動を続けていたが、新型コロナウイルス感染拡大の影響等により、2021年1月に営業を休止し、その後、2022年9月8日に会社清算を完了した。コロナ禍はイレギュラーな事態であり、会社運営は不本意な結果に終わったが、島国日本において、水陸両用飛行機の利用は大変に有効である。今後の新たな展開に期待したい。

（せとうちSEAPLANES　松本　武徳）

第 5 部

海外の空港事情

第 19 章　インドネシアの空港・航空事情

19.1　インドネシアの空港整備と航空輸送

　インドネシアにおけるインフラ整備の最大の課題は、新首都「ヌサンタラ」の建設である。2024 年には州都中心部の完成を目指し、2045 年のインドネシア独立 100 年には州都ヌサンタラ都市構造が機能すると計画されている。

　新首都の建設とその将来に関する最大の関心事は、インドネシアの航空輸送体系が全面的に再編・再構築されるだろうことである。もとより、新型コロナウイルス感染症流行により、世界的に航空需要はゼロベースまで落ち込んだが、現在は、本格的な路線の復活により復興へ歩み出している。

(1) 空港整備事業の経緯

　インドネシアにおける航空輸送の本格的発展は、1975 年代の首都空港スカルノ・ハッタ国際空港の調査計画に始まる。そして、1980 年初期からの日本ODA による 2000 年までのバリクパパン空港、バリ空港（Ⅰ、Ⅱ期）、パダン空港、パレンバン空港、スラバヤ空港の整備事業が現在の航空輸送体系を形成するうえで、大きく寄与してきた。

　2000 年には、スハルト政権の退陣に伴い地方自治が導入された。航空輸送体系においても規制緩和が進み、LCC が設立されることとなった。同時に、空港の地方への移管も進められたが、地方空港は赤字を抱えるため、実行はされなかった。2011 ～ 2012 年に「首都圏空港整備調査計画」が国際協力機構（JICA）により実施されたが、それ以後のプロジェクト段階に進まず、棚上げされた状態にある。

　国営空港運営会社アンカサ・プラⅠとⅡは、1990 年代にはそれぞれ 7 と 8 の空港を運営していたが、航空需要の急速な伸びにしたがい、スカルノ・ハッタ国際空港などの整備・拡張とともに、15 の有力地方空港を傘下に収めるようになっている。今後、地方の航空需要の増加につれて空港数は増えると考えられるが、一般に航空旅客が 200 万人に達すれば、空港経営は黒字になるとみられている。なお、アンカサ・プラは公営として 1962 年に設立され、1990 年にアンカサ・プラⅠとⅡに分割され現在に至っている。（編者追記：2022 年末 12

月に地元メディアは、空港の運営強化を目的として、今後、アンカサ・プラ I と II が経営統合することを報じている）

(2) 航空輸送の状況

　インドネシアの航空交通を管理する公営（State-owned Company-100 ％政府出資）の AirNav Indonesia は 2012 年設立され、空港管理から分離されている。航空総局（2012）が計画する 62 の新空港があるほか、地方政府や民間による計画もある。中央統計局の資料には計画を含め総計 299 空港となっている。この他、キリスト教団所有の 355 の飛行場を加えれば、総空港数は 654 となる。このうち、1,500 m 以上の滑走路を持つ空港は 45 で、305 空港は Regional Propeller 以下の小型機用空港である。

　定期・不定期航空路線は年々増加し 2018 年時点では 190（定期便 150）になっていたが、コロナ禍で激減し、2022 年 10 月現在、復活への努力が始められている。しかし、運航可能な空港 350 に対して、定期便数 190 は極めて少ない。地域経済を加速させるためにも、すべての空港が効果的、効率的に運用される方策を開拓する必要に迫られている。

　インドネシアでは Printis Service と称される辺境地域への物資輸送が 1980 年代以来継続して行われており、近年、旅客輸送が急激に増加している。2018 年時点では、27 のベース空港から 104 の辺境空港に結ばれている。これを定期・不定期航空路線に含めれば 294 になる。

(3) 航空輸送に係る統計資料

　インドネシアの中央統計局は、統計資料を公刊した 1982 年の当初から、交通輸送およびサブセクターの生産額も公表している。航空輸送を考察するうえで、極めて貴重な資料である（図 19.1）。インターネットで検索する限り、こうした資料が利用できるのはインドネシアだけである。資料には航空輸送に関するすべてのサービスが含まれており、空港施設にはこれらのサービスが最大化するように改良するべき課題がある。後述するが、航空輸送を経済のエンジンにする具体的な方策が生み出されることが期待される。

(4) 地域経済の動向

　地方主要州の先進地帯とされ、成長率は相対的に高い。主要な産業には、鉱

国内旅客数の推移（インドネシア全社）

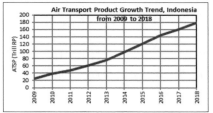

国内旅客数の推移（主要諸島）

航空輸送生産額（横軸）と国民総生産（縦軸）の関係

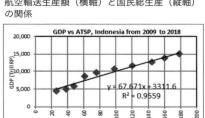

航空輸送生産額（横軸）と交通輸送生産額（縦軸）の関係

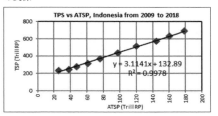

図19.1　インドネシアの統計資料の一例

物・化石資源の生産とそれを投入する製造業と農業、林業、水産業の生産とそれを投入する製造業があり、前者は Hard Industry、後者は Soft Industry と呼ぶことができる。国レベルでみれば、「Soft」が「Hard」の2倍の規模で、この比率は緩やかに増加している。州レベルでみれば、地方州では Soft 資源の生産が卓越し、Soft 資源を加工する製造業は遅れており、地方州の総生産の成長率の高さは Soft 資源の生産に大きく依存している。投資面でみれば、海外資金と国内資金は従来どおり、ジャワ島など先進地域に集中しているにも関わらず、地方でかつ辺境の県の生産の顕著な伸びは、自前の Soft 資源の生産が盛んであることに加えて、Printis Service の寄与が大きいとみなされる。後述する「エンジン」を全開する方策のひとつになると考えられる。

（5）国際線航空の経済効果

　アメリカでは、航空輸送の生産額が国民総生産額の8％に達していることが2010年頃に報じられていた。その後、2013年頃からアメリカ連邦航空局（FAA）はいくつかの空港の立地する地域の経済活性化について、また、国際航空運送協会（IATA）は、経済に対する空港の重要性について、数十カ国の

国際航空の経済効果を調べている。両者ともに航空輸送は経済のエンジンとして働いていることを強調し、FAA は統合航空輸送システム（複数空港システム）の強化に力を入れている。

　さらに、『World Fact Book』は、世界のすべての空港・飛行場が有する人口へのサービス程度を調べている（2020 年）。加えて、ここからは、空港サービス圏を計算し、空港サービス圏が設定できる。全世界の 232 国・地域における空港総数は 41,785 で、全世界の平均的な空港サービス圏を円形で表現すれば半径 33 km となる。一方、FAA は全空港に対する空港サービス圏は 15 km であり、全空港 20,137 のうち、3,300 の民間航空用空港のサービス圏は 30 km となっている。民間航空用以外の空港はゼネラル・アビエーション用である。FAA は空港サービス圏における空港へのアクセス時間を 1 時間程度とみなしている。

　EU と UK にもアメリカ同様に多くのゼネラル・アビエーションの空港があり、2019 年にはこれらの空港を地域経済の活性化に生かす方策が調査・検討されていた。

（6）航空輸送体系の将来像

　コロナ禍にあって、政府機関などは、インドネシアおよび世界の空港インフラの基礎条件などを含む航空輸送体系の将来像をまだ示していない。インドネシアの経済と航空輸送の長期予想（2020 ～ 2080 年）に照らせば、経済はもとより航空輸送体系は飛躍的に進化すると考えられる。同様に、世界でも経済の主体は 30 の先進国から 200 の新興国へ移り、2080 年代には 1 人あたりの生産額において先進国と新興国の区別がなくなると予想する向きもある。

　一方、航空需要はこうした経済成長に伴い飛躍的に増加し、いずれ先進国と新興国の区別なく、航空ネットワークは国内はもとより国を超え地域間の交流を促進するように拡大すると予想される。インドネシアでは、現在の 294 の航空ネットワークから 350（700）を超えるすべての空港からの航空ネットワークへと拡大し、地方の辺境の空港であっても、少なくとも 5 つないしは 10 以上のネットワークを持つような可能性を秘めている。航空ネットワークは数百ではなく、数千の規模に展開することになる。航空ネットワークは、長期的にみればインドネシアに限らず、アジア、アフリカ、中央・南アメリカにおいても、拡充されることは容易に想像できる。

　とはいえ、まだ航空は転換期の混乱のさなかにある。前述の予測は定量的解析に基づくものだが、「計画」として論じることはできない。多くの関係者の思索を通して計画的領域に至るには、機が熟しているとはいえないのが現実である。

　コロナ禍、ロシアのウクライナ侵攻など混乱が続くなかではあるが、「大航空時代」は各国をより緊密に結び、そして、航空は世界経済のエンジンとして産業を促進する原動力になると楽観的に確信するところである。

（アジアの仲間による航空フォーラム　伊佐田　剛）

19.2　インドネシアの空港管理運営と首都圏空港問題

　本節は、筆者がインドネシアに赴任していた 2013 年から 2016 年当時の情報に基づき、論じるものである。

（1）インドネシアの空港の概要

　インドネシアは、赤道を挟んで南北約 2,000 km、東西約 5,000 km に及ぶ広大な海域に、約 13,000 の島々と日本の 5 倍の国土を擁する大きな国である。また、人口ボーナス期、すなわち総人口に占める生産年齢人口比率が上昇する期間が 2040 年代まで続くとされ、この国の未来は明るいといえる。

　インドネシアは、運輸大臣令によって 299 の空港が位置付けられ、このうち既存空港が 237、新規空港が 62 である。国の予算を配分している空港は約 180 空港であり、これら公共空港のほか、企業専用空港、キリスト教・軍管理空港が別途ある。

　2009 年の同国の航空法改正により、レギュレーターとオペレーターの分離が明確に打ち出され、オペレーターとしての空港運営部局（UPBU）と民間の空港事業者（BUBU）の 2 つがプレーヤーとなった。さらに 2016 年から、公共サービス事業体（BLU）という新しいプレーヤーが登場した。民間の空港事業者（BUBU）は、今のところ国有企業であるアンカサ・プラ I（AP-I）とアンカサ・プラ II（AP-II）が指定されており、国を東西に分けて主要空港を運営している。この国で最も大きいスカルノ・ハッタ国際空港（CGK）をはじめ、比較的採算が取りやすい 26 空港をこの両企業が運営している。

（2）航空需要

　航空需要は、2005 〜 2015 年の 10 年間で 2.5 倍に拡大している。空港旅客数は、航空旅客数の約 2 倍という関係で、ここ最近は若干停滞していたが、2016年の旅客数はやや回復した。上位 30 空港の合計で見ると、約 1 割伸び、CGKは発着回数 40 万回程度で推移している。ジャカルタ市内では CGK とは別に、主に軍が使用しているハリム・ペルダナクスマ国際空港で、2014 年に民航定期便の利用を再開し、CGK の発着容量をオーバーフローする分を何とか賄っている状況である。全国値が集計されている 2014 年の統計でみると、上位 5空港で約 83 万回と、全国の発着回数合計約 157 万回の半分以上を占める。上位 30 空港の発着回数は約 136 万回で、ほぼ全体をカバーしている状況であり、その他は小さい空港が多いことがわかる。僻地輸送の使用機材はセスナ等小型の機材で、需要も細い。空港旅客数は、CGK が約 6,000 万人で、ジャカルタ市内の第 2 空港であるハリム空港を入れると、もう少し増えてくる。空港旅客数でみても、上位 30 空港で 2014 年には 1 億 6,700 万人となり、インドネシア全体で 1 億 7,500 万人であるから、上位 30 空港でほぼ全体をカバーしている。

（3）空港整備計画

　主要航空会社であるガルーダ・インドネシア航空、ライオン航空の国内路線網では、CGK やスラバヤ、バリ、マカッサル、メダンといった空港がハブになっており、他社も同じ状況である。これら主要 5 空港の概要として、まずCGK は、発着回数約 41 万回、旅客数約 6,000 万人の空港であり、滑走路は 2本あり間隔 2,400 m のオープンパラレルになっている。日本の航空局からの提案もあり、高速脱出誘導路を整備済みで、着陸機を速やかに滑走路から退出させるよう運用し、発着回数約 41 万回を達成している。滑走路間の連絡誘導路を追加する計画もあるが、ゴルフ場やホテルが障害物件になっており調整中である。北滑走路の 500 m 北側に、クロースパラレルの第 3 滑走路を整備する計画があり、国費約 200 億円が AP-Ⅱへの資本注入という形で出ている。

　また、空港鉄道プロジェクトが進行中である。都心から空港の近くまでは既存の通勤鉄道線があるが、これをさらに約 12 km 延長し空港ターミナルまで引き込もうとしている。土地収用が遅れに遅れて、土地所有者を空港が雇用することで決着したという報道もあったが、いまだ決着せず開通できていない。ターミナルが 3 つあり、ターミナル間の旅客の移動手段として APMS（自動旅

客移動システム）を導入する予定であるが、残念ながら、日本の企業は受注できなかったようだ。貨物地区の拡張計画もある。

　ハリム空港は首都圏第2空港であり、滑走路は1本で、ジャカルタの市街地の中央南側に位置する。ジャカルタではもともとクマヨランという空港が整備され、そのクマヨランの国際線をハリムへ移した経緯がある。1985年のCGK開港に合わせて定期便はすべてハリムからCGKに移されたが、CGKの発着能力限界を受けた緊急措置として、2014年に民航定期便の利用が再開された。このため、2013年に20万人だったハリム空港の旅客数は、2016年には560万人に激増している。

　スラバヤの空港、ジュアンダ国際空港は、都市の規模同様に国内第2の空港である。滑走路1本で、ターミナルビルは円借款で整備したが、ターミナルビル供用時には既に旅客数が需要予測値を超えてしまっていた。航空総局は、円借款の需要予測は堅過ぎると常々発言している。

　バリ島の空港、イ・グスティ・ングラ・ライ国際空港は、滑走路1本で発着回数約14万回、約2,000万人が利用している。スラウェシ島マカッサルの空港、スルタン・ハサヌディン国際空港は国内第5位の空港で、発着回数約10万回、約1,100万人が利用している。

　スマトラ島メダンの空港、クアラナム国際空港は、市街地から郊外に移転した新空港である。滑走路が1本で、関西国際空港のような立派なターミナルビルを有している。土地は十分あるので、2本目の滑走路を需要に合わせて整備する予定になっている。2017年時点では発着回数約7万回、旅客数約900万人の空港であるが、AP-IIの需要想定によれば、2022年には旅客数が3倍の2,700万人に、2027年には4,200万人になると予想されている。投資額も公表されており、かなり前向きである。強気の需要想定は戦略的なものであるが、滑走路の増設と合わせて、エアポートシティ構想として2,000ヘクタール程度の商業開発も行うとのことで、CGKオーバーフローの負荷を軽減し一部役割を代替する位置付けもあるようだ。外資との共同企業体（JV）を希望しているとのことである。

(4) 空港の管理運営問題

　空港の管理運営問題については、2009年に航空法が改正されて、レギュレーターとオペレーターが分離された。オペレーターとしては商業的に儲かる

　空港は空港事業者、具体的には国有会社のAP-ⅠおよびAP-Ⅱが大臣指定でコンセッションを得て運営し、商業的に運営できない中小規模の空港は、運輸省が直営で運営している。インドネシアでは、国の発展に必要なインフラ投資需要と財源不足という根本的な問題があり、インフラ投資需要は、空港だけでなく全分野共通で、民間の能力を活用できるものはどんどん民活で整備すべしというのが政府方針である。中期5カ年計画の予算では、空港関係は年間約1,200億円となっているが、増加する需要に対応するのに、1,200億円程度では足りない。180空港に薄くばら撒いて整備しても遅々として進まず、大規模な投資はできないのである。

　また、空港事業者の課題については、2012年に政令が改正され、AP-Ⅰ、AP-Ⅱの運営空港には国費が入らなくなったことがある。従来であればバリやスラバヤといった空港には円借款が入っていた。当時の円借款スキームは、対象が相手国政府で、航空総局が整備し、それを現物出資するというスタイルであったが、それができなくなる。ただ、円借款を直接AP-Ⅰ、AP-Ⅱに出すという手法は残されているといわれている。

(5) 直営空港の課題

　運輸省直営空港の課題としては、予算が限られているので万全な維持管理ができず、まれに場周フェンスが完全でないこともある。当然旅客サービスについても、商業的なサービスを提供するという考えはまだなく、そのための予算もない状況である。このために民間資金とノウハウを活用したいというのが、一貫した航空総局の気持ちとしてはある。しかし、その手段としては、大臣が交代するたびに民活の方向性が変わっているため、具体的な話は進まない。JICA専門家の活動内容に、首都圏だけでなく全国の空港開発をPPP（官民連携）で行うことが入っていた。以前の大臣はPPPをしようと発言していたが、その後、前大臣のときは、民間に劣る官のサービスレベルを上げることを目的に、病院や大学を運営しているBLU（独立行政法人のようなもの）に指定し、収入を国庫に入れずに直接使えるようにしようとした。職員の給与も柔軟に設定でき、関空会社に類似しているが、それほど民間らしくはない。BLUへの指定は実際に数空港でなされたが、実態は伴わず職員給与も以前のままである。現在はまた別の発想があるようで、注意深く見ていく必要がある。

（6）日本企業の空港開発・運営への参入

　次に、日本企業が空港の開発・運営に参入する場合に、どういう可能性があるかを航空総局と議論し整理した。まず、滑走路等基本施設を管理運営し使用料を徴収することについて、日本企業が空港事業者になって参入するのはハードルが高すぎて現実的ではなく、運営権は引き続きコンセッショネアが持ち続けるであろう。なお、AP-Ⅰ、AP-ⅡとJVを組んで、AP-Ⅰ、AP-Ⅱからサブコンセッションで任せられれば可能ではある。基本施設以外の施設の管理運営は可能で、グランドハンドリングなどのサービスは、要求される資格を持ち、AP-Ⅰ、AP-Ⅱが認めれば可能である。よって日本企業が空港事業者になるのはほぼ無理だが、その他はAP-Ⅰ、AP-Ⅱが認めれば何でもできるといえる。

（7）首都圏空港問題

　首都圏空港はとにかく混んでおり、CGKは現有2本の滑走路に加えて、第3、第4滑走路まで計画がある。提唱されていたジャカルタ湾内のマルンダ新空港の構想は既に消え、山間部のルバック新空港の構想も消えた。CGKとの進入経路の干渉が問題であった。JICAが提案したのがカラワン新空港で、都心から70 km東に位置し、西ジャワ州が推進しているクルタジャティ空港は、都心から150 km以上東に位置する。空域干渉については、CGKやハリム空港、そして中小の他空港の空域が重なっており、新空港を検討する場合は、これ以上重ならない位置で検討すべきとされている。

　ジャカルタの需要予測について、現状約40万回の発着回数があるが、これまで増加の一途で、既にキャパシティをオーバーしており、これをハリム空港でカバーしている現状である。さらに第3滑走路（クロースパラレル方式）の増設により10万回程度は増えるが、まだ需給ギャップは解消されない。需要予測の前提となる将来の想定として、2005〜2015年の実績は年率約10％で伸び、この水準が今後も続いたとすると、2024年あたりで現状の2倍を超える。JICAの想定はこれより控えめで、年率6％から4％へ徐々に伸び率は逓減するとみている。第3滑走路に加えてカラワン空港もできると、需給ギャップは解消できる。CGKには第4滑走路の計画があるが、第4滑走路が整備されたとしても需給ギャップは解消されない。

　なお、第3滑走路整備には、2,000件程度の移転補償が必要で、第4滑走路ではそれが1万件以上と言われている。何年かかるかまったく予想できず、第

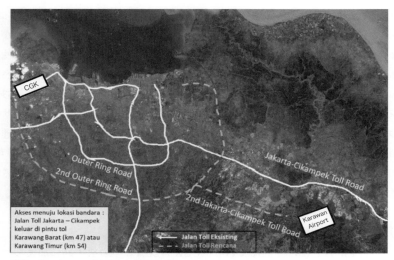

出典：Google マップをもとに筆者作成

図 19.2　ジャカルタの CGK とカラワン新空港提案場所の位置関係

4滑走路については、現実的ではないと考えている。JICA が提案したカラワン新空港計画（図 19.2）は、ジャカルタ都心から 70 km 東にあり、滑走路4本、面積 3,000 ヘクタールの計画である。空港計画地の周辺には日本企業も進出する工業団地が広がり、空港計画地は生産林地に指定されており、用地取得は比較的容易とのことである。カラワン新空港は、運輸省の「国家空港システム」と呼ばれるマスタープランで第1種ハブ空港と位置付けられ、また、2017年4月に「国家空間計画」において 2025 ～ 2027 年の供用を目指すステージⅣ案件に位置付けられた。しかし、ステークホルダーが多く、難航しているのが現状で、進捗は保留となっている。国の航空政策としては必要なのだが、一方では西ジャワ州が開発したいクルタジャティという空港があり、当面はこちらを優先し、中止でなくタイミングを待つということである。インドネシアの案件は「遅々として進む」といわれるが、現段階では進んでいない印象である。

（元・インドネシア運輸省航空総局派遣 JICA 専門家　佐藤 清二）

第20章　世界の空港づくりを考える

20.1　儲かる空港へのトリガー・フレイズ

　筆者が1996年上梓した書籍『世界の空港』[1]の内容を踏まえ、空港における非航空収入の増強について述べる。

(1)　世界一儲かる空港を目指せ

　空港収入には大きく分けて、①航空機主体の固定的な航空収入、②旅客主体の柔軟な非航空収入の2つがある。当時、世界の先進空港では後者を増やし、空港の競争力強化を図る経営戦略が競うよう実行されていた。ハード面での空港デザインや、ソフト面での経営理念もこの戦略を取り入れ、強力に推進していた。ターミナルでの商業、サービス、アメニティ機能の強化などにより、旅客満足度向上を図り、収入増加を目指す経営方針が多くの空港で実践された。

　1990年頃、関西国際空港では早期開港を目指し、空港の施設配置やターミナルコンセプトなど多方面の検討事項を確定する時期であった。当時、社長の竹内良夫氏から「世界一儲かる空港を目指せ」と指示があった。「目線・競争相手」は世界の空港に向いていた。現在、わが国には97の空港があるが、それぞれ活性化に向け多くの挑戦が行われている。以下に、「儲かる空港づくり」に目を向けた際、戦略設定目標をどうやって実現するかの「トリガー・フレイズ」になると思われる事例を紹介する。

(2)　コペンハーゲン空港

①　パッセンジャーはゲスト

　長い間、「空港」は航空機が離着陸する場所として「飛行場」と呼ばれ、空港の主役はパイロットや管制官、エアラインであった。そのようななかで、コペンハーゲン空港は世界で初めて「旅客」「パッセンジャー」を「ゲスト」と呼び空港の主役とした。

　コペンハーゲン空港は、市街中心から南東約8km、バルト海に面し、1924年に世界で初めて民間人のためにオープンした歴史を持つ。コペンハーゲンの「コペン」は商業、「ハーゲン」は海の港を意味する。海の港は同国を発展させ

た基本インフラであり、今日は国際クルーズ港として繁栄している。

　市の中心部の市庁舎と、街の発祥につながる旧港地区とを結ぶ「ストロイエ通り」と呼ばれる大通りがこの都市の骨格である。「ストロイエ」は「歩く」を意味するが、初期には長さ 1.1 km の世界で最も古くから実施されたといわれている「歩行者天国の通り」である。今日ではこの通りは都市全域にネットワーク化され「モール（商店街）」となり、北欧最大の面的な繁華街として、国を代表するブランドショップを多数かかえている。

　コペンハーゲン空港の商業担当者は「お客様の快適性を求め、喜んでお金を使うことは、健全な投資だ」と述べていた。彼らが「パッセンジャーをゲストと呼ぶ」なかには、お客様の「満足度」を上げ、同時に「購買力」も上げる。コペンハーゲン商人のしたたかともいえる、ビジネスモデルが背景にある。

　②　ターミナル内へのモールの導入

　空港の第一ターミナルの商業空間は、「ストロイエ通り」が再現されている。おそらく担当者は、ターミナルは「歩行者天国」だとの考えがあったのであろう。空港内には市内の名店が並ぶ「ミニストロイエ通り」が設置されている。各所に置かれた家具や照明器具は、地域の特産の北欧家具の展示を兼ねている。

　これまで空港内の商業施設は、旅客の主要動線沿いに副次的に配置されていた。コペンハーゲンでは、これをやや拡大し、商業空間のモール化を目指している。高級商品の売り場や通路の床面は随所にウッディフロアを採用するなど、高級デパートのデザインが多く採用されている。

　商品は、購入者側からみて 2 つに分類される。ひとつは購入者があらかじめ

(a) 　(b)

図 20.1　コペンハーゲン空港のモール
（a）ストロイエ通りの再現、（b）北欧家具の展示的な使用

購入を決めている、あるいは必需品的な「計画的購買品」である。もう一方は「非計画型購買品」、いわゆる衝動買い商品である。

　非航空収入を上げようとすると、必然的に非計画型商品のウエイトは高くなる。こうした商品は高い利益がある反面、売残在庫などのリスクがある。よい結果を出すには、商品の設置場所の雰囲気・環境デザイン、陳列・棚割方法など、様々な体験的ノウハウが必要になる。店の地域特性、年間変化する季節特性などの演出や、さらに誰に売るかなど、高度な予測、専門的には「客の顔が見えること」も重要な要件となる。ソフト、ハード面で様々な環境を整えることが必要だ。

(3) フランクフルト空港
① 客がすべて

　1936 年に開港したフランクフルト空港は、世界の主要な国際的ハブ空港であり、森に囲まれた狭い空間に立地している。1972 年に第 1 ターミナルが開設され、2019 年の旅客数は約 7,560 万人の大空港である。

　空港の経営理念は、「客がすべて」とされている。客の多様なニーズに対応する幅広い品揃えとテナントを組み合わせる「ハイミックス」、複雑な空港内を旅客が迷わず快適に移動する空間づくりとして「ワンルーフコンセプト」などが実践されている。

② ハイミックス

　「ハイミックス」とは、空港に立地する商業やサービス機能の種類の多様な組み合せのことである。フランクフルト空港は「空港は都市になる」のキャッチコピーの代表事例であり、世界でもその多様性はトップクラスであった。

　1985 年頃に、この空港の商業・サービス施設調査に訪れた。入居店舗は、飲食・物販に加え、銀行、郵便局、医療、教会、ディスコ、ミニ映画館、従業員対応の居酒屋、コンビニなど多様であった。ターミナル前面のカーブサイドに隣接し、エアロプラザ（複合商業業務ビル）が立地していた。特に印象的だったの

図 20.2　フランクフルト空港ターミナル 1

は、ターミナル内にアダルトショップが 3 店舗あり、そのひとつが国際線到着
階の出口近くであったことだ。当時の関西空港では、この場所はお客様を初め
てお迎えする場所であるから、日本の代表的文化を展示するのがよい、という
議論があった。

③　ワンルーフコンセプト

「ワンルーフコンセプト」は、「すべてのサービスをひとつ屋根の下で得られ
るようにする」ものだ。フランクフルト空港は、空港内に駅や業務ビルなど多
くの主要施設が分散している。この複雑な大空間を利用者があたかもひとつ屋
根の下を移動していると感じさせる、スムーズな動線確保がデザインコンセプ
トで、物理的にすべてを大屋根の下に入れるということではない。

空港の基本は、いつの時代も、旅客が時間どおり安心安全にスムーズに航空
機に乗降することである。このためには、シンプルな動線がベストである。一
方、非航空収入増大や、旅客の多様なニーズに対応するには、多くのサービス
施設を配置することになる。これは動線が複雑になりがちである。この二律背
反ともいえる課題への対応が、ワンルーフコンセプトである。

実は、この考え方は、デパートやスーパーマーケットなどの商業界では基本
中の基本である。「お客様」がスムーズに動け、目的の売り場にスムーズに導
く、今自分はどこに居るのか、行きたい売り場はどこか、どう行けばいいのか
を客自身の感性で知る、あるいは自覚できる空間づくりである。ワクワク感を
維持しながら、店内を迷わず歩き、店全体を「メディアスペース」化すること
で、購買力増大につながるデザインなのである。

(4)　ミュンヘン空港

①　空港コミュニティをつくろう―地域との協調

バイエルン州、ミュンヘン郊外に位置する、1992 年開港の比較的新しい空
港である。2018 年の旅客数は約 4,600 万人、ドイツ第 2 位である。ワールド・
エアポート・アワーズ 2020 では第 5 位と高評価である。

ミュンヘン空港開港にあたっては、あらゆる面で「空港コミュニティをつく
る、地域との協調を図ることを基本理念とする」とされ、多くの技術分野が
「トランス」した。新しい技術様式「モード 2」といわれているが、その実践
である。この過程で、空港規模や施設設計、景観などが決定された。ここでは
2 つのコミュニティづくりの事例について紹介する。

②　ミュンヘンエアポートセンター

　ミュンヘン市は、人口約150万人（2020年）である。空港には市の中心部とを45分で結ぶ連携鉄道Ｓバーンの駅がある。空港駅はターミナル前面の地下にあり、「ミュンヘンエアポートセンター」とネーミングされている駅ビルと、駅前広場を中心とした各種建物で構成されている施設コンプレックスである。空港の旅客ターミナルと直接連結しており、第一義的には「空港地域全体のコミュニティセンター」の機能を持っている。ミュンヘンエアポートセンターに密着する施設は、ホテルをはじめ、スーパーマーケット、託児所、ショッピングセンター、ビール醸造所など多様である。広場は透明性の高いテントの大屋根で覆われ、開放的で親しみやすいデザインである。また、季節ごとのイベント会場として多様に活用される。11月中頃〜12月中頃には15mのクリスマスツリーや6,000 m^{2}のスケートリンク、40の出店などで賑わっている。

　一般的に、大規模空港ターミナル前面や近隣に、本体に収容できなかった都市的機能（ホテルや商業施設、業務施設）が収容され「ターミナルアネックス」的なものになる例はよくある。ミュンヘンエアポートセンターはターミナルの補完機能が中心であるが、あわせて都市（市街地）と空港の連携機能共存共栄の方向が強く意識されている。旅客以外に地元市民にも開放し、活用を図るという積極性が伺え、空港内と地域間双方のコミュニティ強化の働きをしている。地元の大きな観光スポットとして、多くの人々に愛着が持たれている。

③　ミュンヘン・エコランドスケープ

　この空港は内陸にあり、特に騒音防止、廃棄物管理、エネルギー供給、生態面での環境協調など、様々な課題への対応が空港の存立をかけて行われた。地元住民の強い要望として、空港が建設されるエルディンガームース地域固有の景観の特徴を取り入れている。空港は地域の風景の一部であり、古くから存在した施設である、との考えで施設計画が作られた。

　第1ターミナルの建物のデザインは「テクノスケープ」と呼ばれ、内部はガラス、光を多用した直線の多

図20.3　郷土種に囲まれたミュンヘン空港第１ターミナルの外観

い、現代アート的ハイテックデザインだ。しかし、本体高は周辺風景を乱さず、なるべく目立たないように低構造になっている。ターミナルに沿った植栽は建物の屋根が見え隠れする高さになっているなどハイ・タッチのデザインだ。植栽計画は庭園的な「マン・メイドグリーン」と、土地固有の植生を生かす植物社会学的発想「ワイルドグリーン」の2つがあるが、ここでは後者を採用している。植物社会学はドイツ由来の技術であり、後者は人間の関与がない状況での植物群落形成技術である。ドイツではアウトバーン沿い、日本では明治神宮などで採用されている。

　空港は、平面で広い空間を占有する、広大な空間である。しかも世代を超えて長い期間存在し、地元の人々にとっては世代をつなぐ思い出となる。風景は地域の文化形成にも深く関係する。空港は大河や山と同様の存在なのである。

(5) 感動を与える空港づくり
① 関西国際空港 ―レンゾ・ピアノの感動空間
　関西国際空港の第1ターミナルは、コンセプトがフランスのシャルル・ド・ゴール空港のポール・アンドリュー氏、デザインは国際コンペで選ばれた世界的建築家のレンゾ・ピアノ氏であった。ピアノ氏によれば「私はターミナルが設置されるこの島は、人工島とは思っていない。この地域に長く存在する、古い未踏の海岸線を持つ島ととらえている。ターミナルに来る人々はこの海岸から来る」「空港は人々にとっては、新たな感動の体験空間だ」とのことであった。

　その後明らかになったビルの外観は、空からみると、大きな鳥が「翼を休めている」姿であった。ウイングはパイプ構造で地上2階、幅36m、長さはそれぞれ680m、それぞれの柱の形、角度は同じものは一対しかなくすべて微妙

図20.4　関西国際空港ターミナルビルのウイング

に異なる。まさに「現代アート作品」であった。

　その頃、筆者は建設工事の総括責任者を担当していた。総額1兆円を超す工事をかかえ、沖合3kmの無人島にすべての資材、数千人の人員を船で運ばねばならない現場だった。工期の余裕がなく、毎日張りつめた空気だった。筆者はウイングをシンプルに変更してもらえないかとピアノ氏に申し入れた。社内でも内々で話をしていた。ピアノ氏の返答は、「この空間は、感動空間である。これから旅に出る人、旅から帰った人、それぞれに感動を与える。あなたも想像して欲しい」だった。その後、形はそのままとなり、現場は大変苦労したがウイングは完成した。この空間を通るたびにこの会話を思い出す。これからも旅の感動を与え続け、多くの人の共感を得、長く形を保つことを願っている。

　②　アーティスティック・エンジニアのすすめ

　最後に、これから空港の新設・改変を担当する技術者の方々に、今後の技術者像について提案したい。これからの技術者は次の2つの「資質」を兼ね空港づくりに挑戦する。ひとつは従来の技術者の知識、態度をより強めることである「合理性」「論理性」「厳密性」である。これは我々がこれまで信奉してきた「科学技術」を推進することである。今日様々な行き詰まりを多くの人が体験している。変革への挑戦も高まっている。そこで、もうひとつの資質、態度として「道理性」「人間性」「曖昧性」の重要性に着眼・回帰することである。

　この2つの資質を合わせもった技術者を筆者は、アーティスティック・エンジニアとネーミングしている。この能力で次の空港づくりに立ち向かおうという提案である。

　「空港はひとつとして同じ空港はない」とつくづく感じている。空港をつくり、改変し、運営することは、他に類例のない創造作業だ。空港で解決しなければいけない課題は、これからも尽きぬ数で様々に発生することであろう。

　解決に向けての「カギ」は空港自体にある。自分の空港に「当事者意識」を強くもち、毎日よく観察することに始まり終わる。哲学者ヴィトゲンシュタインの言葉を借りれば、「Nothing is hidden」、空港のことは空港を見つめることから始まり終わる。アーティスティック・エンジニアとしての皆様の挑戦活躍により、日本が発展することを願っている。

（日本大学　新井　洋一）

20.2　世界の空港から解く空港づくりの方向性

　以下では、私が編著者の 1 人としてかかわった『世界の空港事典』という内外 300 以上の空港を取り上げた書籍のなかから、特徴的な空港をテーマ別に紹介する。なお、以下で掲載する写真の出典は『世界の空港事典』および筆者撮影である。

(1) 美しき空港

図 20.5　水上滑走路と陸上滑走路

　第一に紹介するのは、モルディブの首都空港であるイブラヒム・ナシル国際空港である。ジェット機が離着陸する 3,000 m 級の滑走路があり、すぐそばの珊瑚礁に囲まれた水域に水上飛行機が発着している。水上飛行機専用のターミナルもある。モルディブには有人島が約 200 あり、島単位でリゾートが形成されているが、この空港は首都マレの空港として国際線が発着するゲートウエイ空港である同時に、各リゾートを水上飛行機で結ぶハブとなっている。大型ジェット機と水上飛行機や浮桟橋が織りなす景観が実に素晴らしく、旅行者のリゾート気分を盛り上げてくれる（図 20.5）。

　2018 年に、中国の支援で 800 億円ほどをかけて新しい滑走路ができた。また、空港と海を隔てて 2 km に隣接する首都マレとの間に橋が架かったが、これも中国の支援である。「一帯一路」の要衝ということもあり盛んに投資がなされているそうで、観光客も多くは中国人だという。

　第二に紹介するのは、トルコのイスタンブールに 2019 年春に本格オープンした新空港である。「イスタンブール空港」というシンプルな名前でデビューした。この地は、かねてより南回りルートの結節点として知られ、多くの需要が見込まれることから、最終的には滑走路 6 本、面積 7,700 ヘクタールの巨大なハブ空港となる計画である。ここで美しいのが、イタリアの工業デザイナーのピニンファリーナが設計した管制塔である。イスタンブールはオスマントルコ時代から伝統的にチューリップの栽培が盛んで、管制塔は形も色合いもチューリップをモチーフにしている。タワーだけでなく、空港ターミナルも合

理的で美しく計画されているのである（図20.6）。

第三に選ぶのは、インドの首都デリーのインディラ・ガンディー国際空港である。ターミナル3のチェックインカウンターが圧巻である。高さ3mほどの手のモニュメントがずらりと並んでいる。この「印相」とよばれる仏教のハンドサインが圧倒的な印象を旅客に与えている（図20.7）。

第四として、同じくインドのムンバイのチャトラパティ・シヴァージー国際空港も美しい空港のひとつである。ターミナル2の屋根には大小全部で270個ほどのトップライトがアレンジされていて、ターミナル内に宝石のような照明効果を生んでいる（図20.8）。

第五に挙げたいのは、パナマのトクメン国際空港で、建設中のターミナル2は、上空から見るとプロレスのマスクかボクシングのチャンピオンベルトのような形状をしており、屋根は金色に光り輝いている。果たして黄金仮面の中身はどうなっているのか、本当に「美しき空港」の仲間入りができるか注目である（図20.9）。

第六に、北京の首都国際空港を取り上げたい。面積が99万m²というとてつもない大きなターミナルで、巨大な構築物がシンメトリーに配置されている。し

図20.6　チューリップをモチーフにした管制塔

図20.7　チェックインカウンターに並ぶ印相

図20.8　宝石のようなトップライト

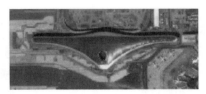

図20.9　チャンピオンベルトのような
　　　　形状のターミナル

かも、縦軸上だけでなく横軸上もシンメ
トリーになっており、非常にダイナミッ
クなターミナルである（図 20.10）。外観
だけでなく、内部も天井が高く、構造材
があたかも竹細工でできているように見
える。内装色には金と赤があしらわれて
おり、ともすれば下品な建物になりそう

図 20.10　長さ 3 km にも及ぶコンコース

なところを、センスよく設えてあるなという印象である。これは 2008 年開催
のオリンピックへの対応でつくられたターミナルであるが、中国で最近建設さ
れる他の空港ターミナルは、おしなべてモダンである。多くは外国人デザイ
ナーに設計依頼しているようで、国際水準のよいものがつくられている。例え
ば、深圳宝安国際空港は宇宙船のようで、ユニットは六角形の構造をしてい
る。昆明空港は、伝統的な中国のスタイルに見えるが、幾何学的内部構造がと
てもユニークである。

(2)　こんなところに、こんな空港が

　次に「こんなところに、こんな空港が」というテーマで、いくつかの空港を
ピックアップした。第一に、かのナポレオン I 世が流刑され、その終焉の地と
なったことで名高いセントヘレナ島の空港である。セントヘレナ島はアフリカ
大陸南西岸の海岸線から 1,900 km 程離れた絶海の孤島である。ここに空港を
つくることはかねてから住民の念願だったそうで、2017 年秋にようやく開港
した。険しい地形の島であるから、用地造成が非常に大変で、滑走路長はオー
バーランを含めて 1,950 m しか取れなかった。また、風が非常に強いので厳し
い運航が強いられ、小型ジェット機がギリギリで飛んでいるということであ
る。近くに代替の空港がないので、燃料も多く積まなければならない。羽田か
ら小笠原までの距離が 970 km であるから、その倍も距離が離れた空港が成立
していることに力が湧いてくる。

　第二は南極の空港である（図 20.11）。南極には空港があちこちにある。転圧
だけすれば滑走路ができてしまうから、簡単といえば簡単である。そのため
30 に余る空港がある。昭和基地の横にも滑走路がある。多くは南極観測や実
験の拠点空港であるが、そんな中で 2017 年から純民間ベースでチリとの間に
路線を開設した空港がある。南極はお金さえ出せばだれでも行ける場所となっ

たわけである。

　第三はロンドンの空港である。ロンド
ンはヒースローやガトウィックなど6空
港が首都の航空需要を分担しているが、
そのひとつにシティ空港がある。都心か
らわずか7kmの至近距離にあり、テム
ズ川から水を引き込んだ、かつてのドッ
クヤード跡地をほぼそのままの形で利用
している（図20.12）。開港当時の滑走路
長は、1,050mと非常に短く、着陸角度
が7.5度であった。通常は3度であるか
らパイロットはかなりの急降下を強いら
れたようである。その後、滑走路は延長
されて現在は1,508mとなり、着陸降下
の勾配も5.5度に緩和されている。ここ
で離着陸できる機材は小型ジェット機で

図20.11　南極大陸の空港

図20.12　ドックヤード跡地にある滑走路

あるA318（エアバスA320ファミリーの最小モデルで、100席程度）が限界な
のだが、就航は近距離路線だけの空港かと思いきや、ニューヨークのジョン・
F・ケネディ国際空港（JFK）との路線がある。出発便はアイルランドのシャ
ノン空港で給油しJFKではイミグレーションなしに入国できる。帰り便は直
行できるので、三角運航ながら太平洋をまたいでの大陸間フライトが実現して
いる。ビジネスマンに人気の大変ユニークな空港である。

　第四はロンドンから、ファンボロー空港を取り上げる。ロンドン6空港の中
で唯一定期便がないビジネスジェット空港である。格納庫、管制塔、ターミナ
ルビルなどあらゆる施設がスタイ
リッシュで、「美しい空港」のセ
クションで紹介してもよいぐらい
である（図20.13）。VIP利用空港
であるため、豊富なリストから選
べる高級ワインや豪華な薔薇の花
束、パーティのセッティングま
で、至れり尽くせりのサービスが

図20.13　洗練されたデザインの管制塔

受けられる。この空港のもうひとつの顔は隔年で開催されるエアショーである。富裕層と飛行機マニアにはたまらない空港である。

（3）空港の歴史をたどる

以下に2つの空港の歴史を見ていきたい。

第一は、ヒースロー空港である。1955年の空中写真に現状を重ねてみた（図20.14）。当時は2本1組で3方向に向けて合計6本の滑走路が配置されていた。あたかもダビデの星（和風にいえばカゴメ紋）のごとく見える。昔の飛行機は横風に弱かったので、風向きに応じて3方向の滑走路を使い分けていたのである。その後航空機が大型化し横風に強くなったことから、これらのうち使い勝手のよい1組2本を残して、使わなくなった滑走路を順次ターミナル用地に転用した。ターミナル1（T1）からT3までは、順次ダビデの星の内側に整備され、T4が初めて滑走路の外側につくられた。ヒースロー空港と同様、航空機の大型化に伴って利用頻度が下がった横風滑走路をターミナル用地に転用した事例は世界中にあり、ヒースローはその代表例といえる。そのように発展を遂げてきたヒースローであるが、近年滑走路容量が足りなくなってきており、新しい平行滑走路の計画が進んでいる。成田空港の第3滑走路を思い起こさせる位置に新滑走路予定地が位置しており、コンセンサスの形成に苦労しているようである。用地取得の苦労は東西問わない。

次に羽田の歴史を振り返ってみたい。羽田は1931年に東京飛行場として滑走路1本の小さな空港から始まった（図20.15）。1952年に米軍から返還され東京国際空港となったのである。1971年時点で、既にA、B、Cと3本の滑走

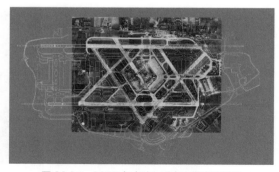

図20.14　1955年当時と現在の滑走路配置

路があったが、現在のA、B、C滑
走路とはどれも位置が異なる別物で
ある。当時3本の滑走路はあったも
のの、A滑走路は誘導路やエプロン
として利用され、実質2本でギリギ
リの運用をしていた。その後成田空
港の開港（1978年）で一息ついた
ものの、すぐに羽田は満杯となり機
能強化を図るための「沖合展開事

図20.15　1931年開港時の東京飛行場

業」が始まった。沖展事業の最初の成果として新A滑走路が供用開始したのは
1988年であった。次いで1993年に西旅客ターミナル（第1ターミナル）が供
用開始した。今はJALグループがほぼ占有して使用しているが、当時はJAL、
ANA、JASの3社が仲よく使っていた。その後、第2ターミナルや新C滑走路、
新B滑走路が順次整備され、空港施設は刷新されてきた。そして、D滑走路
が2010年に供用し、その容量増を見込んで国際線ターミナルができた。

　羽田空港における1955年頃から現在までの航空需要の推移をグラフにする
と実に壮観である。大体の空港の需要推移のグラフは20年程度しか表示され
ないのが通例で、その程度のスパンで時系列グラフを見ると、一旦落ち込んで
回復したというようにしか見えない。しかし、60年もの長期の時系列で見る
と、多少の凸凹はあっても一貫して成長してきたことが実感できる。羽田空港
の需要推移は日本の航空の発展そのものともいえる。

　これまでの航空需要の発展の歴史を頭に描き、2020年のその先を考えるこ
とが、我々の役割なのかなと思う。

（4）知られざる日本の空港

　紹介の前に、日本の空港数の変遷を概観する。日本の空港数は戦後の民間航
空再開時にはわずか6空港であったが、以降急速に増加した。特に1965年か
ら1980年頃にかけては空港整備五箇年計画の後押しもあって、新しい空港が
次々にできた。その後も空港数は増え続け、100空港も近いと思われていた
が、廃止となる空港が出てきたり、新設整備の空港計画が頓挫したり、ここし
ばらくは97空港で一段落している。数を追い求めるべきではないことは百も
承知とはいえ、百の大台達成は見届けたかったというのが本音である。そんな

図20.16　新千歳空港（上）と千歳飛行場

中から3つ紹介する。

第一が新千歳空港と千歳飛行場である（図20.16）。全97空港中、これらは2つの空港としてカウントされている。もともとは、航空自衛隊千歳基地を民間航空が共用飛行場に指定して共同利用していた。当時の民航ターミナル地区にはエプロン・誘導路とターミナルビルしかなく、現在は南千歳駅と名前を変えた元の千歳空港駅から長い連絡通路がターミナルまで伸びていた。

その後、隣接地に民間専用の飛行場として新千歳空港が建設された。開港当初は滑走路1本だった（現在は2本）こともあり、除雪等の際には引き続き千歳飛行場にも民航機が発着する可能性もあろうと想定して、自衛隊の千歳飛行場を公共用指定したまま、新千歳空港を新規に開港したのである。その結果、公共用飛行場が境界を接して2空港並ぶことになった。時折、「いつまでも新千歳空港と呼ぶのはおかしい、いつになったら新の字を取るのだ」との指摘に出くわすが、千歳飛行場との兼ね合いであえて「新」を残しているのである。ここのところが「知られざる」ゆえんである。

「知られざる」第二の空港は、富山空港である。この空港は、日本で唯一河川敷につくられた空港である（図20.17）。神通川の河川敷にあり、1963年に開港した。その後、ジェット化に際して移転しようという話も出たようであるが、市街地から近く便利なため、旧空港の滑走路延長を選んだ。恒久構造物であるターミナルは河川堤防の外側（堤内地）につくり、堤防を挟んで長い固定橋でつないでいる。河川の流況を妨げる可能性があるインフラを建設することはできないが、様々な知恵を絞り、河川管理者の理解を得て、現位置での滑走路延長が実現した。その当時の協議経験が後年、多摩川の河口部に羽田空港のD滑走路を桟橋方式で建設することにつながったのである。

図20.17　神通川の河川敷にある富山空港

第三は下地島空港である。訓練

用空港として 1979 年に供用開始
し、JAL、ANA、JAS が揃って乗
員養成に使用していた。ところ
が、その後訓練を海外で行うよう
になり、またシミュレーターの進
化に伴いほとんどの訓練が実機を
使わずにできるようになったの

図 20.18　宮古島と橋でつながった下地島空港

で、航空会社がこの空港から撤退した。その後は細々とした利用が続いていた
が、下地島空港が伊良部島を介して宮古島と橋でつながったことを契機に、空
港をリゾート開発の一環として整備することとなった（図 20.18）。県が民間と
組んで新たなコンセプトの空港づくり（みやこ下地島空港旅客ターミナル事業
については、5.1 を参照されたい）が始まり、2019 年の 3 月末からジェットス
ター・ジャパンが成田空港との路線を開設した。当面 1 日 1 便だけであるが、
下地島空港が再び脚光を浴びるときが来た。（編者追記：2023 年 3 月現在、スカイ
マークによる下地島〜羽田・神戸・那覇便が通年運航）沖縄県庁の OB として今後
どのように展開するか注目している。

謝辞

　最後に、『世界の空港事典』の構想から資料収集、原稿執筆まで、本書に心
血を注ぎ、志半ばで亡くなった故渡辺正巳さんを追悼しつつ本節を締めたい。

（港湾空港総合技術センター　傍士　清志）

おわりに

　「成長しなくなった日本」と言われて久しいですが、個別の分野を詳しく見てみると果敢に挑戦されているグループや組織があります。空港や航空の分野でもそうした挑戦者が多くおられます。この研究会では、こうした挑戦者の話を伺い、次なる展開ができないか、応援できないかということを考え、関係者で議論しようとこの場を設けました。

　残念ながら、時期尚早で挫折したプロジェクトもありますが、そこで発揮されたチャレンジングスピリットはどこかで成就できるものと信じています。そうした経験をこの読本で感じていただき、読者の皆さんのこれからの夢の実現の一助になれば幸いです。

2023 年 6 月

　　　　　　編者を代表して

　　　　　　　　（一財）みなと総合研究財団　山縣　宣彦

引用・参考文献

1.2　北海道の空港運営と今後の課題

1）北海道開発局ウェブサイト．
　　https://www.hkd.mlit.go.jp/ky/kk/kuukou/ud49g7000000n1fc.html#s1
　　（アクセス：2023 年 6 月 9 日）

2.4　「地方」空港は木の葉舟か？

1）航空政策研究会（2009）今後の空港運営のあり方について．第 8 章．
2）加藤一誠（2014）防災拠点の役割を果たした福島空港．ANA 総合研究所，ていくお
　　ふ，136，32–38．
3）永澤裕二・加藤一誠（2013）東日本大震災と空港インフラの評価―福島空港を事例
　　に―．産業経営研究，35，47–57．
4）野田信二（2021）県庁職員 100 人の営業力．関西空港調査会監修，航空・空港政策
　　の展望．中央経済社，第 13 章．

4.2　地域航空会社の機材更新

1）黒木亮（2018）島のエアライン．毎日新聞出版
2）奥島透（2018）日本一小さな航空会社の大きな奇跡の物語．ダイヤモンド・ビッグ
　　社

4.3　環境に優しいプロップジェット機の役割と可能性

1）黒木亮（2018）島のエアライン．毎日新聞出版
2）秋本俊二（2019）日本のローカル航空　地方を結ぶエアコミューターの魅力のすべ
　　て．河出書房新社

6.1　空港コンセッションと観光の役割

1）空港コンセッション検証会議　とりまとめ報告書（平成 30 年 12 月 19 日）．
　　https://www.mlit.go.jp/common/001265425.pdf
　　（アクセス：2023 年 6 月 9 日）

6.2　コンセッション

1）愛知県．愛知県国際展示場コンセッション実施方針の概要．
　　https://www.pref.aichi.jp/uploaded/attachment/239847.pdf
　　（アクセス：2023 年 6 月 9 日）

8.1　スマート・エアポート構想

1）国土交通省航空局航空ネットワーク部空港技術課（平成 31 年 3 月）．地上支援業務
　　の省力化・自動化〜官民ロードマップ、取組状況〜．
　　https://www.mlit.go.jp/common/001278998.pdf

（アクセス：2023 年 6 月 9 日）

9.1　航空管制の現状と将来展望

1）将来の航空交通システムに関する推進協議会 ATM 検討 WG（平成 27 年 3 月）．将来の航空交通システムに関する推進協議会 ATM 検討 WG 平成 26 年度 活動報告書．
https://www.mlit.go.jp/common/001088137.pdf
（アクセス：2023 年 6 月 9 日）

2）飯嶋康弘．航空管制の課題と今後の取組．平成 29 年度 航空管制セミナー（2017 年 10 月 26 日）．
https://xn--atcaj-b21j12s.or.jp/wordpress/wp-content/uploads/2017/11/H29_ATCAJ_Seminar_2.pdf
（アクセス：2023 年 6 月 9 日）

3）全日本空輸．RNP AR Approach の実施効果．国土交通省航空局 第 15 回 CARATS-PBN 検討 WG 別添資料．
https://www.mlit.go.jp/common/001088138.pdf
（アクセス：2023 年 6 月 9 日）

10.2　ANA グループの持続可能な航空燃料（SAF）への挑戦

1）トヨタ自動車株式会社．体積あたりのエネルギー密度比較．経済産業省　資源エネルギー庁ウェブサイト．
https://www.enecho.meti.go.jp/about/special/johoteikyo/gosei_nenryo.html
（アクセス：2023 年 6 月 9 日）

10.3　海外空港の脱炭素化への取組み

1）INDsolarfarm ウェブサイト．
https://indsolarfarm.com/the-solar-farm/
（アクセス：2023 年 6 月 9 日）

2）Tucson International Airport ウェブサイト．
https://www.flytucson.com/articles/taa-board-oks-new-airport-parking-rates/
（アクセス：2023 年 6 月 9 日）

11.1　災害時の空港の運用継続

1）国土交通省海上保安庁　第二管区海上保安本部，東日本大震災への対応
https://www.kaiho.mlit.go.jp/02kanku/document/higasinihondaisinsaihenotaiou.pdf
（アクセス：2023 年 6 月 9 日）

2）国土交通省航空局（2020 年），「A2-BCP」ガイドライン〜自然災害に強い空港を目指して〜

3）轟朝幸・引頭雄一（2018）災害と空港　救援救助活動を支える空港運用．成山堂書店

4）一般財団法人関西空港調査会（監修）（2021）航空・空港政策の展望　アフターコロナを見据えて．中央経済グループパブリッシング

5）大西正光（2021 年），空港 BCP の実効化に資する組織ガバナンスの構築に関する研究，KANSAI 空港レビュー，No.514，pp.9-16

11.2 主要空港被災時における国際航空物流機能の確保

1) 国土交通省．主要空港が被災した場合の代替輸送実施のための連絡調整ガイドライン．
   https://www.mlit.go.jp/seisakutokatsu/freight/content/001486139.pdf
   （アクセス：2023 年 6 月 9 日）

12.1 空港アクセス鉄道による地域経済への影響

1) Murakami, J., Matsui, Y., Kato, H. (2016). Airport rail links and economic productivity: Evidence from 82 cities with the world's 100 busiest airports. *Transport Policy*, 52: 89–99.

2) Murakami, J., Kato, H. (2020). The intra-metropolitan distribution of airport accessibility, employment density, and labor productivity: Spatial strategy for economic development in Tokyo. *Applied Geography*, 125: 102309.

3) Kato, H., Fukuda, D., Yamashita, Y., Iwakura, S., Yai, T. (2017). Latest urban rail demand forecast model system in the Tokyo Metropolitan Area, Japan. *Transportation Research Record: Journal of the Transportation Research Board*, 2668: 60–77.

4) Kato, H., Murakami, J. (2020). Developing Airport Systems in Asian Cities: Spatial Characteristics, Economic Effects, and Policy Implications, Asian Development Bank.

14.1 航空機整備事業を巡る東南アジアの概況と日本への期待

1) 株式会社グローバルインフォメーション．航空機 MRO の世界市場：将来予測（2028 年まで）、コンポーネント別・機種別・エンドユーザー別の分析．
   https://www.gii.co.jp/report/tip1004649-aircraft-MRO-market-forecast-covid-impact-global.html
   （アクセス：2023 年 6 月 9 日）

2) Singapore Business Review.
   https://sbr.com.sg/aviation/commentary/giving-wings-aviation-MRO-in-singapore/
   （アクセス：2023 年 6 月 9 日）

3) シンガポール経済開発委員会（EDB）ウェブサイト．
   https://www.edb.gov.sg/ja/industries-case-studies/aerospace.html
   （アクセス：2023 年 6 月 9 日）

4) 国家航空宇宙産業連携室プレゼンテーション資料（2019 年 7 月 26 日付）
   "MALAYSIAN AEROSPACE INDUSTRY BLUEPRINT 2030 IMPLEMENTATION & CURRENT PROGRESS"
   https://people.utm.my/mnazri/files/2019/08/Malaysia-Aerospace-Industry-Blueprint-2030-implementation-and-current-progress.pdf
   （アクセス：2023 年 6 月 9 日）

5) マレーシア投資開発庁（MIDA）ウェブサイト．
   https://www.mida.gov.my/wp-content/uploads/2021/07/Aerospace-High-Ress-

Final-2021.pdf
（アクセス：2023 年 6 月 9 日）
6）Neighbors control half of Indonesia's $1b aircraft maintenance market. The Jakarta Post.
（アクセス：2023 年 6 月 9 日）
https://www.thejakartapost.com/news/2019/11/15/neighbors-control-half-of-indonesias-1b-aircraft-maintenance-market.html
（アクセス：2023 年 6 月 9 日）
7）インドネシア経済特区協議会（KEK（NCSEZ））.
https://kek.go.id/kawasan/KEK-Batam-Aero-Technic
（アクセス：2023 年 6 月 9 日）
Pemerintah Tetapkan Dua KEK Baru di Batam. Merdeka.com.
https://www.nongsadigital.com/component/content/article/12-news/31-pemerintah-tetapkan-dua-kek-baru-di-batam?Itemid=101
（アクセス：2023 年 6 月 9 日）
8）KASIKON BANK 資料（Thailand's MRO Industry（kasikornbank.com））
9）スターラックス航空の運航整備業務を受託開始．MRO Japan 株式会社.
https://www.MROjpn.co.jp/news/358/
（アクセス：2023 年 6 月 9 日）
コムラックス社より ACJ318 の整備委託先として認定されました．MRO Japan 株式会社.
https://www.MROjpn.co.jp/news/369/
（アクセス：2023 年 6 月 9 日）

16.2　ビジネスジェットは先進国の象徴
1）中条潮・平島佳奈・稲岡研士（2017）ビジネスジェットは先進国の象徴（1）．ANA 総合研究所，ていくおふ，147，4-15.
中条潮・稲岡研士（2018）ビジネスジェットは先進国の象徴（2）．ANA 総合研究所，ていくおふ，152，4-15.
中条潮・稲岡研士（2018）ビジネスジェットは先進国の象徴（3）．ANA 総合研究所，ていくおふ，153，4-19.

20.1　儲かる空港へのトリガー・フレイズ
1）新井洋一（1996）世界の空港―新しい時代を拓く世界のヒューマン・エアポートとその商業施設（別冊商店建築 81）．商店建築社

「未来の空港・航空システム研究会」講演者一覧（敬称略）

第1部　アフターコロナの新しい空港・航空システム創りを目指して

第1章　地方空港の現状とこれからの展望1　第3回（2017年7月19日）
－新千歳空港の果たしてきた役割と今後の展望－

竹内　帆高　　国土交通省北海道開発局港湾空港部空港・防災課　技術専門官
　1.1　新千歳空港　整備の歴史と残された課題

田村　亨　　北海商科大学商学部　教授
　1.2　北海道の空港運営と今後の課題

戸田　和彦　　（一社）日本建設業連合会　常務執行役員
　1.3　鉄道アクセスの機能強化

第2章　地方空港の現状とこれからの展望2　第5回（2017年12月20日）
－ NHK『クローズアップ現代』「地方空港利用客獲得作戦」を題材にして－

野田　信二　　佐賀県地域交流部　副部長
　2.1　九州佐賀国際空港

佐藤恵二朗　　大館能代空港ターミナルビル（株）　総務部長
　2.2　大館能代空港

西川　忠雄　　滋賀県商工観光労働部　観光交流局長
　2.3　幻となった「びわこ空港」計画

加藤　一誠　　慶應義塾大学商学部　教授
　2.4　「地方」空港は木の葉舟か？

轟　　朝幸　　日本大学理工学部交通システム工学科　教授
　2.5　地方空港の課題と期待

第3章　地方空港活性化の切り札1　第11回（2019年5月31日）
－リージョナルジェット機を使った地域航空と地方空港の活性化－

鈴木　与平　　（株）フジドリームエアラインズ　代表取締役会長
　3.1　リージョナル航空と地方創生

浅村　晋彦　　札幌市まちづくり政策局　空港担当部長
　3.2　丘珠空港の利活用と札幌市の取組み

第4章　地方空港活性化の切り札2　第13回（2019年12月5日）
－プロップジェット機を使った地域航空の活性化－

植木　隆央　　国土交通省航空局航空ネットワーク部航空事業課　地方航空活性化推進室長
　4.1　地域航空の現状と将来の展望

中川　　誠　　（公社）熊本県観光連盟　専務理事
　4.2　地域航空会社の機材更新

齋木　育夫　　ATR　カスタマー・サポート・ディレクター
　4.3　環境に優しいプロップジェット機の役割と可能性

笹川　明義　　（一財）みなと総合研究財団調査研究部　主任研究員
　4.4　首都圏のATR・STOL機就航空港

笹川 明義 （一財）みなと総合研究財団調査研究部 主任研究員
10.3 海外空港の脱炭素化への取組み

第 11 章 空港と災害 第 18 回 （2022 年 6 月 29 日）

轟 朝幸 日本大学理工学部交通システム工学科 教授
11.1 災害時の空港の運用継続

岡田 孝 （株）日本総合研究所リサーチ・コンサルティング部門 主席研究員
11.2 主要空港被災時における国際航空物流機能の確保

橘 啓介 中部国際空港（株）空港運用本部 総合安全推進室長
11.3 ワーカブルな危機管理体制づくりに向けて

第 3 部 空港の競争力の強化を図るために

第 12 章 空港アクセス鉄道の充実による空港の機能向上 第 7 回 （2018 年 7 月 10 日）

加藤 浩徳 東京大学大学院工学系研究科 教授
12.1 空港アクセス鉄道による地域経済への影響

上村 正美 阪急電鉄（株） 常務取締役
12.2 阪急電鉄の関西圏での新たな挑戦

第 13 章 大那覇空港計画と沖縄物流大改造計画 第 14 回 （2020 年 12 月 15 日）

岡田 晃 （株）ANA 総合研究所 代表取締役社長
13.1 那覇空港中長期構想の補足と観光立県沖縄のポテンシャル

福地 敦士 那覇商工会議所 総務部長
13.2 那覇空港拡張整備促進連盟の活動と今後の展開

水野 正博 （一財）みなと総合研究財団調査研究部 主任研究員
13.3 グレーター那覇・人流物流大改造計画

第 14 章 航空機整備事業の現状とこれから 第 17 回 （2022 年 3 月 28 日）

山下 幸男 （一財）運輸総合研究所アセアン・インド地域事務所 主任研究員・次長
14.1 航空機整備事業を巡る東南アジアの概況と日本への期待

高橋 隆司 全日本空輸（株）整備センター機体事業室 機体計画部長
14.2 MRO 事業への挑戦

第 15 章 国内・国際航空貨物の動向 第 19 回 （2022 年 9 月 29 日）

湯浅 大 （株）ANA Cargo 上席執行役員
15.1 コンビネーションキャリアとして物流を守る

内田 浩幸 日本経済大学経済学部経済学科 教授
15.2 貨物ハブ化に向けて 空港の機能強化と運用の効率化

第4部　航空の多様性が空港にチャンスをもたらす

第16章　ビジネスジェットで日本の空を変える　第8回（2018年9月19日）

岡田　圭介　　（一社）日本ビジネス航空協会　会長
　16.1　空の道の駅

稲岡　研士　　（株）ANA総合研究所　取締役副社長
　16.2　ビジネスジェットは先進国の象徴

森　　肇　　Thai Aerospace Services　エグゼクティブディレクター
　16.3　ホンダジェットのアジア市場への挑戦

笹川　明義　　（一財）みなと総合研究財団調査研究部　主任研究員
　16.4　首都圏のビジネスジェット乗入れ拡大への提言

第17章　ヘリコプターの活用による地域振興　第6回（2018年5月17日）

平井　克弥　　中日本航空（株）東京支社　航空営業部長
　17.1　ヘリコプターの利活用の現状と課題

横田　英己　　朝日航洋（株）航空事業本部　EMS業務室長
　17.2　ドクターヘリの現状と課題

芳賀　竜爾　　東京都港湾局離島港湾部　島しょ港湾防災対策専門課長
　17.3　東京ヘリポートの管理運営とヘリコミューターの情勢

第18章　水上飛行機の導入と地域振興への活用　第1回（2017年2月23日）

轟　　朝幸　　日本大学理工学部交通システム工学科　教授
　18.1　水上飛行機システムの導入と地域振興への活用

松本　武徳　　（株）せとうちSEAPLANES　代表取締役社長
　18.2　せとうちSEAPLANESの取組み

第5部　海外の空港事情

第19章　インドネシアの空港・航空事情　第4回（2017年10月16日）

伊佐田　剛　　（NPO法人）アジアの仲間による航空フォーラム　顧問
　19.1　インドネシアの空港整備と航空輸送

佐藤　清二　　元・インドネシア運輸省航空総局派遣JICA専門家
　19.2　インドネシアの空港管理運営と首都圏空港問題

第20章　世界の空港づくりを考える　第10回（2019年2月21日）

新井　洋一　　日本大学理工学部海洋建築工学科　客員教授
　20.1　儲かる空港へのトリガー・フレイズ

傍士　清志　　（一財）港湾空港総合技術センター　審議役
　20.2　世界の空港から解く空港づくりの方向性

※所属は講演時のものである。

索　　引

「空のみなと」のインフラ学
未来の空港・航空システムを語る

定価はカバーに
表示してあります

2023 年 8 月 28 日　初版発行
2024 年 8 月 28 日　再版発行

編著者　山縣 宣彦・轟　朝幸・加藤 一誠
発行者　小川 啓人
印　刷　倉敷印刷株式会社
製　本　東京美術紙工協業組合

発行所　株式会社 成山堂書店
〒160-0012　東京都新宿区南元町 4 番 51　成山堂ビル
TEL：03(3357)5861　FAX：03(3357)5867
URL　https://www.seizando.co.jp
落丁・乱丁本はお取り換えいたしますので，小社営業チーム宛にお送りください。